U0601811

师生共同步入葱茏草色与万丈原野

语 文 课 II

连中国　著

中国人民大学出版社

·北京·

孩子们，在机械烦冗、琐碎陈杂的刻板现实中，愿我不失心灵的葱茏草色、精神的万丈原野，愿我能在平淡枯窘的现实枝条上跌出心魂的万瓣珠光，与诸君同赏！

代序：我听到小麦的拔节声

王本华*

感觉刚刚参加过连中国老师《语文课》在中国人民大学出版社的首发式，转眼《语文课Ⅱ》又快递到了我的办公室，不禁感叹：这是一个永不停步的教师，一个永远在思考的教师，一个一直心念自己的学生、不忘教师职责与梦想的真正的教师！

翻开书页，在书的勒口处以及扉页的背面，我特别注意到了"葱茏无际的原野""心灵的葱茏草色""精神的万丈原野"这样的字眼，所以当我急不可耐地快速读完全书想写些什么的时候，我想到了"拔节"这个词。"拔节"，指农作物生长到一定阶段时，作物的茎自上而下依次迅速长出新的节，意味不断生长直至成熟，像水稻、小麦、高粱、玉米等都属于这类作物。我是北方人，自然地想到了小麦，所以就用《我听到小麦的拔节声》做了题目。

真的，我大概用两个晚上快速读完了这本《语文课Ⅱ》，

＊ 人民教育出版社中学语文室主任、编审，中国教育学会中学语文教学专业委员会副理事长兼秘书长。

读到会心处，我仿佛听到了"噼里啪啦"的拔节声，是儿时在小麦田里听到的声音，是现在我能用心感受到的成长、成熟的声音。在这样的声音里，我听到孩子们在生命的浸润中收获的欢声笑语，感受到连老师在实验的课堂中收获的对语文教育的理解和思考。连老师似乎就在课堂里，似乎正在与老师或学生对话，他朗朗地说着："与生命相关的事，都和语文相关。""语文，度我们的生命到更富生机的地方去。""教育，就是在精神的领域诞生故事。"……于是，我再次潜下心来感受一位曾经的一线教师对语文教育的呼唤。

语文教育首先是"人"的教育，因此，"语文课里该有老师的气脉精魂"。就如语文中的阅读，不应该只是读一个个字，一个个词，一个个句，而是要读出字词句背后的作者的精神气质，读出文字里边生命的律动。在这里，连老师用了一个"唤"字："作家是不会自己从作品中'站起来'的，他是经由文字被阅读者从文字里'唤'出来的。"这个"唤"，在课堂里，首先是教师的"唤"，恰如《我们因教师这个职业既美且灵》中他所描绘的领悟鲁迅作品的状态，这个过程中有畅快的呼吸，有艰难的拉锯，有披荆斩棘的过关斩将，最终有如释重负的喘息、理解，"我终于读懂了"。其实，一个真正的语文老师，不是手不离教师用书、参考资料、网络资源，不是人云亦云、拾人牙慧、有人无己，而应该是透过字里行间，用自己的生命、自己的体验去品悟作者的精神、作者的气度、作者的胸怀，因为"文字不是趴在纸页间，它分明是站着、喊着、前行着的"。由"唤"出发，连老师强调课堂要出"火"，教师要首先"燃"起来，从而唤起学生心"动"——"学生的心'动'胜过多少课堂徒有热闹、此起彼伏的形'动'。"所以，我想，这个"唤"，当然也还包含着学生的"唤"，教师"唤"起学生，学生"唤"出文字间的真情、真感、真生命，与教师相契相合，与作者相知相交。这或许就是教育造就的师生共有的那座"头顶的星空"，是教师和学生藉由教育而在精神领域中诞生的神圣的"故事"。

另一方面，作为语文教师，文本解读是基本功，这是不言而喻的；但有了这基本功，未必真的能让你的课堂摇曳多姿，让你的学生满溢光华，让你自己的生命流淌出戛坎镗口之声。那么怎么办？连老师用了一个满蕴着智慧的形象的句子做出了回答——"用一个'真'字把课'撞'出来。"我们从这句话中读出的是情感、情怀、精神、气脉、气韵，还有彼此的理解、相通、分享、欣赏、体验、创造，等等。但是，语言就是这样神奇，当有人说情感、精神、理解、体验这些词语的时候，我们感受到的常常是一堆堆概念、术语，是词典中的一个个无生命的干瘪的词汇；而当我们读到"用一个'真'字把课'撞'出来"时，眼前呈现的就会是一个场面、一种情境、一幅画面、一段攀援、跋涉——我们脑中的影像一下子活跃起来，灵动起来，充满了光彩。所以，我仔细翻检连老师是怎样达到这种状态的：在阅读中相遇作者的生命，"发现自我"；在课堂里感染与影响学生，"叫醒"学生的生命，实现"生命的感召"——最终目的："教师的生命、学生的生命、作家的生命彼此对话，相互补充交融，从而致使在场的每一个现实生命吸足水分，舒枝展叶，抖洒光芒，构成一曲生命的大合唱。"于是，上课前偶然听到的《甄嬛传》中的对话，也能成为引发学生体认的生动的课程；《狮子王》中辛巴父亲关于伟大的君王在星空中俯瞰的话，不断地出现在他的思考里……我们看到，他的课堂，有技术的追求实用的，更多则是生命的思想的人格的自我发现、自我建设、自我创造。

读到这里，也许你会说，这些思考固然好，但未免太理想化了，没有"分数"怎能让人"满意"？且慢，连老师在2003年第一年带高考，执教的一个班级中竟有7名学生获得高考作文满分。这份成绩的取得，定然不会出自偶然，但他对分数的理解与通常的理解有很大不同。他是这样来描述分数的：语文得分之道，是生命的体悟先游到了心里，然后"分"才游到了纸上；生命力的分数，晴朗明亮而富有广阔的力量；在我们的校园里，有健康而爽朗的分数；用月光也可以酿造分数……你从这样的描述中是否也有会心一笑的领悟呢？

看看字数，文章写到这里大约可以结束了，但内心仍有意犹未尽之感。看这些灵动的文字，悟其中睿智的思考，我似乎置身在青春的麦田中，听到一声声脆脆的、令人心醉的、给人无限希望的小麦的拔节中。请诸位同道伴随着这样的声音，翻开一页页文字，一起来思考语文、思考教育，一起来"培养彼此欣赏的人"吧！

目 录

与生命相关的事，都和语文相关

师生相处，改变彼此命运的"途辙"

用一个"真"字把课"撞"出来

在我们的校园里，有健康爽朗的分数

上了一节课，幸福的潜流在我身上欢快如春天的小溪

教师自己要有生命之想

与生命相关的事，

都和语文相关

　　教育是帮助师生在真正意义上开启并协调自我的生命状态，推动与顺畅自我的生命状态向着丰富、美好、高贵发展。教育是让"人"自然而然、满心欢喜地走向"美好"与"美妙"。

　　语文老师因为做着和"生命"相关的事业，所以健康，所以幸福。

语文课里该有教师的气脉精魂

一些语文课之所以低效重复、拖沓冗长、面目可憎、令学生生厌，最关键的一个原因是语文课内无个性化的"人"。这个应该出现的"人"首先是作家。通过细心揣摩把玩文字，在字词句章中，作家的精神气质便会洪溢而出。辞章、句式、题旨一定是高度地契合于作家本人的。文字不是趴在纸页间，它分明是站着、喊着、前行着的。文字里总是有个"人"的。"字"内无人，只看到茫茫的文字堆叠，或止于听写字词句，或疏离"人"而刻板地分析篇章结构，或机械低效地反复练习应对高考，长此下去，语文课至多是些知识的积累，想让学生学不生厌，也确实不易。但语文课还不应止于出现作家，更应该显现出授课教师自己。其间原因，有如下几点。

其一，作家是不会自己从作品中"站起来"的，他是经由文字被阅读者从文字里"唤"出来的。学生当然亦能"唤"，有时甚至可以比老师高明。但学生囿于年龄小、阅历浅、对文字的敏感度差、表述力有限等因素，他们的"唤"难免零散、局部、片面、词不达意甚至会常常发生错误。没有教师"帮助"的课堂是难以想象的。一位教师要想对学生实施高明的

"帮助"，一个首要的条件是他可以独立、完整、成功地将作家由文字里"唤"出来。其二，"唤"的过程必然是教师的气脉精魂与作家心魂高度契合的过程。作家其实是在教师的气脉精魂中"复生"的。授课教师的气脉精魂犹如一支笔，用它画出了作家的身影与灵魂；授课教师的气脉精魂犹如一汪水，用它映衬作家心魂中的天光云影。教师的气脉精魂是语文课的"魂"，教师失"魂"，语文课必然落"魄"。

一篇作品无论多么卓异，如果没有遇到丰饶、精致、敏锐、同声同气的阅读者的发现、注入与开掘，它永远只是普通的一篇字与字的组合。作品遇有知音，是作品之幸、是作家之幸；能阅读到与生命相契合的文字，其实又何尝不是教师之幸、学生之幸！在教师备课阅读的过程中，在那样的文字里，分明生成、织就、扑跌、腾荡着一个隐隐的你，一个理想状态下可望而不可即的你，一个脱离了现实羁绊的你，一个为之悲欣交集的你……阅读就是实现生命。课堂，当然是实现学生，但实现不了教师的生命，学生的生命实现便无从谈起。一个优秀教师的阅读过程不仅实现了自己，在充分实现教师自己的过程中也充分实现了学生的自己。一位教师，也只有在充分实现自己的过程中，他流出的温度、卷起的波澜、昂起的气势，甚至他的唏嘘感叹悲情无助，伴着语言和文字才能化成道道甘泉，真正涌向流泻于学生的心间。这一切之所以能够得以完成，是因为在真实的生命本质的体验上，师与生之间、人与人之间竟是那样地容易交融与沟通，也是那般地相似。

语文课里该有教师的气脉精魂，也只有这样，教书才不仅仅是个职业，它更闪耀呈现着一位教师的心路历程。课堂会变为教师生命辉耀洋溢的发生地。教师在课堂中有了"自我"，教书育人对他来说，就绝不是"干干"而已，他会在生命的意义上"在乎"起来。他在课堂上不仅最大限度地利己，也最大限度地利生利人。在语文课堂上，教师绝不仅仅是在"奉献"，他不仅仅是红烛，燃烧自己、照亮别人；其实全班都是生命的红烛，教师燃起来，然后大家一起燃，生命闪动着熠熠温馨的光焰。生命因此而大欢畅，生命因相通相溶而大欢畅！文字、题旨、作品、作家，教师、学生、课堂、时空，心脉、灵魂，悲喜、古今，现在、未来，这些课堂的要素彻底而完整地交汇融合在一起，忘记了今夕何夕。这样的课堂不仅会深刻"改变"学生，也会深刻"改变"教师，会极大地加深教师对教育的理解。课下回顾，这样的课堂不像是一场"劳动"，倒好像是师生一起看了一场酣畅淋漓的生命的"演出"。

在课堂上，教师的心脉精魂构成有亮度、有温度的一束光亮，它播散流溢、无限呈现，构成了最可宝贵的、不断生成变化的、独特而丰饶的课程资源。最生动、最有效的课程资源既不写在纸上，也不刻在光盘里，更不存在网络里，它流动在课堂里，闪现在"人"的身上。

诚然，强调语文课里该有教师的气脉精魂，并非忽略学生，也不是简单地将学生视为处于权威之下的无足轻重的"受众"。但课堂上要出"火"，总得有先"燃"起来的人。与学生相较，教师似乎更应该也必须先"燃"起来。师生之间当然可以相互点"燃"，但教师"先燃"，在某种意义上说，就是最好的教学方法与课堂策略。明白了这一点，在课堂设计上便不会舍本逐末。

在课堂上挥就气脉精魂的教师，是用生命的绚丽尽情地书写着大大的"人"字。在课堂上，这样的教师平凡而高贵、朴厚而傲岸。在这样的课堂上，可以最大限度地实现教师"人"的愿望；一位教师这样的"实现"越充分，对学生的触动与影响便越深入与持久。学生的心会深刻而持久地"动"起来。学生的心"动"胜过多少课堂徒有热闹、此起彼伏的形"动"！教师散射出的光与热、情与真，让平凡的自身，让在茫茫人海里微不足道的一位小人物，不再平凡，不再微不足道。

笔者就是这样一名普通的教师，结合自己的课堂体验，愿意代表天下所有的教师说一句：感谢课堂，是你让在社会中原本渺小的我们，不再渺小！在课堂上，在学生深有所动的晶亮的眸子里，我们有时势如山河、皓如星月，我们怎么不感谢这美妙高贵的课堂！课堂在深刻雕塑教师的同时，也深刻地雕塑着学生。一位教师生命的华彩，打在学生心里，才会终生不灭不息。教师生命的华彩是课堂最缺乏、最活跃、最生动、最感人、最宝贵的课程资源，它是神行天地的教师之魂、课堂之魂。如果一位教育者从未体会到人的尊严、生命的光焰，那又怎么能够苛求他的学生体会到呢？其实，阅读写作也罢，语文课堂也罢，语文教育也罢，说到底，就是学生不断认识教师的过程。

语文课当然不能没有理性分析，其实充沛的感性常常伴随着深刻的理性。但简单机械、分割肢解式的修辞分析、语法分析、篇章结构分析、写作特色分析徒劳无益。语文课的低效干瘪与此大大相关。好的语文课堂呈现之前，必须经历这样一种"遭遇"——就是作家以文字为媒介与授课教师的两相"遭遇"——这是两大生命系统交融冲荡式的"遭遇"。在备课阅读作品的过程中，教师时时有来自生命本真的水浪冲出胸腔，泻于纸端。这二者常常是一场"残酷"而持久的遭遇战，直杀得大地抖动，残阳如血。一位授课教师也正是在这样的状况下，理性又感性地构织安排教学目标、课堂类型、课堂层次、教学策略……这样的预设大气、本真、语文。这样的预设必将成就辉煌的生成。一位教师也只有经历了与作家如此的"遭遇"，才会产生莫大的生命欲求——在课堂上，让学生"动"起来。在生命澎湃的涌动里，谁不想与人分享，谁想寂寞，谁又甘于寂寞呢？学生在理解作品作家的过程中也必然会更加深刻地理解自己的教师，让学生的心志骨血与教师自己的心脉精魂彼此大幅度、无限深入地交织交融，这样课堂就唱响了生命之歌。这是一位教师职业的快乐，同时也是他生命的快乐；这是一位学生上课的快乐，同时也是学生发现生命、搏动生命、建设生命而产生的快乐！学生这样的"动"，来自授课教师源自生命深处深情涌动、渴望分享的一份本真欲求。学生一旦"动"起来，教师便如飞鱼行于水中，他会不断地发现学生、赞叹学生；学生一旦"动"起来，学生会不断地认识自己的教师、钦仰教师、走向教师。"动"态的课堂是师生难忘的时光，是生命的欢歌，是生命的大畅行，是精神的大自由与大愉悦。笔者甚至觉得，这亦是人下生依旧想为"人"的重要原因。当然，这亦是教育最美、最感人的境界。

一位教师一旦在课堂上"贯注"如此，下课铃虽响，"精神"却并不能很快退回到自己的躯体里，它将继续在体外畅行，他的心依然悬浮于课堂的"境"中，并且久久"难以自拔"。他咂摸自己的语言、动作、教学环节与教学设计，他咂摸学生一个美好而会心的笑、一双晶亮的眸、一时机变、一种慷慨、一道灵感，他咂摸课堂的每一个细节；在这样的咂摸里，几多遗憾，几多兴奋；在这样的咂摸里，生命细腻、丰沛、美好；在这样的咂摸里，成就着一位教师的教艺，也丰润着一位教师的生命。

一位教师一旦在课堂上"贯注"如此，学生便会在丰沛情感、深化认识、体验生命的过程中，将自己的教师深深"印"在心里。课堂上的所感所得，将构成他们此后生命中的一些基本理念与原则。在他们今后的人生履痕中，还不时将课堂的气质播散出来，这样的"播散"，就是为官为商为人弥足珍贵的"书生气"。

改变语文，就改变了人；改变人，就改变了语文。

作为一位工作于一线的普通教师，我久久回忆并深深期待，那一次次绽放与冲荡出我气脉精魂的课堂。

语文，度我们的生命到更富生机的地方去

生命，是这个世界最伟大、最平等的一个概念

语文除了帮助学生得分之外——当然，尴尬地说，这一点似乎已经是很多人关注的全部了——它对于师生的一生，到底有哪些意义和价值呢？对这一问题是否有着认真的思考，我固执地以为，这决定着教师是否能迈出专业成长中最关键且最有价值的一步。在得分上，我一直算得上是一位幸运儿。2003年，是我第一年带高考。我所执教的一个班级中有七名学生获得了高考作文的满分，平均分亦达到了110多分，比另外一个平行班的平均分高出7分多。此平均分在当年位居北京市前茅。2004年，我调入北京四中。2010年，我所教的一文一理两位学生语文的总分分别为142分与141分。在取得了这些分数之后，再加之学生的推动，上述这个问题便更加自觉地出现在我的面前。

语文的一个非常重要的价值是：度我们的生命到更富生机的地方去。这里提到了一个关键词——"生命"。这个词，是

语文学习的一个关键，是语文学科送给我们最为重大的一个礼物。但要对这个词产生更内在的理解，却不是一件简单、自然而然的事情。

　　我想，生命，是这个世界最伟大也最平等的概念。说它"伟大"是因为它把人的本质状态一下子抓住了，人的本质符合一棵树成长的基本规律。"人"的最本质的成长，其实就是一棵树的成长。依恋阳光，喜欢雨露，年华轮转，由荣而枯……浮华褪尽，人本如树。"命"是什么？"命"是无可奈何，是家族遗传的链条。"命"是从父母手里接过来的，是家族的一脉脉相传。"生"是我们对"命"的态度。"生"是有生机的、有生趣的、生意盎然的。知道"命"以后，我们就知道我们不是孤零零地来到这个世界上。我们的上头有一环又一环，我们的下头还有一环又一环，我们只是环环相扣当中的一节。"命"是客观存在的，"生"是如何建设它、把握它，让我们的"命"在世间有限的过程中发挥它的价值。为什么说生命是最平等的概念，是因为当我们用生命来概括人的时候，人身上的所谓光环与贫贱就都不存在了，我们可以更本质地理解自己与把握别人。无论你是高级行政领导，还是普普通通的卖菜大叔，都是生命，都不能违背生命的基本规律。

　　在日常生活当中，我们什么时候喜欢用"生命"这个词？

　　记得有一次我去九寨沟旅行，看见一棵树，它从水里挺出枝叶，然后展开自己秀丽的姿态。大家都觉得这棵树特别了不起。这时来了一个小孩儿，他特别欢喜地说："妈妈，你看，那是一株多么奇特的生命！"听了这话，我的心不觉一震。我觉得，当我们用"生命"这个表述的时候，一定是发现了一种生物（自然包括"人"）最本质的内涵与特别富有价值的东西。"生命"，在对"人"的理解上是一个特别重要的概念，进而也是一道门槛。不能从"生命"的角度去把握自己与看待别人，是有很大缺憾的人生。当一位老师面对全班同学，觉得自己面对的是一个个生命的时候，他的情感呈现和投入力量都应该是不一样的。老师的包容度、平等感、建设性的意义，以及对于"人"的理解和尊重，会自然而然地包孕在这样一个概念之中。

语文，不仅度学生的生命到更富生机的地方去，与此同时，也会度我们教师的生命到更富生机的地方去。我们教师教学生其实是有时限的，我们都不会有严格意义上一辈子的学生，更深刻的一个真实是我们自己教了自己一生。我们教师是被自己教出来的。

师生来学校最重要的三件事便是：要学习在沉沦中给生命以自拔；要学习在损毁中给生命以自新；要学习为自我的生命肩起责任

我们应该像一棵树一样去成长，去生活，去创造。我常常觉得其实在我们的身体里，也应该有许许多多鲜活欲动的睁着好奇眼睛的胚芽，我们也可以像一棵树一样活在这并不完美的世间。这些胚芽潜伏在我们的身体里，只要条件合适，随时准备进行一次绿色的盎然的出发。所以生命是有希望的，是能动的，是有爆发力的，是有改变性的力量和功能的。当然，生命也有其另一面，生命也是娇弱的、易碎的，它易固化，易无聊，易盲从，易臣服，易被现实彻底所擒……所以在生活中，我们看到不少被窄窄的现实牢牢困住的人，被分数完全征服的人，被固化死板、陈旧无用的知识板结得了无生趣的人。

人的长大，或许就是一个离开精神故乡越来越远的过程。看到现实里那些窘态，我想，教育最大的一个功能或许就是呵护生命。

我们师生来学校最重要的三件事便是：要学习在沉沦中给生命以自拔；要学习在损毁中给生命以自新；要学习为自我的生命肩起责任。

优质的教育就是度我们的生命到更富生机的地方去。

语文得分之道，是生命的体悟先游到了心里，然后"分"才游到了纸上

高考过后，我接受一位记者的采访。记者问："高考是指挥棒，老师，您觉得今年的试题会对今后产生怎样的影响？"记者的问题其实也是我们一直以来关注的问题。如若我们不加深思细研，高考这根指挥棒似乎只能指出两个方向：一曰补课，二曰做题。看看目前一些情状，似乎大体如是。我们将自我封闭在所谓的"答题方法"中谋求分数，我们一方面不满或咒骂现实，另一方面又不断地成就并帮助它现实。我们用"没办法，中国的教育就是应试教育"来为自己开脱。我们在泥沙俱下的、缺乏深入思考与体察的题海中，在繁重厌烦的补课中，在一遍遍机械的重复中谋求分数。我们崇拜短平快，我们渴盼奇迹，我们似乎只要目前眼下的分数，除此之外，我们顾不了许多，也想不了许多。

人教社小学四年级的教材里有一篇课文《鱼游到了纸上》，讲述一个聋哑青年在西湖边画金鱼。一个小女孩看到，惊奇地叫道："鱼游到了他的纸上来啦！"作者把这句话写给那个聋哑青年看，青年看后，笑了，他接过笔在纸上又加了一句："先游到了我的心里。"

万事万物要想让它"活"起来、让它产生能量和价值，我以为，首先必须要让它先游到心里。也就是说，人的成长非常重要的是人内部世界的发展和开掘。我们经常讲写作，其实写作是生命里自然"溢"出来的东西，而不是用方法"揪"出来的东西。这是一个非常重要的写作规律。语文得分之道，不是"分"先游到纸上，而是生命的成长与体悟先游到了心里。

题来了，用我们生命的储备与卓越的见识"迎"上去。题目不过是汉代雕塑"马踏飞燕"中的那只"燕子"而已，我们看到的是行于碧霄的那匹奋鬃扬鬣的创造性的天马。

　　考试如此，其实一节好课也是如此。有老师曾问过我，上一节课需要备课多长时间？我认为，那要看有多少有价值的东西游到了心里。有多少东西游到了心里，决定了这节课内在的价值和意义。

　　优质的阅读不是射箭，优质的阅读是水涡，我们要将自己的生命在作品中沉进去，在作品中旋起来，要在阅读中完成我们生命的更新并诞生新的出发

　　骆宾王有一首小诗《咏鹅》。在这首诗中，我看到的是唐朝的一个七岁小男孩在天地间看见大鹅的快乐，是人鹅一体的快乐，是一份单纯的出自一个生命本真的快乐。小男孩看到鹅之后特别高兴，所以前三个字他是唱出来的，而不是写出来的。"鹅——鹅——鹅"，这是他信口无腔的歌。他唱完了之后，发现鹅也在随着他唱。鹅在朝着他唱，在朝着天地唱，它伸着长长的脖颈，在天地间唱歌。在男孩的眼中，鹅哪里是在叫，鹅分明是在唱，在随着他一起唱。你再看，如果你是那只大鹅，被碧绿的湖水浮漾开来，你红红的脚掌浸在清凉的湖水当中，脚掌一拨，你就游了起来，你不会感觉到那种快乐吗？当小男孩看见鹅时，觉得鹅就是那么快乐，鹅看到小男孩也很快乐。所以，鹅快乐，小男孩也很快乐，天地都很快乐，这就是《咏鹅》。它是自唐代发出的一种发自肺腑的简单而淳朴的快乐。

从这个小小的例子中，我们不难看到，其实从一年级开始，语文课就可以上得与生命相关相连。如果语文课和一个人的生命相关联的话，就不存在简单。因为，没有哪一片生命景致是可以称得上简单的。在这一点上，语文课似乎与数学课有所不同。如若我们这些成年人走进小学的数学课，我们似乎可以"俯视"，会不会一下子便产生一种认知上的优越感？但如若语文课与我们的生命相关相连——哪怕只是小学生的语文课——却不容我们这些成年人小觑！一只鹅，也可以让我们心中生出许多并不简单的东西。我们很有可能由此一往而深，或心生喟叹，或莫名怅然，或唤起绵缈的思绪，或让我们对平淡的岁月一下子有了崭新而欣喜的重新认知……与生命相关的语文课，让我们清亮而悠久，纯净而辽远。

陶渊明的"带月荷锄归"，一个"荷"字写得多么美、多么艺术化！他不是我们一般常见的"挑"着锄头，而是写出了一种神采奕奕、神清气爽的美质。没有劳动的疲惫，或者说这是一种让人心里踏实的健康的疲惫，是一种让我们渴慕已久、彻底放松的疲惫。这疲惫，真是让人心旷神怡啊！在朗润的月光下，剪出一幅优美的生命画影。人的一生，如若能带上这样一幅生命画影，可解多少人生之苦痛！"带月"，不作"戴月"，是不想仅仅描绘月亮在人头顶之状，而是强调月亮与人是"亲随的"，是"相伴的"，是"手拉手的"，是我走它也走、我停它也停的，是好像在跟我捉迷藏的。"带月"写出了月下晚归，陶渊明内心深处的快乐和洁净。通过这样一首诗，我们感觉到了陶渊明质朴而宽广的快乐。他的快乐，伴着月亮，照亮了课堂上我们师生受局困不自由的生命，我们在逼仄的现实里发现了多么敞亮明净的一扇窗户啊！

优质的阅读不是射箭，优质的阅读是水涡，我们要将自己的生命在作品中沉进去，在作品中旋起来，要在阅读中完成我们生命的更新并诞生新的出发。这样的阅读才是优质的。

一流的课堂，读者与作者千古相通。我们或许与作者创作的初衷不尽相同，但我们创造与发展了他的作品！我们创造与发展作品的同时，自己的生命也完成了一次辉煌的出发。读书，原本就是为了让自己在这个苍凉的世界里更深情也更豪迈地出发。语文课，不就是在读书吗？

生命里的分数，清朗明亮而富有广阔的力量

所有人走向成熟并再次天真，核心的一件事就是学会为自己的生命负起责任。我们这一生的时光和精力到底应该释放到哪里？生命是有限而宝贵的，一定要决定一个释放的方向，而

且在释放的过程中，我们才知道生命的容量是有限中的珍贵，我们才能最终与最美好的自己相遇相知。

我们现在的学生有一个特别突出的特点，就是到了高中以后会变得"心灰意冷"，感觉没有生趣了，没有生机了。在课堂上，你可以看到大家生命里的委顿与乏味。只说"分数"这一件事，只用强化练习与考试这一个方法，只要学不死，就往死里学。我们匆匆的充满压力的每一天没有生命的停歇，没有生命的驻留，没有生命的徘徊，有的只是"赶路"，只有排名绝不能落后，只有目标、目标、目标！我们不少"好学生"其实是靠坚定的意志与对未来深度的担心，才一路走下来的。回想起来，都不无"劫后余生"般的悚然一惊。我曾和一些工作后的人士闲聊，自然说到高中生活。他们说，连老师，打死我也不回去了。毕业了，是逃离，只有在噩梦里才会重返中学时代，然后是醒后的不寒而栗。这样的状况，影响深远。这是我觉得特别可怕的一件事。我们没有了生命中应有的光与亮，我们不争辩了，无所谓了。好的学生应该有探究的愿望，有热情，有好奇心。我之前教过一个韩国学生，她就不太一样。她写的中文作文磕磕绊绊，但我从她的作文中看到了她美丽的生命态度，她的这份生命态度感动了我。

前段时间，"家长工坊"微信群里还在讨论，有各种轻生的学生。其实从某种意义上说，人的死不是一天确立的。一个死的苗头在人的心头要徘徊很长时间，最后得到很多确认，才能痛下决心。所以在他不断确认的过程中，我们每个人对于他最后的抉择都有责任。他可能遇到了很多冰冷和无助，才会把死渐渐坚定下来变成行动。

陶渊明《归去来兮辞》里有一句"园日涉以成趣"，我当时跟学生讲，这句话不对啊，园日涉不应该以成趣，园日涉以成厌才对啊。陶渊明天天去一个破园子，还能成趣？到底哪里出错了？其实这是陶渊明的本领和能量，因为陶渊明的心灵不是普通人的心灵，他的心灵本身就是一座博物馆。陶渊明的能量就是时光不一样、季节不一样，能从园子里看出不同的生命景致。陶渊明有多少心灵层次，这个园子就有多少不老风光。

所以，当我们的课堂不仅仅给学生以知识，不仅仅给学生以考试和分数时，其实我们给学生的能量会更大。我们的每节课都和孩子们的生命相关。我们社会上的每一个人天天都在给无数个孩子上课。我们有责任啊！我们每个人当以诚挚多情的生命态度，多给孩子们以生的激励，这样的话，或许在冥冥之中，我们不知不觉地便改变了无数生命的方向。

生命里的分数，是在看重学生生命成长的基础上，去谋求分数。其实，这绝非是唱高调，因为这一点在我看来恰恰是最重要的得分之道与最有效的谋分之法。因为，读与写的本质规律就是促进一个生命的不断觉熟。反之，一个有所觉熟的生命，一定有更高级、更卓越的读与写。不仅如此，生命里的分数，清朗明亮而富有广阔的力量。因为在此过程中，我们的学生获得增长的绝不仅仅只是分数本身。一场无论多么高级的高考，所能考查的也还只是那么"一点点"。"分数"只是一张通行证，不是我们生活真正的目标。我们来学校接受教育非常重要的一个理由，是我们要于此雕塑与造就出我们的生命姿态。这种雕塑与造就，首先关涉我们一生的幸福，其次才与功业密切关联。我们师生在生命里领悟与感受到的这些"内容"，不仅在考场上，更会在今后漫漫的人生之旅中缓缓释放。换个角度斟酌，其实官场的贪腐与尘世的俗庸，恰恰说明人生还有它的另一面，那便是无聊的冗长与乏味的苦闷。缺失了精神空间与内心生活的"武松"，便会一心一意要成为"西门大官人"了。"人"是可怜的，被"现实"不断凌辱，到后来反而尊"现实"为祖。将人生冗长的"苟且"，化成诗意，酿成远方，是我们每个人必修的重要课程。

一个不言而喻的事实是：一个能意识到自己体内勃勃的生命、能对自我的生命肩负起责任的人，他的分数也一定不会太差。进而，再说一句发烧的话，我以为更重要的，是我们由此拥有了一生中的华枝春满与月圆天心。

说一个我真正的得分秘籍，那便是当我们的生命被语文度向了更富生机的地方之后，你就等着收获你生命中的分数吧。

教育：就是自此师生有了一座头顶的星空

心中有星空的老师是幸福的。心中布有星空，让一位老师自我的精神沉着独立，斑斓生辉，健朗开阔，这样的老师怎不幸福？心中布有星空，俯临大地，星耀千里，当这样的星空面对学生纯挚的注视时，自然便构成一种仰望的角度，构成美好的憧憬，构成种种丰富的崇仰，这样的状况让教育虔敬而专注、进取而谦和，能构筑并享受这样教育状况的老师怎不幸福？

心中布有星空，就是拥有了高博、辽远、深邃、优美的精神空间。浩浩星宇，耿耿星河，灿灿星辉，无论在什么时间、什么地点，当一位老师将其于自我的胸臆之间呈现出来、辉映出来、喷吐出来，教育都构成了美好的意境与壮阔的奇观。

教育，究其核心而言，就是教会学生仰望星空。仰望星空，不仅是一种身体动作，更是一种精神姿态。

在学生整个求学的过程中，是否拥有过"仰望"的姿态，直接关乎他此时乃至今后整个的生命质量与生命走向。当他们举颈昂首之时，他们实际上就用这个姿势雕塑与刻写心魂。"仰望"是具有雕塑与刻写灵魂能力的非凡动作。当他们在仰望的时候，高矗、广远、诗意、纯净、博大、深邃、敬畏、无限……正在他们的眼底与灵魂深处辉扬，他们自我的生命正沿着"仰望"的弧度，迅猛且坚韧地攀升。"仰望"进行得越专注、越深沉，生命的塑形便越是持久稳固，及至有些学生多年后远离学堂，生命也不会轻易回落到世俗的急功近利、唯我独尊之中。缺失"仰望"的教育极其可怕，必将会让整个世界和人类陷落到更大的困窘以致覆灭中去。

老师自己心中布有的星空，是铸就学生"仰望"最重要的条件以及最重要的内容。

老师真挚而丰富的生命感动便铺排成了这样一幅深邈斑斓的星空。在老师真切的生命感动的抒发里，学生会感到生命是那么的细腻美好，是那么的辽远丰富。这细腻美好与辽远丰富构成的星空，自会久久地闪耀于学生的心魂意绪中，永生不灭。江水奔泻，汩汩滔滔，师者孔子一定凝视过许久，波涛的激荡与回旋构成了他生命的激荡与回旋，他临于江上，慨然兴叹："逝者如斯夫！不舍昼夜。"（《论语·子罕》）这声喟叹中既有对生命的倍加珍爱，也有对自然的无限崇仰。"能珍爱""有崇仰"，这是多么优美的生命状态！面对冬日里依然苍翠挺拔的劲松，孔子由衷地赞叹说："岁寒然后知松柏之后凋也。"千年之下，我们读此句，似乎仍然可以看到在冬日凛凛寒风里，苍松冒风凌雪，青黛拔劲、枝披叶拂、生动且坚贞的生命状态。一棵这样的苍松深植心底，能拒抗人间多少凄风冷雨、严寒霜冻！孔子读"河"，也读"树"，广博浩大、千姿百态的大自然吸引着他，感染着他，升华着他。他的感动从内心深处冲决出来，让他脱口而出。他言简意赅的生命喟叹响彻千古，闪耀辉映于多少学子的头顶。许多学生是从老师这里开始认识人生、认识生命的，老师的生命喟叹很可能是学生认识人生、认识生命的开始，也可能是学生认识人生、认识生命的终止。

老师因喜欢阅读而洋溢出生命的丰盈与快乐，便铺排成了这样一幅深邃斑斓的星空。这种因阅读而生的来自生命深处与灵性深处的丰盈与快乐，像星空一样辽远迷人，它的星空魅力足以构成学生永生的"仰望"。一个人的精神成长史是紧密伴随着他的阅读史而形成的。在阅读中，一个人的精神与心灵才能逐步得到确立，阅读让一个人的"内在"精致而宽广。一个人的个性真正的成长与独立一定是在阅读中得以完成的。特别是那种伴着丰沛的泪水与内心的鼓荡完成的阅读，会如一座熠熠的星空一般，把一个人今后整个的人生状态辉映得星光无限，神采奕奕。学生早一日仰望到这样的星空，他的心就会与更多的人一道呼吸，他会把自己和整个人类相通相连，他不再是一个局部、一个个体——有了阅读，我狭窄的心自此便有了一个大大的宇宙！一位老师将这样的星空展示给学生看，就是将悠久浩瀚的人类精神与学生小小的不断成熟的心智自此勾连交织在了一起。

意大利一位女探险家独自穿越了塔克拉玛干沙漠。当她走出沙漠之后，她对沙漠虔诚地施礼跪拜。事后记者问其为何如此，她极为真诚地说："我不认为我征服了沙漠，我是在感谢塔克拉玛干允许我通过。"老师心中的星空还应有一方留给——敬畏。人因"敬畏"而神采顿出；人因"轻慢"而神情猥琐。敬畏星宇，敬畏自然，敬畏生命，敬畏圣哲，敬畏人类未知的领域……人类对宇宙、对世界应该永葆一种虔敬之心，不可轻言"征服"。难道战战兢兢、惶惶恐恐，凭借各种工具，由南坡登上珠峰，便是"征服"了这座桀骜的高峰了吗？在人类粗鄙的"傲慢"里，尽显人类的短浅与无知，尽显人类的丑陋与拙笨。人类由"敬畏"而生节制，由节制而生"力量"。人类的"力量"表现在与万事万物的和谐相处上。当老师心中"敬畏"的星空铺展于学生的"仰望"中，我们的学生才会真正地成为一个对世界富于修养的人。他的修养体现着人的高贵，他的修养保持着世界的长久和谐。

……………

老师心中的星空，璀璨晶莹；老师心中的星空，浩渺悠久……

教育，究其根本，就是自此师生有了一座头顶的星空！如若有幸，学生的心中亦有了这样的星空，那不但可以展示给老师看，还可展示给其他同学看。师与生、生与生仰望于斑斓幽邃的片片星宇之下，这又是教育之大境界与大幸运。

一节节课，就是一幅幅熠熠生辉的星空；一节节课，就是这样的一个个仰望！

NBA 中悟教育

曾和我的学生一起观赏过一次美国职业男子篮球联赛（NBA），从中似乎悟出了一点教育之道，觉得有借鉴的意义，于是写下来，供大家参考。

在 NBA 的比赛现场，我们会看到不少孩子伴随着比赛节奏，热情投入地扭动身体，做出各种夸张的表情，尽情抒发基于个体理解的生命欢愉。在他们看来，比赛的结果固然重要，但同样重要、甚至比比赛本身更重要的，是他们借此张扬了个性，疏解了心情，表达了意愿，成就了自己。一个"人"真实而美好地表现了出来。比赛对许多人而言，似乎只是个由头，其实抒发与表达生命情绪，呈现一种真实而本性的生命状态，才是他们最看重的。一个男孩，依据他的立场或吐舌或皱眉或欢雀或振臂或狂跳或摇摆……身体自如，表情可爱，陶醉忘我，做着各种各样的动作，生动而自然地抒发着他的自我生命立场，身体表达与自我内在状态达到了空前的自然交融。大屏幕将他可爱投入的样貌放映出来的时候，全场都被他感染了，在那一刻，这位男孩显然就是位大明星。其实成不成为明星不重要，重要的是他自我的专注与入情。在大屏幕选取的比赛现场大家欢快投入的场面中，有一对父子交谈的场景给我留下了深刻的印象。父子促膝而谈，男孩时而振奋，时而激越，时而倾听，时而陈述，我想父子间通过这样一场比赛让彼此增进了解，达到更深、更丰富沟通的目的，也是一件非常重要的事情。有的家庭全家都很投入，彼此感染，高度默契。甚至一些老头、老太太，也可以忘记年龄，双臂前交，做纵马奔跃之状，其情态在年龄的反差中显出很强的感染力，一位位年近古稀的老人显出孩子式的可爱。他们忘情投入并且崇拜力量与技巧，崇拜英雄，崇拜强健有为、能够改变局面的"人物"（比赛中间，还有一个曾在执行某项任务中失去一臂而单臂做俯卧撑的军人。全场一同起立，为他热烈鼓掌）。全场两万多人构成一个强大的相互影响与彼此感染的抒发场与欢愉场。这是否就是美国 NBA 文化的一个重要内核？

　　比较而言，我们的孩子在后来的学习生活中最缺乏的就是热情与专注、崇拜与向往。我们的孩子自小就活得特别不生动、不尽兴。我们的孩子往往把生命张扬理解为野蛮和霸道，理解为娇宠无忌、粗鄙不堪。我们没笑过，没喊过，没扭过，没夸张过，没过分过，没忘乎所以过，没为了一件与自己毫不相关的事情声嘶力竭过。我们不少的孩子到高中阶段已然是暮气沉沉、老气横秋，热情丧失殆尽。他们简单功利，对分数看似高度在乎，但又缺乏坚实不懈的努力，是我们现在高中教育很普遍、很基本的一个问题。他们在麻木中炼就无可奈何又必然需要的坚持与坚韧，他们在不关是非中肃清头脑排除杂念渴求自我成功。我们目标明确，故而简陋单一；我们利益观早成，故而对无关实现自我利益之事毫无热情。

我们没有 NBA！这似乎也关乎教育。

教育的魅惑

——辛巴的启示

我们当老师的，课堂中最害怕的一个字是"隔"。学生对老师教授的内容"隔"，对老师传达的思想感情"隔"。"隔"了，老师就会觉得讲课很没有意思，很孤立。

在这当中有一种"隔"，恐怕是最可怕的，那就是低俗委靡、纯功利的世俗认识成为这个班的舆论主流与评价主体。一旦这样，无论一个老师多么优秀，说讲的内容多么透辟入理、沉痛悲哀、引人深思、催人泪下，都会在学生浅薄无聊、嘻嘻哈哈的笑声中消解殆尽，化为乌有。一个班的课堂中，如果学生始终都不曾真切关注、心潮澎湃、用心思考，始终都不曾邂逅过深挚伟岸的生命形态，恐怕也很难说在真正意义上接受过"人"的教育。

为了避免这样的事情发生，我曾经有过这样的一个教育小故事。

我截取了《狮子王》中这样两个小故事，对比着让学生看。

[镜头一]

　　夜幕下，小狮子辛巴和父亲对话，父亲告诉他，自己的父亲曾经告诉自己，过去那些伟大的君王从那些星星上望着我们。每当你寂寞的时候，要记得那些君王永远在上面指引着你。

　　星河耿耿，夜空广远，父亲的话震撼启迪着辛巴（因为小辛巴从此有了历史性的"照耀感"，这种"照耀感"对于一个人的成长实在是太重要了，会让你感觉你与伟大同处一个系统之内。他会带给一个人前所未有的召唤力与持久力），他的内心一定已发生了什么。按照这条路走下去，我们相信他必将成为一个优秀的狮子、一位伟大的君主。

[镜头二]

　　辛巴落难，与臭鼬丁满和野猪彭彭生活在一起。在饱餐肉虫子之后，大家躺在同样的夜幕下，仰望夜空。彭彭突然对夜空中远处发亮的东西（星星）发生了兴趣。丁满回答他说是萤火虫被大大黑黑的东西困住了。彭彭则认为是几千里外的气体在燃烧。于是，他们又问辛巴。辛巴此时已没有勇气将父亲当年对他说的那些话告诉大家。在彭彭与丁满一再的追问下，他嗫嚅着，说曾经有一个人告诉他，从前那些伟大的君王在星星上望着我们。不想，他的话刚一出口，丁满和彭彭就"喷"了。他们笑得就地翻滚，他们不知道究竟是哪一个笨蛋竟然会想出这样的答案。

"环境"真是残酷，当辛巴很不好意思，终于鼓足勇气将父亲（辛巴没有说是自己的父亲，他说曾经有一个人告诉他，我们应该注意这一细节。这个细节让人心痛）告诉他的话对彭彭与丁满说出后，带来的却是前仰后合的大笑。这种笑有时在我们学生中是很熟悉的。为了适应并融入这个"环境"，辛巴也只得陪着他们笑。彭彭与丁满都不是"坏学生"，但他们确实是属于我平庸我快乐的那种。他们胸无大志，得过且过，没心没肺；他们无法理解狮子王木法沙心头的永恒与壮阔。当辛巴离开这个"笑场"，黯然神伤地再次面对苍穹星宇的时候，他真的有了切实的迷惘与悲哀。（要不是后来女朋友对辛巴进行了二度生命唤醒，辛巴恐怕只能一生都吃肉虫子了。）

借这个故事，我告诉学生：我们每个人心中都有一颗渴望高贵的种子，所以每每我们邂逅生命中的崇高，便不由得热血沸腾，雄心万丈，乃至热泪盈眶。一旦我们的生命与崇高接榫，我们浑身也会洋溢着崇高的力量。让我们用真切求索的目光扶住老师，给他鼓励，让他讲！

我这个故事真的很小。我力图将教育做得深入浅出，化于无形，自然而然，引人思考。

在教育的过程中，我也真切地感受到教育确实是一项富于智慧的事业。花一些心思，想一种办法，换一个角度，运用一种学识，拿出一份心胸，教育也许会有更好的样子。

阅读，不只是好书与学生之间的故事

——有关学生阅读进一步深入开展的再思考

　　随着社会的发展与认识的深化，越来越多的人开始认识到阅读对于学生成长的重要意义。阅读，于校园内正悄然兴起。阅读，不只是好书与学生之间的故事，教师在此过程中，也担负着重要的生命角色。如若排除家庭的影响，我们似乎可以确定地说：好书是一片广袤的森林，在学生与好书之间，教师就是条芬芳的小径。

阅读进一步推进需要有更内在的方式

　　随着阅读的不断推进，现阶段，有效阅读已不止于我们教师为学生开出一份漂亮的书单。当然，也不止于校园中可以很方便地借到书、读到书的这些条件设施。这些当然都很重要，特别是在早期推广阅读的过程中。但随着时间的推移，我们会发现，这样的推动会渐渐失去此前的效力，个中缘由，不难发现。书价虽然一直在上涨，可是在国内相对于其他许多商品而言，书依然是十分便宜的。随着经济条件的改善，在城市里，现在已经很少有家庭无法负担孩子买书阅读的需求了，特别是在大城市，孩子买书那点费用已然不算什么。此外，仅靠书单、书名也难以进一步推进学生的阅读了。每个孩子其实都知道一些名著。孩子们所知晓的这些名著，如果认真读来，自然也会很有收益。不同于物质匮乏的年代，现在的核心问题是：孩子们容易获得书，买得起书，也知道一些好书（并且好书推介的渠道也增多了），但在内心深处却严重缺乏读书的兴趣与内在愿望。一个在内心深处厌食的人，即便你把美食摆得到处都是，让他触手可及，恐怕也解决不了他的根本问题。

在阅读推动的过程中，还有让学生画插图、配书签、依据情节进行表演等做法。这些推动，早期都可行，但读书真正扎实的兴趣，或许只能在书的内部、在阅读中真正获得。围绕式的培养，可能增进的还是绘画、设计、表演等方面的兴趣。

目前，阅读的进一步推进需要更内在的方式。课堂，便是诞生"更内在的方式"一个重要的地方。

将阅读从语文课堂里脱离出来会形成新的困境

不能立足于语文课堂的阅读，会形成新的困境。课堂，本该是广阔阅读与自由阅读最核心的一处触发源。日日枯倦，何以去课外讨生活？

读书中兴味特别重要。兴味是学生在具体的一本本（也包括一篇篇）阅读中诞生的，兴味的养成离不开日日的语文课堂。宋代著名学者陆九渊说："涵泳工夫兴味长。"人因兴味才喜读书。特别是在养成学生读书习惯、帮助学生获得读书方法的时候，如若读得兴味寡淡、了无生趣，这时无论我们怎样强调读书的重要意义，在学生那里，这样一种说教式的规劝对他们也意义甚微。其实，建立并体味兴味，是真正的读书之"难"，因为，兴味包括读书的穿透力、提炼力。南宋学者陈善曾经说："读书须知出入法。始当求所以入，终当求所以出。见得亲切，此是入书法；用得透脱，此是出书法。盖不能入得书，则不知古人用心处；不能出得书，则又死在言下。惟知出知入，乃尽读书之法也。"此言深中肯綮，道出了读书的精髓。

不仅如此，兴味是见识与性情的完美结合。卓越的见识与跳脱的性情一旦相得益彰，读书便是一种无比享受与流连忘返的过程。

兴味是在乐趣里生出智慧，是在智慧的获得里生出乐趣。如此复杂的心智活动，不少没有自小养成读书习惯的学生是不好自我自然感知并获得体验的。说得简单一点，纵然有再美好的书目，寻不到"意思"，学生如何能坚持？再加之简单功利化的强大社会影响，学生阅读的前景必然堪忧。有"意思"，学生才会坚持下来并努力去做。当然，读书本身就是有意思的一件事，但更高级的"意思"需要点拨与指引。有意思，学生当然可能自我产生，但亦需要教师积极的引导与示范，需要教师努力创造更大的氛围与情景，让更为普遍的学生享受到。学生尝到甜头，入了迷，阅读才好说。

课堂本是一滴水，借之以照应整座大海的星汉灿烂。一篇课文的篇幅或许不大，但《敬亭山》28字里，也可以挥就李白的高远与青朗；一篇《阿Q正传》只是鲁迅的一个中篇，但也足以传递出先生的深透与睿智……课本是学生必须面对的阅读。如若我们一方面将这里的阅读搞得枯败冷落、形同死灰，另一方面说外面的阅读好精彩，这样的尴尬并不好处理。学生长期缺乏现实里成绩的支持，这样的阅读自然也坚持不了多久。我们搞不好课内的阅读，学生又怎会相信课外的阅读是那么精彩？学生的阅读，当然不能止于课内。但因为见到了一滴水的灿然，我们终于萌动了去看大海的波光跳荡银波万里，这便是课内与课外和谐的触动关系。我们因见到了整座大海，便更可以欣赏一颗水珠的光鲜与纯然。给得了学生眼前的"现实"，才可以引导他们奔向常人不可见的远方。

脱离了真实阅读价值的语文课，那是什么课！不能养成学生有效读与写的语文课，本身便严重脱离了语文的基本意义与价值。或者也可以这样说，缺失了有效读与写的语文课，那还算什么语文课！一个语文老师在读与写上不能有所建树，那他还能做些什么！语文课本身便应该是阅读课。读与写，是语文得以腾翔的双翼。不能享有阅读魅力的语文课，自身便存在着严重的问题。

提高课堂阅读的品位与兴趣，在惊心动魄处读，这正是我们改变学生阅读状况的当务之急。如果一个学生在整日与他相处的天天上语文课的教师身上都不曾真切体会到读书之乐之趣，体味不到书之于人的重要价值，那么学校对于他阅读的影响已经甚为微弱了。

阅读经典与摆脱低劣

人的生命有限，特别是在现代社会里，节奏明显加快。学生们现在需要应对的事情着实不少，因此，学生读一流的作品与真正的经典就显得更加重要了。人生不过百年，不能与人类最伟大的作品与最杰出的思想情感相遇，真是最大的憾事。不遇奇峰，不览壮流，是对生命的辜负。不仅如此，所谓一流的作品与真正的经典，一定是把人类最深沉的热烈与最纯挚的简单充分表现出来的作品，它将"人"更活跃也更神圣的生命力开扬出来，也将人更内在也更深刻的孤独与困境提供出来，因此与这样的作品相遇，孩子们受到的影响与触动是无法估量的。一流的作品与真正的经典，不仅是当我们遭遇问题的时候，需要到那里去寻找答案与获得验证；更重要的是常读常新，帮助我们从现实之困里一次次完成生命更新，一次次决定学生成长中那个隐秘而重要的部分的质地与走向。

钱理群先生曾推荐说：《论语》、《庄子》、唐诗、《红楼梦》、鲁迅作品，是适宜青少年阅读的经典之作。这可供我们参考。

在现实中还有一个问题常常困扰我们：学生被劣质书籍所困怎么办？这个问题究其根本，是学生在成长过程中没有遇到好书（不是没有看见，而是没有融通）。在一个人的精神成长过程中，是不能排斥自小的锦衣玉食、华服霓裳的。也就是一个人自小如若养成了纯真而高级的阅读品位，他自己是不会轻易接受"粗茶淡饭"与"敝衣褴褛"的。优质文字的质地与内涵都不是一般粗制滥造的文字可比的。去九寨沟旅行的时候，我们或许都有这样的经历：当我们自外边的世界带着一身仆仆的风尘与满头的溽热一下子闯入的时候，会立即被这个清亮亮的世界所吸引。初次见到树正瀑布、诺日朗瀑布的时候，道道瀑流吐玉飞花，我们流连驻足，久久不愿离开。殊不知，入之愈深，所见愈奇，当我们撞见珍珠滩瀑布的时候，无论是满地铺展的水流的奇姿妙态，还是那种自高崖跌下翻江倒雪、万马奔腾的赫赫声势，让从前所见，一下子便不算什么了。待我们折返，重遇树正、诺日朗等瀑流的时候，真是不觉有"小巫见大巫"之叹！阅读也是如此，其实没有谁是喜欢"粗茶淡饭"与"敝衣褴褛"的。当然，阅读没有吃饭穿衣那般直接简单，因此教师在其中担负着特别重要的作用。教师自己能否将一流的作品与真正的经典读出妙趣横生与无尽浩渺，对于养成学生的阅读品位是尤其重要的。不仅如此，为学生在阅读的过程中提供丰富的参照，需要的正是教师的见识与视野，需要教师长时期的修养，有时甚至是超越常规的胆气。

师生合作，才能使一些真正有价值的作品"走进"学生。学生最终自我品位上的拒绝才是他们真正的脱离。

阅读，是学生生命的自我完成

阅读是语文教育之魂，因为它往往可以决定人成长中隐秘而重要的那个部分。

成长，是具有隐秘性的。意识强烈、目的明确的教育往往收效甚微，而我们常常不知道到底是谁，施加了怎样的魔力，终将孩子锻造如今！在这些神秘的力量里，阅读无疑是重要的一支。阅读往往可以决定学生成长中隐秘而重要的那个部分。这是因为，优质的阅读将更优质、更宏大、更真醇的作者世界与读者身心充分地交融在一起。在这样一种交融中，更强大、更丰富、更卓越的那个"场"会与学生固有的"场"融通起来，这样一种不知不觉、自然而然的融通，力量是强大的。阅读，正是这样的一种融通。阅读，就是在痴迷、泪水及翩翩联及之中，自觉自愿地接纳那些重要的"介质"进驻自己，并与之汇成同样的节拍，心潮起伏地与之合作，去一起合成自我重要的那些生命更新。有效的生命更新，就是学生坚实而重要的真正意义上的成长。

阅读，是学生内在的一种自我完成。在这个过程中，当然需要教师引导，甚至教师的帮助亦是必不可少的，但学生自我的内部必须要经历自我感受、自我认知、自我校正、自我合成的充分过程。在这个过程中，教师一是不可以强塞概念于学生，因为模糊简单的概念于人无用；二是要帮助学生充分展开并实现这个自我完成过程，过程越有效充分，阅读的效果就越好。

记得教师引导学生读苏轼的《记承天寺夜游》。一上课学生便齐读"学习目标"，其中一条是："体会作者豁达的胸怀与乐观的人生态度"。这样的教学设计，就不是很妥当。我知道这位教师是在遵循学校正在推广的某种教学模式上课。我们不少的课堂程式化倾向严重。课，应该是学生自己心头长出来的果子。类似这样的概念与结论，是学生在读的时候自我发现的，这才是阅读的快乐。现在开篇即读，使阅读变成了一种验证，或者说一种灌输，快乐何来！阅读是生命的自我完成，建构是自我逐步完成的，不是教师将概念强塞给学生的。在后来课堂进行中，学生普遍认为此篇文章表达的是苏轼苦闷的心情。由此看来，我们不仅强塞概念于学生，而且课始时的齐读，也不过是走过场，学生并未真正过心。这是课堂不小的尴尬。在品味语言的基础上，自然可以完成学生对苏轼情感世界的认知。"月色入户",为何不言"今晚有月亮"?"月色"与"月光"有何区别?"月色"重在言"月亮的风姿","入户"重在强调月亮对人的亲近,月色今晚是华妆而至,在明朗静美的月华里,人心顿作一片皎然,纯然与明快,自由心生。在这样的感受里,苏轼的内心不难探知。

读出自己的书目与切己之关联

在阅读推进的过程中,还有一个现象较为普遍,就是学生、家长、教师都特别热衷于获得书目。当然,得到一份自己特别崇敬的学人的阅读书目,为自己的读书提供参照并进行相关拓展,本是一件极好之事。但书目盛行,似乎非依托于一个书目便难以展开有效的阅读,其背后其实潜伏着一种隐忧。在这世间似乎存在着一类特别重要的书籍,它们开列在一张神秘的单子上,只要照着去读,便可以快速获得成功,超越常人,这其实是一种简单功利化的想法。好书我们所知固然有限,但对待那些人尽皆知的好书,如若我们认真阅读,努力体悟,也必有所得。诚如朱子所言:"大抵观书先须熟读,使其言皆若出于吾之口。继以精思,使其意皆若出于吾之心,然后可以有得尔。"这确是读书重要的规律。因此,真正的书目,其实是每个认真读书的人自己读出来的。这并非说别人的书目没有借鉴意义,但最终写在自己书目中的那些作品,一定是与自己交融充分，伴自己度过重要生命时期、帮助自己产生生命能量的那些作品。这些书籍与自己发生过特殊的价值，自然难忘，自然必读。苏轼被贬儋州的时候，精神上进一步走近了陶渊明，所以此时如若请苏学士开列书目的话，我想陶诗一定位居其要。如若我们的学生都渐渐读出了自己的书目，这真是阅读最大的幸事。

阅读重要的是要归之于己，与自我切实关联。长期以来，简单机械的应试教学泛滥于课堂，展开人类宏大心灵场与精神分享的阅读，屈服于其实对答题本身也并无大益的刻板的答题套路与方法中，反复演练，越陷越深，难以自拔。在这样的环境里长大的学生即便面对佳作，脑子里闪现的也多是所谓答题需要的浮泛之语。我多次参加一些重要的学生选拔性面试，有一个题目是请学生阅读一篇文章后，就此文谈谈自己的感受与体会。我们几乎所有的学生都不会言及文章对于自我发生了什么作用与价值，似乎读书是一件与自身原本毫无关联的事情。我们的学生似乎只是一个游离于读者之外的旁观者，不与自己发生关联的阅读，途多无益，人不过是四条腿的书橱。这样的阅读想要看出自己的书目来，当然很难。《围炉夜话》中说："处事要代人作想，读书须切己用功。"此言值得我们细细掂量。当我们不能在与好书"相遇"时在心灵的大海里激出浪花，不能在思考的深谷里响彻回音，那么无论我们面对怎样美好的"相遇"，都将是软弱无力的。

在这样一种切己关联的阅读中，我们教师实在是最为重要的一道力量。许多时候，学生不能在教师的阅读中发现教师自己生命的参与，他们自我生命在阅读中的融入，也会变成一个极其缓慢而完全不可预知的过程。

阅读里的尴尬与跪下来的分数

阅读，在学生现阶段真实的学习环境里，常常会遭遇到两类尴尬。

其一，屈就的现实主义。核心的逻辑是：学生要分，家长要分，领导要分；中国教育是应试教育，我能有什么办法。社会不会适应你，你只能适应社会。以不断增加学习时间与增强考试频率与强度，作为提分最重要的手段。阅读，在这里，只能是表面文章，因为阅读与他们的核心想法之间有着深刻的矛盾。

其二，虚茫的理想主义。阅读不是一场新闻发布会，不是越盛大越好、越时尚越好；一些广阔的阅读，应该诞生在扎实的一节一节的语文课里，诞生在师生自然的相处里。阅读，不在新颖流行的精妙书单里，而是在学生自我真实正常的阅读生活的不断关联里。阅读不是一场运动，哪个能风生水起就高举哪个。阅读甚至不在一场自我标榜式的愤世嫉俗里。阅读应该存留在以学生完整意义上"人"的切实发展为基础的学习成绩不断的提升里。

这两类状况表面看似决然不同，但殊途同归，用不了多久，第二类就会成功地完成向第一类的转变（有的第二类其实就是第一类）。对考试试题缺乏创造性与自我独立之研究，阅读不能落地于真实的课堂与师生的相处，最后都难免要简单追着试题表面的形式跑，跪下来求分数，因为，"活下来"确实是硬道理。

鲁迅先生在《忆韦素园君》中曾有这样一段话："是的，但素园却并非天才，也非豪杰，当然更不是高楼的尖顶，或名园的美花，然而他是楼下的一块石材，园中的一撮泥土……他不入于观赏者的眼中，只有建筑者和栽植者，决不会将他置之度外。"我们现在推动阅读，需要的正是韦素园这样的人！在他们那里，有真阅读，也有真分数。

结语

阅读，是复杂的心智活动，搅得起还需拢得住。在学生阅读习惯培养的重要阶段，没有教师切实的介入，仅靠学生在天然的阅读过程中自然获得，再加之现实强烈的逼迫与侵占，会有相当多的学生"读"跑了。我们相当多的成年人都俯首屈就于现实，何况那些刚刚在阅读里起步的孩子。邓拓先生很早就有这样的提醒："以前在书店里常常可以看见有所谓《读书秘诀》《作文秘诀》之类的小册子，内容毫无价值，目的只是骗人。但是，有些读者贪图省力，不肯下苦功夫，一见有这些秘诀，满心欢喜，结果就不免上当。现在这类秘诀大概已经无人问津了吧。"今日读之，依然感慨万千。

阅读，表面上强调的是学生与书籍，其实在这个过程中处处离不开教师的有力作为。这也正是学生的校园阅读得以真正有效开展的最核心因素与秘密。

在悠久的岁月中倾听生命的回音
——在优秀的传统文化中师生可以得到些什么

一

众所周知，我们课堂上讲文言文，将大部分甚至是全部的课堂精力集中在细扣每一个"而"字、"则"字、"以"字等虚词的用法上，集中在琐碎机械为语法而语法的落实上，等等。这些内容占据了师生大量的时间与精力。不要说在古代汉语中，即便是现代汉语，我们也不一定（其实也不必）说清楚每一个"而"字的用法。"大江东去"，即便我们不讲，学生也可以理解其含义，但在文言文的教学中，这显然不够。我们在课上不断强化、课后不断检测的是："东"，是名词作状语。"天下之大"，几乎人人都可理解，但如若问你句中那个"之"字有何特殊用法，则恐怕不少人回答不出来是定语后置的标志。我曾经历过这样的课堂，将王安石的《游褒禅山记》处理为"其"字用法的语法练习册，王荆公倘在天有灵，怕不会泣涕零如雨！

　　强调彰显，就中小学课本所选取的体现优秀传统文化相关的篇目而言，增加绝对数量是一回事，更重要的是，在我们师生对话的过程中，如何将看似与学生现实生活疏离隔膜、匍匐于纸页间甚至不少学生认为是"死气沉沉"的语言叫醒，活活泼泼、精神抖擞地站在我们（包括师生）面前；在我们师生对话的过程中，如何帮助局囿在完整"现实"里的我们（包括师生）感知到古人活着的矫矫生姿，与"眼前"保持一个恰好的适度的距离；在我们师生对话的过程中，如何将浸在喑哑平淡的书页间的无数心灵生动、精神秀丽的"人"呼唤出来，构建为我们（包括师生）生命里重要的东西，将我们内在逼仄有限的空间一拓再拓，协助我们走进苍茫而浩瀚的千古时空，成就我们自我的生命。

　　当我们能感受汉字内在气韵与精神的时候，我们就开辟了一条通道，也可以说拥有了一双翅膀；这条通路可以引领，这双翅膀可以携带，引领携带着我们深深陷落在现实里的沉重肉身向一重一重心灵的峰峦与精神的灵域美妙而振奋、深情而多思地前行。

　　教师能走到哪里，师生的对话才有可能到达哪里。这里强调的，其实是教师自我的生命之路。因为无论上课的形式怎样，其实每个人都在自觉或不自觉地阐释"自身"，也只能阐释"自身"。学生是一起学习的伙伴，是与教师一起完成生命更新与生命确认，走在一起相互依存、相互照顾的朋友。

二

我通过"优秀传统文化"与学生对话"美"，因为许多伟大的"美"都是俏立在语言文字里，不通过语言文字，你就很难接近并理解那些"美"。所以，准确地说，我是传递"美"的老师。

苏门四学士之一的张耒，有《初见嵩山》一诗：

年来鞍马困尘埃，赖有青山豁我怀。

日暮北风吹雨去，数峰清瘦出云来。

张耒算不得大诗人，特别有影响力的作品也不多，但这一首《初见嵩山》却写得既秀丽又开阔。宋哲宗亲政后，新党得势，竭力报复元祐旧臣，随着苏轼等人的被贬，苏门弟子也受到株连。张耒便是其中之一，他屡遭贬谪，一生艰辛。"年来鞍马"不是虚指，尽为事实。绍圣元年（1094 年），张耒在以直龙图阁知润州任上，徙宣州；绍圣四年（1097 年），贬黄州酒税监督；后再贬复州监竟陵郡酒税。崇宁元年（1102 年）被贬为房州别驾，安置于黄州，这是他在短短六七年内第三次被贬到那里。"困尘埃"，人必是艰于呼吸视听的，尘埃飞扬，无处不在，让你无处可避！在这样的情境下，人被完整充分地陷在里面了，密不透风，插不进一个针孔，好一个残酷决绝的"困"字！他在黄州先后住了七八年，作为逐臣，他不得住官舍和佛寺，只能在柯山旁租屋而居。屋前蓬蒿满地，出门满眼荒秽。这一切构成了严重而强大的"阵势"，围过来，压下去。情势到此还不算最坏。崇宁四年（1105 年），秦观的儿子自藤州（今广西藤县）奉父枢归葬扬州，路过黄州时张耒临江祭奠。不久，黄庭坚又去世。由于晚年长期赋闲，张耒贫病交加。"年来鞍马困尘埃"与这些史实相佐起来，七个字含着多么巨大的人生感伤与无尽的人生苦楚！一些汉字，本就是写作者血泪铸成。我们涵泳其间，一字一顿挫，一字一徘徊，一字一警悚！我们也跌落到诗人的人生强大的旋涡里。我们虽与作者远隔千年，但我们还是被作者强大而剧烈的内心冲击震到了。谁来帮助我们的诗人，谁来关慰压抑的灵魂？令我们不曾想到的是，在人生的漫漫黄尘、孤窘无助里，帮助诗人的竟然是——美。

美，从来就不是一个可以由我们轻侮的概念，它是可以孕育在生动恬静里丰沛而出的强大力量，它是在满心柔软里突然找寻到的生命的新航线……强劲的北风吹去满天顽积的落雨的黑云，雨后青冥的天空破云而出，落日正红。落日辉煌的赤金逼透云层，攒射而出，将它全部耀眼的金光投射到从厚云后挺身而出的朗朗青峰之上。这是一个多么夺人心魄、美得无与伦比的傍晚啊！那一座座清朗的、清瘦的、清秀的、清俊的、清丽的山峰突破黑云浓浓的壁障，一座座秀美而出，与壮丽而浩大的夕阳完成了这世间最美、最奢侈的天地大画。山峰的清爽、天地的开阔，与人的心灵世界和精神世界完美地融为一体。人在画中，画在清爽的濯尽沉霾的精神里。秀挺而出的，何止一座座俊朗青葱的山峰，分明还有诗人抖落尘埃的皎皎之魂！

这是上课有关"美"的一个片段。这个过程，不是银样镴枪头，不徒作软弱的逃离现实的抒情描写；这个过程，其实是打破沉闷现实的一道坚实的力量！它，可以帮助我们的学生获取现实的分数，因为这是我们和学生一起成长、完成彼此生命更新的重要部分。

我们的学生如若在成长的过程中，他们的生命里有了青峰、巨树、峻河、阔海……秀丽而磅礴地参与建设，他们这个"人"将会多么爽朗清新、蓬勃美好！一个生动新鲜、生机勃勃的"人"，本身就是这世间最美的风景，本身便是战胜现实的强大力量。

三

我通过"优秀传统文化"与学生对话"心尖上的风浪"，因为许多"心尖上的风浪"都是翻卷漂泊出没于语言文字里，不通过语言文字，你很难接近理解那些"心尖上的风浪"。所以，准确地说，我是让人体验并感受"心尖上的风浪"的老师。

由于性格与创作上的原因，亦为苏轼、苏辙身上巨大而耀眼的光芒所掩，对于相当多的师生而言，张耒并不为我们所熟悉。生命里就是有一种奇妙的机缘，或是一次阅读，或是一场考试，张耒的这首《初见嵩山》犹如《阿甘正传》开头的那缕白羽自遥远的时空飘然而降，落在我们现世具体而真实的生命里。我们摩挲着诗人的语言，渐渐进入并感受着他的人生境味。我们相隔很远，遥遥千年，但在如此浩大苍茫的时空里，完成两个生命的搭接，是一件多么奇妙而美好的事情！一首好诗，把一个人生命里最炽烈、最真醇的内核全部打开了。正因为如此，它强烈地感染吸引、焕发引导着另一个人生命里最炽烈和最真醇的内容。就这样，两个看似毫不相关、没有丝毫现实利益关系、全然未知的生命在一场奇缘里渐渐走近，由走近而靠拢，由靠拢而一同经历、经受！

政治险恶，生活窘困，但我们的诗人始终以闻道于苏轼而自负，即使遭受打击也不后悔，且引为人生最大的志趣。不幸的是，苏轼、苏辙先他而去，晁补之此后亦先他而去，这个严酷的世间似乎要撤掉一切他可以依托的力量。这一重重风浪当初是以怎样的滔天巨浪或疾风骤雨将他小小的内心完整吞没，只留茫茫水光？

这是一首躺在厚厚的枯黄的古籍里不为人所知的普通小

诗，但我们一旦攀沿着生命的隧道进入，就会发现古人心尖上的风浪与我们今人何其相似。一样的在现实里沉浮飘摇，一样的经历打击冷遇，一样的迷惑苦痛，也一样的身陷局内，不得突破。我们似乎就站在彼此的身边，亲历了一场"人"的完整而充分的内心风暴。我们看到了身边这个人的迷茫、苦痛、压抑，我们也看到了他的寻找、构建以及冲开。我们看到了一个很具体的"人"的渺小与局限，我们也看到了小小的一个"人"宏伟的开掘与搭建。我们看他的时候，也看到了自己。我们被他心灵上的风浪迷住了，我们被自己心灵上的风浪迷住了，我们被"人"心灵上的风浪迷住了。心尖上的风浪，让我们感受到了"人"的渺小与平凡；心尖上的风浪，也帮助我们体味到了"人"的超越与非凡。我们很远，也很近；我们很不同，亦相同。世事繁幻，千年已过，诸多不同，但咂摸沉浸其间，又发现基于"人"的种种、许许多多其实也都没有怎么变。我们几多留恋，几多瞻顾，几多徘徊，几多感喟！在这个过程中，我们渐渐发现别人，同时也渐渐形成自己、认识自己。

阅读的最后，一定是两个原本陌生隔绝的生命从此相关相连、休戚与共、甚至比现世里身边的人似乎还要熟悉。因为熟悉并非用肉眼看见，而是虽远隔时空，但在更真实意义上的看见，是我们一起经历过心尖上的风风雨雨。

四

我通过"优秀传统文化"与学生对话价值观，因为许多伟大的价值观都浸润在语言文字里，不通过语言文字，你就很难接近并理解那些价值观。所以，准确地说，我是价值观老师。

张耒一首绝句，寥寥数语，内蕴丰厚。涵泳其间，我们看到汉字竟然可以和一个人的精神质地发生如此紧密而强大的关联，汉字撇捺之间开拓而出的是一个人高贵的灵魂的屋宇；看到自然永远是人心灵与精神的导师，自然深广的内涵帮助人走出一个个逼仄的困境；看到一个人美好的生命状态其实就是这世间最美的风景，湖海峰峦都在人的心中；看到一个人自己站起来后，世界也便随之站立了起来；看到人的所谓成长，就是对"现实"的一次次突围，命运的诅咒也会变成精神的风光与卓越的天赋；看到美是无言的竞争力，美对人的构建意义从来都不应小觑……

我们几乎日日都在默默诞生价值观，即便不能主动诞生，社会也会把相应的价值观悄悄"转移"给我们。教师应该对学生有辉煌的感召与宽广的吸引，在与学生一同进行精神吐纳的过程中，自身的生命也得以不断更新。

五

元代的白珽有一首《余杭四月》，诗曰：

四月余杭道，一晴生意繁。

朱樱①青豆酒，绿草白鹅村。

水满船头滑，风轻袖影翻。

几家蚕事动，寂寂昼门关②。

四月乍晴，阴郁尽扫，村野万物争奇斗艳，处处一派勃勃的生机与生趣。"朱樱青豆酒，绿草白鹅村"，一首村庄写在四月青新的纸笺里，船行水上，河水充溢，一个"滑"字何等轻快怡人。春风迎面，衣襟飘举，一个"翻"字，何等神清气爽。诗人所见农户白天关门闭户，原是为了保养小蚕。盎然的春意，美好地写入了人的心里，写入了人心的期盼里，由自然景物到社会场景，都呈现出欣欣向荣的"生意"。一首小诗，将农业文明的精神与画意都绣出来了。

徜徉在优秀的传统文化里，与学生一起读这样的作品，是体味一种悠久——悠悠岁月里一个古老而又年轻的民族在那片古老而又年轻的土地上如何起居耕作，如何在日常平淡的生活里酿造心情，织就生命里的光华；是体味一种农业文明的优雅与情致，是感受一种内心的生活里闪耀出的心灵的珠光，是在静静的曾有的生活里，慢慢将自己与我们的祖先相关相连。

---

①　朱樱：樱桃的一种。

②　昼门关：从蚕孵出到结茧期间，养蚕人家为防外人冲犯而终日紧闭门户。

只有这些才能让你确信历史的存在，让你确信我们曾经拥有过的生活，让你知道远比你的生命久远得多也壮丽得多的事物，让你明白了自己的生命是从怎样的一条荡漾着绚丽浪花的河流里延伸而来的。

六

曹刿论战

　　十年春，齐师伐我。公将战。曹刿请见。其乡人曰："肉食者谋之，又何间焉?"刿曰："肉食者鄙，未能远谋。"乃入见。问："何以战?"公曰："衣食所安，弗敢专也，必以分人。"对曰："小惠未徧，民弗从也。"公曰："牺牲玉帛，弗敢加也，必以信。"对曰："小信未孚，神弗福也。"公曰："小大之狱，虽不能察，必以情。"对曰："忠之属也。可以一战。战则请从。"(《左传·庄公十年》)

　　这是我们熟知的篇目。大国压境，兵临城下，鲁国岌岌可危，随时可能举国倾覆。"何以战"，曹刿要问的其实是一个国家真正的底气与实力，更是一个国家立国的根基与存在的信仰。文言文并不一定意味着逝去、陈旧、落后……曹刿的三问与鲁庄公的三答，深有意味。文言文里也可以有世界级的眼光，小物质、小信用都不足以立国，曹刿于文中谈及的司法的公正与昌明，是国家在近现代化历史进程中面临的核心挑战与关键命题。曾有人戏言，对一个普通百姓而言，想知道一个国家到底是怎样的，也没有那么难，看一次病、打一次官司，就清楚了。今日读来，曹刿"可以一战"的依据，不但没有因为历史演进而散发出腐朽溃败的霉味，我们还要为他卓越而超凡的见解深深折服——在曹刿的判断里，显现出的是世界级的伟大眼光和重要参照。此等见识与智慧，令我们后世子孙无限敬仰，不由深深喟叹与思索中华民族的历史进程！

对于优秀的传统文化，我们自然需要继承，但最好的继承便是我们永不停息的创造。我们对传统的评价需要有国际视野，中国情怀要建立在国际视野上，这样的中国情怀才会让我们的学生将来无论身处世界的哪端，无论与自己的母国相隔多么遥远，都可以为我们作为中国人能够拥有这样一份文化而产生既是情感又是理性的骄傲。这是我们这一代教育工作者的重要功课与必尽职责。

七

在对优秀传统文化的学习体悟中，我们应酿造孕育出我们民族的生命力、爆发力、创造力、自新力，酿造孕育出我们民族新的生命华彩，酿造孕育出我们切实而富有改变力量的未来，酿造孕育出泊在人心深处的中国梦。

师生相处，改变
彼此命运的
"途辙"

智者说：人与人的交往常常改变了命运的途辙。我希望通过老师和学生的"交往"，改变彼此命运的"途辙"。我珍爱与学生们相处的那些细节与过程，它们诞生了我抗拒名词的力量，构建了我对教育自我的独立判断，织就了我的梦境。

我们因教师这个职业既灵且美

著名童话《木偶奇遇记》中有一个情节很耐人寻味，一群顽皮的孩子为了逃避学习与管束，来到了一个叫快乐岛的地方。在这个地方，他们可以丢开一切勤奋与努力，可以恣意妄为，可以过上彻底快乐幸福、无忧无虑的生活。结果没过多久，这些轻松贪玩的孩子先后一个个变为驴子。这个情节让我警惕并感到庆幸。教师的工作虽然繁重，但繁重中才有真切与幸福。我感谢教师这个普通职业给我带来的莫大光辉。在这个职业里，我创造并且生成，我渐渐感到了我生命的价值与实现的意义。我常常感到因了这一职业，我们教师既灵且美。

用生命唤醒教材

独立地面对并解构一篇教材课文，是每一个语文老师的职业之始与必由之路。1995 年，我自大学毕业，走进中学，这也就成了我常常面对的一个严峻课题。最开始的时候，面对教材我无言以对，我觉得该说的教材都说了，不该说的我也没必要说，因此，我能说什么呢？再后来，四处搜集参考资料，看别人的解读，我在课堂里说的尽是别人的话。说别人的话，总觉得隔着一层，无趣味，没感觉，这样的职业就是一份工作。偶尔也能说出自己，但说出自己的时候，又常常脱离教材，教材成了无法摆脱又无法面对的一个沉重负担。我从做教师始，就一直当班主任，白天事务性工作多，于是我的白天便常常从黎明开始。当我开始努力寻找自己，开始不再简单依托别人和那些参考资料讲课的时候，我就开始用自己对文字的直觉，用自我生命的本质，去面对一篇篇文本以及文本背后站着的作家，站着的思考、沉重与悲欢。文字不是趴在纸页间，它分明是站着、喊着、前行着的。文字里总是有个"人"的。我至今还记得我与鲁迅的直面。北京版的教材曾选过鲁迅先生的《范爱农》，这篇散文解读的难度实在是大。我初读一二遍之后，依旧昏昏然。看了一些参考书，大多数也只是寥寥数语，不疼不痒，还是难获其详。于是我便决定"直面鲁迅"，我要零距离接近鲁迅，我要亲自找他"谈一谈"。

凌晨3点多，我打开书页，我知道在如橘的灯光下，我要靠自己对文字的直觉背水一战了。整个阅读的过程是轻松而艰难的。有时，我欣然领悟，与文字一道畅快地呼吸，我咬着牙，不得不叹服地说：好个鲁迅！有时我又与文字展开艰巨的拉锯战，在云之巅我与他打，在水之渊我与他打，在壕沟里我与他打，在泥水里我与他打……边打边想，我紧张而又敏锐地用眼耳鼻舌身捕获着一切信息，在文字刹那的闪现中，我激起灵感，希望将瞬间变为永恒。有时，鲁迅将文字变为遮蔽自己的榛莽，我找不到他了，此时，我用探究的柴刀小心地挥砍着面前的荆棘，不用力挥砍，我知道是过不去的；不小心翼翼，我又怕伤着不知躲在何处、处处为难人的迅哥。

时光渐逝，曙色渐起。鲁迅一行行文字都被我扯开推倒，它们横七竖八地躺在那里，每一处都有我走过的足迹。我终于读懂了。可我还是惶恐，就这样将一片废墟交给我的学生吗？胜则胜矣，然则终究是一片残垣瓦砾。我要将它们再重新组接建筑起来，在这座巍巍大厦之中找到一把钥匙，领着我的学生悠然且欣然地徜徉在优美的长廊之中，去欣赏它的富丽堂皇，去欣赏它的曲径通幽，去欣赏它的煌煌大气，去欣赏它的缜密文心。

我再次在脑中开始了繁妙的整合与叠加，我知道此时的我必须拎得起来，而又能轻轻放下；我能撕得开，我又须合得拢。我的脑是一道幻化万物的魔力，时光与灵感汇聚成一道光，温馨而又不失辉煌地笼在我的身上，片片瓦砾，坍塌的水泥，开始奇妙地再次生成与合聚。

"杀的杀掉了，死的死掉了，还发什么屁电报呢。"抓住这一句，只要四读，全篇便可迎刃而解。我化解了文字，也被文字所化解。

曙色终于涌窗而入，窗里窗外，一片朗然。

用生命透悟高考

我做教师的第二个困惑便是如何面对高考——如何在"分"中生存下去、发展下去，如何得分却不损害学生，如何仰望星空且又脚踏大地。

随着逐年的探索，我渐渐形成了我的高考备考理念，那便是通过推动学生完整意义上"人"的发展，来推动学生分数的发展。我不厌弃分数，也不鄙视分数；我利用分数！我希望通过富有成效的努力，让我的学生，让那些渴望高分的灵魂，不会在世俗的侵扰下沉沦。

如果将语文备考仅仅视为一个知识系统，那么相应的备考方法便是梳理与记忆。如：梳理文言文的语法现象、梳理名句名篇、梳理答题方法、梳理写作模式等等，条分缕析之后自然便是记忆。其实，语文高考备考岂是一个"背"字了得。语文绝不仅仅是个知识系统，它还是一个能力系统，更是一个情感系统、思维系统、生命系统。语文的差异，绝不仅仅只是知识层面上的差异。语文，让我们长知识、增能力，更让我们通思维、厚情怀、炼人生、成境界。语文高考备考的成功，首先从转变观念开始。

阅读和写作是语文备考中的两处痼疾。所谓"读懂"，就是要凝注精神，披文以入情，披文以入理，疏通文义，关联前后，品味语言，提炼要点，把握题旨，理解作者，读出自我。

一个人的精神成长史，与一个人的阅读史密不可分。平时阅读是阅读，高考备考中的阅读就不算阅读了，这岂非咄咄怪事？读懂了，答题了，精神世界亦随之提升改变了，这才是高考阅读备考真正的意义所在。一个"人"的整体提升了，什么样的文会不得分呢？阅读不仅仅是模式，要从读懂开始，从改变自己开始。

高考写作备考中，处处弥散着方法。高考写作，必要的方法之总结与提升，当然是重要的，但真正决定考场上可以写出脱颖而出文章的关键点还不在这里。我们该热爱我们笔下的文字，敬重这些可爱而高贵的精灵。作家鲍尔吉·原野说："为词语流泪，说明他的血液曾经融化过汉字当中芳香高贵的成分。"在高三的写作中，让我们为词语而流泪吧，让我们将血液中融化过的汉字的芬芳高贵倾吐而出吧！学生虽处高三，但一颗心当鲜活饱满、灵动丰沛地面对四周、面对自然、面对世界。写作，不仅仅是方法！要从珍爱我们的语言，从切身的体悟开始，从发现我们日常生活中的高贵开始。

随着学生"人"的改变与提升，我也取得了令人瞩目的高考成绩：我一个班曾走出过7个作文满分；我学生的高考作文成为北京市的名文，被人传诵；我班级的语文平均分达到了126.5分；我的多名学生获得了北京市语文高考的最高分。更让人欣喜与感奋的是，高考过后，学生对我的无限感怀与生命回归。

用生命建设生命

我做教师，面对的第三个困惑是我们该如何对待学生。

我们的学生，从小到现在，一直习惯用高矮、轻重、胖瘦、丑俊、眼睛大小、头发长短这样一些体貌特征来描述自我与别人。其实，默默地坐在我们体腔之内的还有一个更重要的东西——生命。它似乎常常甜甜地睡着，存在但却不为我们所知，而且它似乎也并不伴随着孩子身体的发育而日渐长大。直到有一天，必须用了它所熟悉和能接受的方式，我们才可将它唤醒。此后，我们便渐渐清醒地意识到了它的存在，精心地呵护且在意它，直待它逐渐成长为一个真实意义上的自我。语文课，便关乎生命的这种发现与建设。

语文课因为发现生命并且建设生命，所以壮丽，所以辉煌。一整间教室都是亮堂堂的呀！语文课上，面对华章，面对纸页上那一团团思想的华焰，同学们的心，那时是彼此开放、彼此贯通的，他们的心与老师的心凝结在一起。他们为高贵所震撼，他们为卓绝而慕羡，师生用敞开而鲜活的心灵构成了一种强烈而浓厚的氛围，构成让你脱离不开的、深深将你旋入的一种"场"，让你不自觉地、无比美好地将自我"旋"进去。你在将自我"旋入"的同时，也将别人"旋入"。大家在一起，不是因为考试失利，也不是因为遗失了什么珍贵的东西，更不是因为老师严厉的批评，但是大家流淌着心中、眼中的种种自我确认的泪水。

"勃，三尺微命，一介书生。无路请缨，等终军之弱冠；有怀投笔，慕宗悫之长风。"（《滕王阁序》）年轻的王勃，终于冲出命运的阴霾，此时的他，长句飘飘，英姿飒飒。生命在无比艰难中起航了，我们一起与王勃庆祝这种胜利！那一天，读王勃，便是我们的节日。

"庭有枇杷树，吾妻死之年所手植也，今已亭亭如盖矣。"（《项脊轩志》）高树亭亭，深情蓊蓊，明代的泪花，飞旋而下，溅湿了我们。妻的生命已死，但妻的生命仍在——在枝柯交横的大树婆娑抖动的绿叶间，在树下浓浓的绿荫里。一个人死去，却可以在另外一些人的心里永远活着，直待海枯石烂，天地相合。那一天，我们知道人类有无限的生命可以长存世间。寻一个人，可以在花间寻他，可以在碧湛湛的青天里寻他。

大家感觉到了一片海，而自己就是这片海中小小的一朵浪花，自己在无边的宽广的海上漂浮、沉浸，然后融入。自己的心中有了一道光，同学们的心中都有了一道光，大家一道一道的心灵之"光"，汇聚散射开来。于是朴素寻常的教室成了一片光之海。教室、课桌，连同自己，大家都构筑着这道光，感受着这道光，分享着这道光。老师，在大家的心灵的光海中，一片辉煌，早已站成了一座雕像。

上语文课，真好！上语文课，重要的不仅仅是知识，不仅仅是宾语前置、定语后置、名词作状语，不仅仅是文学文化常识；上语文课，也不仅仅是为了获取高考的"分数"从而机械重复地去"记"与"练"。这些远远不够，上语文课的时候，我们才明白了"人"的伟岸与高贵，明白了"人"的坚贞与豪迈，明白了"人"高贵的是他的魂与灵！

语文课因为发现生命并且建设生命，使得语文学习可以是一道深刻的改变"人"、雕塑"人"的力量。在十几年的学习过程中，语文犹如一把刻刀，无时无刻不在雕塑着我们的精神与心魂。只要我们真正向语文敞开心扉，我们就不难感受到它深入肺腑的那道力量。

用生命感悟教师

我做教师，面对的第四个困惑是我们该如何对待我们教师自己。

几年前，曾有一位编辑想约我给青年教师写一本书。她提出的写作要求是写诸如青年教师如何克服上课紧张等这样一类问题，她以为这样的问题很"实用"。我和她说，有些问题，一位教师随着工作时间变长会自然加以解决，而我关心的是那些无法随着岁月的沉积而能自然疗治的问题。她听后很是吃惊。是啊，在整个教学生涯中，我们教师该如何打理自己的内心世界、该如何安放我们自己的生命、我们的生命与我们的课程之间该是怎样的关系：这是我们必须面对的大课题。此课题，不会随着教龄的增长而自然消逝，反而会越来越"硬硬"地横在我们心中，这是我们教师职业生涯中必修的一堂重要"课程"。一位教师自身如若没有这样的内部课程与进修过程，他作为教师就一定是不完整的，甚至欠缺了更重要、更重大的教育内容与教育体验。优秀的老师，似乎总能够站在人类隐秘而非常重要的那个部分说话。我认为，在这个过程中，他们这样的"进修"与"探索"帮助了他们。语文备课，是一个很重要的备灵魂的探索过程。

　　我们常常甚至是只用知识与能力与学生见面；教师是知识与能力中的教师，而不是生命中的教师。如若这样，我们的课程就会缺乏优美的生命弧度与启人思考的生命探索。我们与学生只讲考试，只讲成功学；如何面对孤独受伤的自己，如何与自己交流，如何收拾自己心理世界与精神世界里的旧山河，在我们的教育中还常常缺席、忽视甚至遭受摒弃。

　　教师，能走到哪里，便有可能教到哪里。我说的，其实是生命之路。拒绝自我工具化，是优秀教师成长的必由之路。我们以为教育在班会里、在校会里，其实，对学生而言，教师生命的样式与品质，是最深刻、最丰富的教材。一个真正意义上的老师，就是那个帮助自己和学生认识到了"自我"的那个人！

　　或许教育最核心、最简单、最根本的一个内涵就是：教师，活出个样，给学生看；然后满心期待着学生将来能够活出个样来影响民族与国家，活出了样来给世界看！我们的眼光与观念不能仅仅停留在一个教师上课的技能技巧上。没有生命里的"真醇"与"趣味"，很难在学生眼中成为好老师。"真醇"与"趣味"，是最根本也是最伟大的教艺。或许有的老师痴迷于"技"的改变与提升，其实是舍本逐末了。个中缘由，其实很简单，"技"本身是影响不了"人"的；真正步进"人"的内在的，是"真醇"与"趣味"。一位教师自我生命的质地，会从根本上影响并决定一位教师日日的课程。

　　智者说：人与人的交往常常改变了命运的途辙。我希望通过学生和老师的"交往"，改变彼此命运的"途辙"。

　　清晨，当许多人在梦中醒来的时候，我已经工作了好几个小时了。每每面对这般时光，我从内心深处漾出的喜悦是无法言表的。我感觉到我既宽广又优美。我犹如晨曦，漫遍了整个东方的天空。我喜欢创造，我因能够不断创造而幸福着。

　　我多么希望，如若有幸，我能够通过我切实的平凡的努力，让中学教师这个小小的职业焕发出生命的华彩与振奋人心的力量。这是我做老师的一个核心愿望。为此，我流淌汗水，也奔涌泪水。

教育，就是在精神的领域诞生故事

——我和普通班学生的一些精神往事

我拿定了主意

2010 年 7 月，带完北京四中第一届人文实验班后，我新接了一个普通班。称为普通班，这两个班之间的差距还着实不小。学生间的差异，我们一般习惯用学习成绩、学习习惯、学习态度等与学习相关的考查指标加以区分比较。这些方面当然是有差异的，而且差距不小，不过更大的差异，我以为是"生命成长"方面的差异。

"生命成长"促进一个人真实的内部世界的不断体认与发展，那个所谓的"我"就是在这样一个成长发展的过程中，与别人逐渐区别开来，被自己所了解与认识。人的成长可以简单概括为：一个肉体的物质的现实的受局限的"我"，经了努力、磨砺、体悟、思考，踮着脚跳着高，逐渐与那个越来越清晰的、心灵的、精神的、觉解里的、自由的、身体内部的"我"

相遇。教育，就是促进并帮助这样一场"相遇"得以早日完成，并让这样一场"相遇"动人心魄与美妙绝伦，进而为两个"我"相遇之后的精彩历程准备充分的条件。其实所谓的"差学生"，许多都是由于学生更内在的觉解世界与精神世界里"我"的长期缺席而造成的。

所以可以这样说，所谓"差学生"，就是觉解世界与精神世界里还缺乏应有的规模、当然更匮缺宏伟建筑的学生，就是在自我的内心世界里还不能充分有效完成一个自我教育过程的学生，就是在绝大多数时候还只能感觉到身体上的那个"我"的学生，就是老师想和他一起过精神生活但彼此都感到很不适应的学生，就是更需要完成精神构建与补充精神给养的学生。这样的"不足"，如果在更早的一个时段被发现，"今天"就好得多。这样的"不足"，如若带入大学（我们现今的不少大学专业划分特别清楚，专业教学特别突出，职业培训的倾向非常显著，学生在这样的情况下，想完成一个富有成效与规模的"生命成长"，几乎是不可能的），再步入社会，经了强大的"现实"改造与训练，"人"的封闭与狭隘、"人"的现状可想而知。我想，我们日常所言，中国人的素质还有待提高，是否应该更多地从这些方面寻找原因、解释现状？

在基础教育阶段，与学生认认真真、充分有效地过好精神生活，无论是对未来的高考成绩还是对学生自身，乃至对社会与民族的发展，都是意义重大的事情。可以说，学生学习中显现出来的问题，只是"生命成长"完成得很不充分的一个表象。

　　基于这样的认识与思考，我拿定了主意，那就是学习状况越是不佳的学生，其实正是精神补给最匮乏与应该得到精神生活的学生。人的改变，是复杂而艰难的过程，因此，更需要我们教师平心静气、踏踏实实与学生过好我们的精神生活。教育不能急于求成。因此，教的班"差"了，但是我比过去更加注重学生内在的心灵体验与精神成长。我把自己藏起来，引导学生关注与体味文字背后作家强大而独特的生命系统，努力鼓励并把握学生在学习与生活过程中哪怕是一星半点的心灵微光与精神闪现。帮助学生认识到自我生命的成长与强大，其实是把握与应对高考最核心有效的手段，鼓励学生摆脱肤浅的分数局限，谋求"人"更本质、更内在、更持久的发展。因此，我教的虽然是普通班，但课堂的深度与高度并没有降下来，随着自我认识的不断加深，我相信有些部分较之于以前我教实验班的状况，反而更"难"了。我像个朴实的农民那样，日日经营着自己的庄稼，为他们输入更强大的成长密码，希望他们越长越生机勃勃。

语文不再是一个负担，是一个乐！

　　大半个学期过去了，一次学习完一课书后，我要求学生写一写读过此文后的感受，在这次的习作中，我异常惊喜也异常震动地发现了我的韩国学生朴珉宋的一段话。

朴珉宋，这是一个让我内心震动的学生。开学之初，为了改变学生以往的学习状况以及对语文这个学科的错误和狭隘的认识，一般我都要先讲几节语文是什么的课。这样的几节课关乎学生今后的语文态度与生命样式，因此，课程的内容涉及许多精神与思想层面的问题。上课的时候，我很快就发现了一双专注而心有所悟的眼睛。这个学生就是朴珉宋，她给我留下了深刻的印象，但当时我却叫不上她的名字。大约过了一两周，我才知道，原来那个闪动着眼睛、专注而美好的学生叫朴珉宋。更令我吃惊的是，这位学生竟然是一位地地道道的韩国人。不容你不信，只要你一和她说话，就听出韩国味儿来了。

就在这一次习作中，她虔诚地写道："面对这样的作品和作家，我想对他们说——感激不尽！"（当然，汉字还是歪歪扭扭的。）这样的一句话深深地触动了我。它在所有的习作中，那么与众不同，闪现着华贵的精神光焰。在后来面对全班的习作讲评中，我特别激动地对全班说，当老师这么多年来，再加上我所认识的同事朋友的教学经历，至今还没有一个人，对一篇作品、一位作家，使用这么虔敬与庄严的词语：感激不尽。我们不是不懂得"感激不尽"的含义，或许正是因为太懂得这个词的含义了，所以我们才绝不会在这样的场合中使用它。追溯我们的历史，我似乎一直觉得，我们国人只有在加官晋爵或得到物质利益的时候，才说"谢主隆恩"一类的话。面对精神的给养与馈赠，我们一向浑浑茫茫，觉得不紧要，也没什么。记得不久前，一位因贪污卖权的官员刑满释放，受到无数达官贵人的热烈欢迎。这是大家在以不同的方式表达"感激不尽"啊。在朴珉宋同学的这篇习作中，我们读到了她非凡高贵的精神品格。她使用了一个平时我们很不习惯的表达方式，在这样一个独特的表达方式里寄予与显现了她的精神之光。这道精神的光焰，让这几页普通的纸张亮了起来，让我一下子发现了它们；这几页纸，首先照亮了我，这是我教师职业生涯中的骄傲，我看到作品作家的精神光焰与我的学生朴珉宋精神的光焰彼此辉映的壮丽画面。我也希望这道精神的华焰也能照亮咱们的整个教室，甚至照亮全四中，照亮整个社会。这样的精神华焰足以改变我们对"感激不尽"的误解，也同时校正了汉语"感激不尽"的精神坐标，尽管朴珉宋同学的汉字写得还是那般稚嫩。我认为一个韩国同学用"感激不尽"提醒了我们每一位中国同学的精神历程。基于这样的贡献，我个人认为此篇文章是这次读后感中分量最重的一篇——沉甸甸的，震撼人心。

请允许我照录一部分朴珉宋写给我的信，其中不少句子还带着明显的韩国味儿，跌跌撞撞，犹若一位蹒跚学步、扎着红头绳的可爱小姑娘。

老师！您好！通过这学期的语文课，我学到了很多知识，并且我的思维能力也提高了很多！我以前对语文课不理解，不懂。听了您的课以后，几乎都解决了。以前，我非常讨厌古文，不知道为什么要学这些！所以，我常找老师问，但当时老师只是说："因为古文很重要啊！是中国的文化，所以你要学。"所以我把古文当成了负担，但听完您的课以后，我发现了——啊，古文真好玩，真有意思！因为您讲得非常有生动力！仿佛回到了古代似的。我现在非常爱古文！虽然我这次考得不太好！但我觉得我收获了很多！因为，我知道了语文，知道了语文的重要性；而且我现在爱语言！所以我相信我早晚语文分数肯定提高！因为语文不再是一个负担，是一个乐！我觉得我是非常幸福的学生，因为有这么好的语文老师指导我！我不怕！老师，谢谢您又谢谢您！谨拜！

繁星如沸

转眼间，这班学生升入高二了。

一次，在学生冯元的随笔中，我读到了这样一段话。

　　记得此前读过胡兰成的作品，他在一篇文章中提到"繁星如沸"。记得当时读到他这段话时，对"繁星如沸"很是不解，不明白展现在胡公面前的到底是怎样的一幅图景；如今，此时，星夜独对，看着这满天的星斗，我一下子理解了当年胡公面对的画面。

看到这里，我在"繁星如沸"下面，重重地画了几个红圈。在后来的期中考试之后，我和全班学生重新提起了冯元的这几句话。冯元读书认真专注，这是不易的。在读的时候，一边读、一边想，就更不易，就更高级一层。正是此等认真与求索，这样的一段印记就会深埋在情脉与思考之中，既沉静又活泼，既安享又求索……保持这种状态，一段文字才有可能更加美好地镶嵌到我们具体的现实生活里。在郊外，当她面对一天星斗的时候，昔日的那段沉静与活泼、安享与求索便又重新流动起来，将平淡的生活——现实生活几乎都是平淡的——漾成涌动的细涛微澜。在这样的流动与荡漾中，作家作品、昔日那时、阅读静思、自己别人、时间空间这些要素与我们此时的生命发生了美好的交融，你中有我，我中有你，你成了我，我成了你。生命如堤，文字清漾如许。我羡慕并赞成冯元的读书法，更羡慕并赞成冯元的幸福法。幸福当然需要物质基础，幸福也同样需要心灵与精神能量。当我们的生命与更广大、更开阔的时空相互关联的时候，我们幸福的容量扩充了，我们幸福的层次丰富了。教育，从更本质的程度上讲，就是教会我们更幸福的方法，提高我们更幸福的能力，而和更高一级幸福无关的教育，可能都存有问题。希望让冯元式的幸福传遍全班，甚至全校。

冯元后来选择了出国，平时与我经常短信联系。她去美国上大学时，寒假归来，漂亮而乐观，有热情有探索。她曾说："是您唤醒了我的心灵，过去的一年里您带着我一步一步真正走入这个世界，去嗅每一缕阳光，去听每一棵草动，进而去爱生活的每一个瞬间。"

冯元和"繁星如沸"的故事，成了这班学生写作文很重要的一个素材，被同学们一写而再写，一讲而再讲，我想它可能会成为这个班级的一个文化符码，多少年后，大家一说"繁星如沸"四个字，涌现而出的便是一个世界。这，正是同学一场的意义和价值。同学一场，不是指在一个屋子里坐过，一起上过课、考过试，也不仅仅指一起玩耍过；我以为，师生、同学，最重要的一个含义是——彼此交换过精神礼物的人。

她的心似乎一直在远方

一次，一位陌生女士到办公室办事。办完事后，去而复返，推开办公室的门左顾右盼，似乎还有什么事。我的办公桌离门最近，她望着我，不好意思地问我：打扰您，不知哪位是小连老师啊？我迷惑不解地回答她我就是。她眼中立即闪现出愉悦的光芒，兴奋地对我说，门娜丽莎很是崇拜您，说您与众不同，谢谢您带给她的影响，我这回算是看见真人了。我们又随便寒暄了几句，说完她就走了。我至今也不知道这位女士和门娜丽莎之间是何关系，女士提到的门娜丽莎倒确实是我的一位学生，不过那时我已经有一年多时间不再教她了，但门娜丽莎确实是这届学生中给我留下深刻影响的一位。

门娜丽莎是一位活泼热情、有好奇心、渴望将心灵四处放飞的女孩。她此前一直在国外上学，高一的时候才从国外转回来。她的英语好，但语文却很一般。由于她的这些经历，致使她和其他同学产生了明显的差异。因为国内不少学生到了高中阶段热情似乎已然消解殆尽，对未知的东西表现得既平静又冷漠，是理性与现实支撑他们坐在教室里。门娜丽莎则是另外一种类型，这是我对她深刻的第一印象，因为她的成绩虽普通，但我看得出来，上课的时候，她的眼睛一直带着心掠过水面在飞。

不久之后，我就在学校看到了她——"门娜丽莎'微笑行动'印度志愿摄影展"。这是她随"国际微笑行动"（Operation Smile）国际志愿队前往印度东北部奥里萨邦的布班内斯瓦市开展免费唇腭裂救助医疗周活动的一个展示。她在两周的志愿活动中，用相机记录了救助唇腭裂患儿的感人瞬间。本次摄影展也是门娜丽莎的公益计划——"微笑，连接世界的纽带"（Smiles Link the World）的一部分，目的在于启发更多的中国学生关注不同国家的社会问题。我那时就知道，门娜丽莎是一位内心深处有火焰在燃烧的学生，对她来说，生命是一道火焰。

高考过后，一天，门娜丽莎兴奋地来找我，说她和朴珉宋利用高考后的一周前往柬埔寨进行了自助旅行。门娜丽莎和朴珉宋能够成为好朋友并举行这样的活动，原本也在我的意料之中。她的整个脸颊已经被日光晒得黝黑发亮了，这使她眨动着的眼眸显得愈发神采焕发。她说她们两个一路走，一路观察，一路写，见到许多人，遇见了许多事，还邂逅不少让她们终生难忘的风景。她说，一次她们乘船从一个山洞里钻出来，没想到眼前竟然是一个透明的大湖。四周的群峰、草木映照湖中，对了，湖中还有湛蓝的天空中的白云，人，仿佛坐在了画中，又仿佛坐在了天上。她们坐在船中，竟然忘记了划船，就那么静静地让船自由地浮在水面上，忘记了一切。听着她的讲述，我似乎也身临其境，她们的喜悦，也加在了我的心中。

我一直为教过门娜丽莎这样的学生而骄傲，我骄傲的不是她的成绩一直有多棒，而是骄傲于她的生命态度，她的心似乎一直在远方，在行走，在发现，在漂泊。她的生命情绪深深地感染了我。

上大学后，我也常常关注她。她一会儿在南亚，一会儿在非洲，似乎一直在行走！她永远从属于她的内心，从属于出发。她说：

　　我希望把每一天享受新发现的喜悦变成自己生命的状态。旅行让我发现、探索，珍惜现在，带着这些新的视角回到我的生活、继续发现。旅行中，我们脱离出平日按部就班的生活环境，在新的旅途中重新找回平日里丢失和被遗忘的内心视角。

我当然无意拒绝平凡，更无意拒绝幸福

　　怎么说呢，他其实不是一个优秀出色的学生，起码在我教过的学生中不算，起码在高一高二的时候不算。你从他上课时左扭右扭的身姿上就可以看出来，他的坐姿让他一直无法进入课堂的核心部分，让他与最重要的课堂内容始终保持着不小的距离。他有些浮躁，左顾右盼；有些不屑一顾，不想知道也不想介入；有些毫无理由的骄傲，敏感的自尊让他不容易接受不同的哪怕是正确的建议；他经常魂不守舍，心思常常出外游荡。当然，他有他的理智，他也会学一点，做一点，当自己的学习危机四起的时候，他会收回一些心，他会去救火。但他这样做，只是不想把自己搞得太被动，他知道，太被动了，自己的空间就会缩小，缩小，他可受不了。他要的是自由自在地活着。其实，他不需要什么高尚的理想，他的理想只有一条：让自己好一点。他甚至拒绝那些崇高而抽象的东西。他想要的是幸福而安逸的实实在在的生活。他这个年龄，对未来的二人世

界也有了美好的设想，他有时会不自觉地沉浸下去，展开一些
美妙的联想，这也让他感觉到了实实在在的幸福。其实，他觉
得幸福而安逸的生活就是这样自然而然得来的。奋进，代表需
要的是另一种生活，而这种生活，他不需要。其实，他就是这
样的学生。努力、艰苦、坚持、完成、反思……这些很劳累很
强大的状态，他一概拒绝。他需要的是情调，幸福，安逸，自
由，快乐……这些词才是他的世界。

　　我与他相遇的时候，他就是这样。其实，我与我们当前这
个时代培育出的许多学生相遇的时候，他们都是这样。

　　我当然无意拒绝平凡，更无意拒绝幸福。我只是想，凡经
教育，人便可以进一步摆脱眼前与现实的影响与局囿，教育让
人诞生一种摆脱的能量，产生一个更真实意义上的自我，完成
一个有关幸福的更自我、更高级的判断。这种判断不是别人
的，而确确实实是自我需要的。在自我的内在生活上，有更广
阔的空间，有更高级的内容，有更坦诚的自信，有更自我的追
求，有更美妙的安享，有更深刻的体悟，有更优美的呈现，有
更丰盈的分享，内心有更扎实的稳定。教育，是心灵给我们上
的幸福课。人不是简单生物，人的幸福里本应该有更丰富的内
涵。当然，在当老师上，我还有一个不可告人的隐秘，那就是
我们至少需要一批将来可以引领和把握整个中华民族方向的
人。当然，这因为高远而显得缥缈，但却很是实际。一个人未
来在政治上做什么，和他当年所受的教育密切相关。我们许多

人可以不想，但终究会有一批人要想。我和要想的这批人有何关系呢？我一直问自己。

于是，我经常在班内散布我的写作观。写作，是谋求幸福的稳定通道，是贮存幸福的重要方式，是品味幸福的凭借依托。买房，是追求更高一级的幸福；买车，是追求更高一级的幸福；写作，其实也是追求更高一级的幸福。人人都有追求幸福的权利，写作这种方式更隐蔽、更不为人知。为此，我举出大量的例证，一步步帮助学生去体认。这种散布，这种讨论，这种认识，这种帮助，须经时日。几乎所有的成长，都是悄悄的、隐秘的。

我要求学生注重写自我生命里、生活中的发现，在发现里获得感染与颖悟，在提升与变化里感受自己的幸福。渐渐地，我在交上来的一大摞随笔本中，发现了"他"。从纸页间与字迹里，你就可以读到一种虔诚与郑重，字迹工整而娟秀，文字踏实而不卖弄，你可以看出他正想通过文字一步步走进生活更深的层次，也在鼓励并帮助自己完成一次次用心的感受与体悟。直到高三最繁忙、最艰难的时期，他依然这样。这本真挚真诚、用心去触摸与拥抱文字的小本也一直留给我深刻的印象。一次，在偶然中，我发现这个小本全身红若秋日的枫叶，在众多的作业里分外显眼，特别突出，一身枫叶红似乎是吐露，也像是在表明。

转变了活法，其实就是转变了学法。在谋求学生分数不断改变与提升的过程中，不能以抑制甚至戕害学生的生命与幸福为代价。教育，是为我们打开真正意义上的生活之门。在打开生活之门的同时，分数的提升就变成了自然而然的事情。转变活法，便是寻到了幸福的真正本源。

他，一位男生，高三的时候，在他的小红本上写道："作为一个普通的学生，我很难把一些并非发自内心的东西构成文章，所以只有写那些真正可以驾驭的，才能抓得住读者的心。"

所有的成长，都是隐秘的！许许多多、一时半会，我们都无法用肉眼看到。

我们的考场作文，闪现着我们真实而宝贵的精神财富

时光转瞬即逝，这班学生已经升入高三了。在一次模拟考试中，他们遇到了这样一个题目：

"我"，是每个人在考虑具体问题乃至面对整个人生时常常顾及的概念。对自我的淡化或强化，表现在生活的诸多方面，我们常常面对"无我"与"有我"的拷问。

请以"'无我'还是'有我'"为题，写一篇不少于800字的文章，除诗歌外文体不限。

题目很抽象，写作成绩不理想的学生为数不少。当然，面对这样一个实实在在、硬邦邦冷冰冰的模拟考题，分析题目、强调立意、避免跑题、呈现例文、规范模式，是我们熟悉的应考方略。作文，当然是一道题目，对高三而言，其现实意义更是明确而重大——它是语文考试拉开差距的一个重要题型，是影响高考总分的一个关键性因素。不过，不峻颜厉色冰冷严酷地分析题目，也可以提升学生写作成绩，甚至备考的效果更加显著，那便是将学生的内在世界激活，帮助学生渐渐发现那个隐秘且重要的"我"。"我"体验，"我"思考，"我"判断，这时"人"就从社会及大众的浑茫中画出了轮廓，文章其实也便显出了生面与辞采，形成了价值与判断，产生了独到与个性。面对题目的时候，如若只是"现实"面对，就题论题，恰似直接关键，但如若"无我"，那些策略与方法便全是画饼充饥与银样镴枪头。

在作文讲评的时候，我坦诚地与学生交流。从高一开始，我们一起上课、讨论、分享、求索……其实这一切都有一个核心目的，那便是希望我们师生在纷繁复杂的社会中，有个生机勃勃、敏锐多思、虔敬坦诚、有着独立的内心生活的"我"在。这个"我"是写作真正的源泉，是我们学习不断进步的保证，是我们生命幸福的守护神。这是教育最核心的目的。人活着，便是与自己相处，自己的内部世界是什么样的，直接决定着与自己相处的方式与状态。这其实便是那些发达国家对于大多数学生，为什么不把理科搞得那么难的一个根本原因。理科的学习是应该分层级的，不能像现在这样每个人都是一个标准。人文学科，特别是语文，关涉人内部世界的建构与确立，因此要重视起来，这是发达国家之所以"发达"的一个重要原因。每个人不一定都要很成功，但应该使每一个生命安享幸福。我问学生，是否还记得在高一的时候，我们曾一起分享过朴珉宋同学的"感激不尽"？（言及此处，同学有的微笑，有的点头，有的目光晶亮。）这是一个有震撼力的词。我们读书，就是要拿书中的内容与自己相撞，这些撞击而出的东西，既构建了我们自己，同时又形成了我们对于前方与未来的眺望。如果我们以朴珉宋同学的"感激不尽"为例，写出自己的文章，我相信，这一定是一篇佳作，一定可以取得我们希望获得的分数。我们的材料是独一无二的，我们的观点是有价值的，我们的文章不是虚空乏味的，我们踏踏实实地阅读，我们真真实实地感悟，我们出自心灵去论述，这些哪一样不是高分作文求之不得的指标呢？我们自己，我们身边优秀的同学，本身就绽放着生命的芳华。这样的写作，正是高考最需求的写作；这样的考场作文，正是最稀缺的学生作品。如果我们的考场作文，闪现着我们真实而宝贵的精神财富，这样的文章必将无往而不胜。

我们高三写作，不能忘记我们"感激不尽"的那个丰富而高贵的故事。

我既感激不尽又惊慌失措

高三是忙碌而紧张的，大半年转眼就过去了。

六月初，这届学生即将毕业。

今天是我给他们上的最后一节课。下课铃声一响，便意味着我们三年共同度过的时光画上了句号。临别时分，我对他们说："你和老师学，你进入大学，不是学'百度知道'里的那些东西，而是通过体悟老师生命里的徘徊与绽放，最终发现自己。高贵才看得见高贵，云儿才听得懂云儿，一颗心才能发现另一颗心。老师所能做的就是引领人性成为一种更为深层的洞见、一种更为高级的幸福和一种更为伟大的灵性。"我话音刚落，让我没有想到的是，全班同学集体站了起来，他们构成了一种强大的声势，将我围在讲台中间，然后神情庄重地、异口同声地对我说：

"连老师，感激不尽！"

"感激不尽——"……学生的这个表述，完全出乎我的意料。因为经过三年的发酵，这个词已经脱离了它的一般意义，是我们在表达接受一份隆重而庄严的心灵馈赠与精神给予的时候，带着我们的生命震撼与生命感动而说出的一个词。这个词，表达了我们对于精神发展与提升的渴望，这个词宣告着我们在更本质更宏大的意义上与高贵的"人"的贴近。但是，这毕竟是三年中片片段段的事情，这毕竟是离现在很远的一件事

情，这毕竟是与眼前的"现实"脱离的一件事情，这毕竟是与
高考成绩不直接相关联的事，这毕竟是对一些学生而言很遥远
很抽象的一件事情，这毕竟是我对一个普通班学生说过的
事情。

普通班与实验班现如今的差异，可谓大矣！这些年为了高
考成绩，全年级十一个班中划分出五六个实验班，可以说经过
这样的整合，实验班已经将"优秀的学生"打捞殆尽。优秀与
普通的学生之间的差异，可绝不仅仅是分数高低之别。这两种
班型里的学生，在心灵、感悟、体验、意识、精神、坚持、韧
性、觉解、创造等等这些重要质素上存有的差别，远比分数本
身的差距要大得多。分数之别，只是两个群体差异的冰山一
角。高中三年，我和他们交流了那么多对他们而言可能既空
泛又不实用的内容，他们在意分数，在意前途，在意自己可
以考到哪所学校，但是他们会那么在意自己的生命成长与精
神历程吗？临别时分，他们何以在时间的长河里打捞起这
个——那么久远缥缈而又如此盛大煌煌的词语呢？我不止一
次送走过毕业生，然而这次我既感激不尽又惊慌失措！我对
了?! 我错了?!

这个词的级别和礼遇可谓高矣！"感激不尽"这个熟悉而
陌生的词语，又一次震荡在教室里。三年了，起因不同，我们
三次提到了这个对中国人来讲耳熟能详的词语。当那一刹那，
我们师生分明地感觉到，我们在一起，已经赋予了这个词语崭

新而澎湃、新鲜而高贵的内容。我们都知道，当我们再次使用这个词的时候，我们希望借助它去表达一个怎样独特而振奋的含义！

一上高二便转入了文科班的学生张奕昕在高三毕业前曾给我发短信说：

> 能在生命中遇见连老师才是学生的一件幸事。您对我进行的生命讲述，让我受益匪浅。

> 转眼间我们已经两年没上过老师的课了。二模前，我翻开高一时的语文笔记，看到了那只抱着大木瓜的猩猩留恋于夕阳，您讲故事的神态我还清晰记得。那一刻，我才发现真的可以有一次震撼长久地留存在心中。

生命不是一场赛跑，而是一步一个脚印的旅程

他们是普通班的学生，与我往年所带的班相比，他们最后的高考成绩还称不上显赫与辉煌。但这三年，却使我有了另外的收获。与不同层面的学生相处，进一步扩展了我的教育视野，也促发我进一步思考教育问题。我既真切地看到了学生之间真实而客观的差异，又更加深刻地认识到刻板冰冷的做题训练以及只有前途和目标的教育带给孩子的狭隘与伤害。他们一些人走到今天，其实是靠非常顽强的意志得以实现的。他们把

心底无尽的担忧惴惴与枯燥厌烦一一承担了下来，超乎寻常地将其消解到相安无事按部就班的状况。他们的一切时间与自由，自小学时代，就已被别人取之又取占之又占，算计安排殆尽。他们似乎一直在填空，填完一个又来一群。这样的一种"执行"状态，确实不容易诞生内心深处的那个自我。已至高中阶段，人的发展已有相对稳定的部分；三年的时间，中间还会被许多事情阻隔、打断、消解。师生的生命相处，其实是相当有限的。

近来，网上疯传某位学者的一个帖子：中国教育不把人当人。当然，这是否真如这位先生所说，还有待考证。如果真是这位先生的观点，作为一线教师，我想提醒他的是，他只说对了国内教育的一部分真相，还有一部分真相是假若此种状况已发展到了高中阶段，你若真把人当人了，我们的人反而一时半会儿还不能适应呢。异化已重，改变或者回归，也便成了有困难的事了。也可以说这便是不把人当成人更严重的后果——那便是将异化的人再次回归到正常的人的时候，人反而不适应了。在现实的教育状态中，老师与学生其实并不总是那么和谐的，特别是对于那些还想完成些什么的老师来说。从这个意义上讲，老师与学生又总是对立与矛盾的。

"人"的发展是长期的，也是复杂的。许多时候，我们真诚地去做了，但可能学生内在的发展一时间还达不到我们期待的程度，那个时候，就需要我们静静地站在这片麦田前，灌溉、除莠、守护，静静地等待秋日的低头的成熟。所谓好老师，我以为或许是在若许年之后，在学生自我发现的过程中，自然而然地想起了他，并且说：老师——在我生命真实意义的成长过程中，你，曾经担负了一个老师最应该担负的责任。当然，学生这种发自心底的声音，来自于他自我的生命确认，这样的声音恐怕也只有他自己能够听得见了。

上大学后，学生张奕昕写信说：

> 我现在在成都，去杜甫草堂，去西岭雪山……脑海中不断浮现当年您在课堂上的激昂。学生感动您教给我的生命与人生。

学生金静涵自台湾辅仁大学给我写来一封信。在信中她说：

> 给您写 Email 也有点偶然啦，昨天晚上梦到您站在讲台上给我们上语文课，今天见到了我新的国文老师又让我一下子想到您。我最近有很多感触，很想和您分享……我发现我愈发地热爱这个学科（社会工作系，在大陆这个专业还不为人们重视）。我们要成为能够挽救事主家庭、理解事主情感、抚慰事主心灵的专业的社会工作者。因为我们的存在和努力，会有更多人体会到生活的美好和社会的关怀。这不是面对一堆冰冷数字给出合理政策规划的学科，而是生动的、给予具体到人的一对一的帮助。前辈

说，社会工作者要做的是这12个字：热爱生命，关怀人类，改变社会。我隐约感到四年过后，我真的会变成一个善良而温暖的人。这些字写给老师，一是希望老师您能为我感到高兴，二是为了提醒我自己有这样的初衷和向往。

生命不是一场赛跑，而是一步一个脚印的旅程——这句话对当下的国人而言，对当下的中国教育而言，极难理解，更不愿意奉行。学生、家长、学校、老师，恐怕都如是。我想了又想，确实如此！

语文的眼光

语文的眼光，让"人"生长，因而它是活泼泼的；语文的眼光，让"人"自觉地满心欢喜地走向美好，因为它贴合与靠近生命的内里。

下午第二节，是我的语文课，我像往常一样提前 5 分钟来到教室。课间，学生正在休息，不一会儿，预备铃响了。坐在讲台前不远的孙艺菲同学将电子词典中的游戏关掉，对她斜后方的一名同学说："快上课啦，我不玩了。"

狂热地迷恋电子游戏，进而难以自拔，是现在许多青少年面临的不好解决的社会问题之一。就我切身教育经历而言，我曾有两名学生痴迷于电子游戏。一名因为长时间坐在电脑前"持续作战"，造成脊柱弯曲；另一名上课的时候，整日目光迷离，魂不守舍，学习成绩自然很糟糕。

孙艺菲同学在上课前，将电子词典中的游戏关掉，交还给了同学。这确实是一件小事。但以语文的眼光看，这桩小事里正酿着一道优美的教育风景。

上课后，我对全班同学讲了课间发生在孙艺菲同学身上谁也不曾留心的这件小事。然后我对同学说，我今天并不想从上课守纪律的角度去肯定孙艺菲同学。我想和大家交流的是：游戏固然精彩，但课堂上其实有远比游戏更大的精彩在，生命的远方其实有远比游戏更大的精彩在。眩惑于小精彩，就会错过大精彩、大过瘾。就语文而言，透过文字，一个个真实的生命向我们走来，人类最华美、最深邃的思想向我们走来，我们像一只小鸟飞入了阳光明媚的森林，我们像一滴水珠汇入了广阔的大海。我们飞翔，我们穿梭，我们领受博大与宽广，我们畅快地呼吸，我们兴奋地思考，我们感喟，我们浩叹，我们梦系魂牵，我们心忧天下……将来，我们还会走出课堂，走向无限广阔的世界，我们或许在纽约，或许在伦敦，或许在非洲的草原，或许在南极的冰川……辽远的世界待我们去发现，无边的广大等我们去认识，这等精彩岂是固守一隅、小小的一角荧屏、一方鼠标所能代替与包容的？同学们，爱思考、爱阅读、爱人类、爱世界吧！无限的精彩，正耐心地等着优秀的人去感受它。从这个角度讲，我赞成孙艺菲，因为她及时地关掉了"小精彩"，进而获得了生命的大精彩与大过瘾。我们为她鼓掌！

　　语文的眼光不挑剔，很暖和。语文的眼光是活泼的，它跳动着，放生命到更为开阔的地方去。语文的眼光不是刀剑，它绝不肆意劈砍。它用美好呼唤心灵，它用广远冲开闭塞。它希望每一个学生都能够像树一般依靠自我的生命密码尽力成长。语文的眼光放出教育的智慧与气量，它渴盼能将"小"变

"大"，将"无意识"生成"有意识"，将"偶然"塑成"执着"。它不放过"一刹那"，它渴盼将"刹那"度化为"永恒"。语文的眼光从人性出发，从心灵出发，直抵美好与未来。语文的眼光催生人性中的至纯与至美，它是通过"美"的领受自然地摆脱与占领"丑"的引诱与领地。在语文的眼光里，每一位受教育者自愿自赏地发生变化。语文的眼光不怕学生犯错误，它对人类充满悲悯情怀，它和上帝的目光交汇，俯身下去，对挫败的受惩戒的学生说："起来吧，不幸的孩子，摔疼了吗?"语文的眼光，能够像被儿子剜去、捧在手上、匆忙交付一不小心跌落在地的那位母亲的心一样，在生命的深处，原谅曾经深度伤害过自己的学生。语文的眼光，因为有深度，所以很包容。

语文的眼光，就是让人的心亮堂起来! 语文的眼光常常补给人一团团不断生长的开阔的生命能量。它活泼跳荡，清澈甘冽，一如山间的泉水。语文的眼光很美，它希望见到的每一个生命都生机勃勃、新鲜净朗。语文的眼光在每一个孩子的身上滚过，它欣赏青春的美丽、狡黠以及那些不知天高地厚的骄傲。

这就是一件可以在语文老师眼中不是"小事"的小事。让校园里多一些语文的眼光吧! 我一直觉得，语文老师，该是一座学校中一群特殊的人。他们是一群通过关注语言，进而关注完整意义上"人"内在生命系统构建与和谐的人。语文关注语言，但这种关注绝不仅仅止于语言操作技巧这个层面，他们甚至不满足于自己是一群谙熟文字技术操作以及思维分析的人。"言为心声"，语言无限深广地指向人类的思考与探索，无限深广地指向人类的欢喜与悲戚，无限深广地指向人类内在生命精神的建构与完善。诗人海子说："作为一个诗人，你必须……在神圣的黑夜中走遍大地，热爱人类的痛苦和幸福，忍受那些必须忍受的，歌唱那些应该歌唱的，""诗歌是一场烈火，而不是修辞练习。"正是这样，语文老师该是一个学校内在生命精神的发现者与构建者。他们是从"人"的角度，去观察一个学生，去理解一个学生，去帮助一个学生；他们的眼中不仅仅有"学习""纪律""成绩""名次""值日"……他们热爱"人"并悲悯"人"。他们是生命的信徒，是命运的领受者与领悟者。用语文的眼光看，每道生命只要适时适地适式地加以关注与引导，道道生命都有跳荡蓬勃、提升变化的希望。语文的眼光里，一朵花就可以开一次班会；语文的眼光里，一株树就是一位师长。

让每一座校园都有一道道语文的眼光，用这样的目光去欣赏校园，去辅助生命的每一次转弯，呵暖生命的每一处凄凉。语文的眼光，不只盯着那个简单的"分数"，它希望每一个生命能沿着分数的跑道，飞向身心和谐的远方，希望能够开掘出生命的潜力，冲出踏踏实实印在大地上的不一定非要成功也不一定非要辉煌、但一定是美妙的一定是自我实现的生命的白色跑线。让校园里多一道语文的眼光吧，那时不被重视的或许会被重视起来，不曾发现的或许会被发现出来。校园里，人说话的方式会变，关注的方式会变，思考的方式会变。校园里有了语文的眼光，就会生机不断、生气不断，校园里就会生命青青。校园，将会用"现在"连接"将来"。

用语文的眼光看校长，希望他不是一位行政领导，而是可以将教育的美妙与高贵不断讲述给大家听的人，希望他是一个可以帮助大家成就"因为工作所以幸福"的人。

用语文的眼光巡视校园，不由得想说：这里才是一个国家的心脏，这里是孕育并诞生未来世界幸福的地方！

教育，从语文的眼光出发，将走向无尽的深广，语文的眼光成就教育无尽的魅惑。这"魅惑"将老师"旋"进来，不知不觉就是一生。

脑际有星河宇宙，笔底涌万顷波涛

——写在新学期

新学期伊始，首先预祝同学们在本学期学习进步，学业有成！

学习是把刻刀，它无时无刻不在雕塑我们的心魂。在学习中，我们在注重养成科学素养的同时，也应该努力构建我们的人文精神。人文精神关注的是完整意义上的"人"，关注的是人自身以及与外界的和谐发展，关注的是人的思想、精神、信仰、情感，关注的是人的行为习惯。它营建的是人的内部世界，它协调的是人与人、人与自然的美好关系。

人文精神常常植根于历史与文化当中。《诗经》中说"青青子衿"，"子衿"是周代的学服。周代的先人用"青青"状以学服的颜色。我一直感叹周人对颜色的那份敏锐。他们是古人，周代犹如人类的儿童期，人在儿童期，感官是异常发达的。他们没有选用其他颜色，凭着他们的直觉，将自己的学服定为青色。这"青青"里实际蕴含着他们对学问纯挚而高迈的追求与向往，似乎是表明一种态度，也像是书写一种宣言。在这不染尘滓的青色里，我见到的是新鲜，是俊逸，是清朗，是坚毅，是高挺，是博雅，是识见，是承担，是深情，是创造……这"青青"的"子衿"让学人有了高贵的风度，让教育有了葱茏的理想。我希望我们的同学能够守住这份我们历史与文化深处的人文精神。我希望我们四中学生的气质应该有优雅、从容、热情、质朴、刚健、阔大这些重要的成分。

国际化并非美国化，因为国际化不是单一化，而是世界的丰富化。国际化就是获取并掌握一种让世界有效了解自己的方式，从而促进国家民族间的不断交融，并使世界不断丰富，进而使人类不断辉煌的过程。带着孔子与算盘，带着开封与《清明上河图》，带着中秋节与茶叶，带着天桥的吆喝与全聚德的烤鸭，带着傲岸的李白与美丽的中文走向世界，世界才会认可你，世界才会对你发生兴趣，世界才愿意与你进行多方面的交流与合作，你——才会为世界做出贡献！世界需要一道又一道新鲜的、彼此有差异的、富于民族生机的、激情的水流的注入与交换。在这种注入与交换中，世界个性而丰富地存在着。每一个国家、民族，丰富自身的过程也必然会丰富世界，丰富世界的过程也必然丰富了自身。

经济、科技的大堂固然是中国人必须努力建造的圣殿，可是，在这座大堂的后面，还应经营出一处花园。这个后花园便是我们今天说到的人文精神。

暑假里，刘长铭校长和我说过一件震撼人心的事。他们一行去美国 Hackley School 参观，这是美国一所著名的中学，一个班曾经出了两个诺贝尔奖获得者。他们去该校校长的办公室参观，发现那里摆满了各式各样青蛙的标本。大家不解，校长回答说自己是学生物的，无数的青蛙为科学献出了自己的生命，校长以此来表示对青蛙的崇敬与感谢。这位校长的话与做法，给人留下了深刻的影响，激发我们更为深入的思考。

一个发达文明的现代国家，发达的不仅仅是科技，富裕的不仅仅是物质生活，更是安和、丰富、高贵的内心世界与精神状态。

简单说，现代化就是和谐号动车一族高速行驶在《诗经》的原野里。不仅自然有《诗经》蓊郁青葱的样式，人类的精神境界也有着《诗经》透明的高贵纯度。人类在科技、物质高速发展的进程中，"日之夕矣"的时候，还能有一群群的"羊牛下来"，一只只牛羊神气地走在闪耀着夕阳金色的土气里，身上散布着乡野粗大清新的令人雀跃的气息；还能有"蒹葭苍苍，白露为霜"的秋天让人苍远，让人缥缈；姑娘们还能为"青青子衿"而"悠悠我心"；小伙子爱的是"窈窕淑女"，"寤寐思服"求而不得之后还能"辗转反侧"。"一日不见"，还能"如三秋兮"，不计效率与时间，为了这真挚的爱情，而在心灵上消损枯萎自己；每个人的心灵中都有"所谓伊人"，大家都虔诚地"溯洄从之"般地去追寻。物质、科技的高度发达与自然、心灵的纯净构成了现代化可贵的两极。

　　我们在经济高速发展的过程中，不要荒落了美，不要荒落了人高贵鲜润的心！

　　感谢同学们拿出耐心听我说话。我把我对北京四中的希望，对同学们新学期的希望，凝结为最后一句话，希望同学们——脑际有星河宇宙，笔底涌万顷波涛。

诗，已向孩子们发出了生命的请柬

　　诗不只属于艺术家，也并非仅仅适宜停留在古代社会。我们每一个孩子在成长的过程中，都应该学一点"诗"，感受一点"诗意"，懂一点"诗心"，明一点"诗理"。

科学与诗是近亲

　　有的孩子也许会说，现如今是一个科技高速发展的时代，社会日新月异、一日千里，我为什么要学诗？何况，我的物理化学成绩一直都很好，不学诗又能怎样？其实这些想法是有所欠缺的。诗可以提供给你有别于科学的另外一种新鲜别样的认识世界、理解世界的角度与思路。

　　著名诗人徐志摩是这样理解一轮"新月"的：

　　　　它那纤弱的一弯分明暗示着，怀抱着未来的圆满

　　显然，诗人笔下的"新月"与科学世界里的并不相同。"新月"，即月初之月，弯牙细窄，因其状如美女的秀眉，人亦称"峨眉月"。由此，诗人笔下的"新月"已非客观天体，更

非寻常物件，那在青碧的夜空中站立的分明是一位纤袅娇弱的娉婷女郎，她窄窄的一弯，清晰地暗示着、预计着"未来"。此种未来便是时至十五，她就会怀抱起日日长成、渐渐丰盈的皎洁，构成一轮撼人心魄的圆满。所以，在诗人笔下，由新月到满月，这样的一个天文现象，是这样由"一弯纤弱"虔诚地怀抱着日益长成的辉光而生出的。这是诗人再造的、个性化的一个新鲜世界，"新月"也由此被赋予了崭新的哲理意义——目前的弱必然会怀抱出未来的满。

诗人的"月圆"构建，显然与科学家的不同。并非诗人排斥否定科学，而是高贵丰富的人类其实并不满足仅有的科学式的对自然的解释。包括科学家在内的人类，需要对世界多元的解读，需要有不断的、新鲜的、清灵的、与众不同的、别样的对世界对自然对人生的"认识"。这些看法不科学，但是"有意思"。许多大科学家，如富兰克林、爱因斯坦、杨振宁等，他们的艺术修养都很深厚，这是因为仅有的科学认识不能满足他们渴求的丰富的生命欲求。"小小的"科学难以满足他们多姿彩的生命状态。对他们而言，科学似乎太小太窄了，他们还渴求别的领域。他们生命的能量是广大的，他们需要进入的更多、走得更远。

"诗"告诉我们的是有关世界、人生的另外一些新奇的发现。读诗，有助于我们摆脱常俗思路，有助于我们避开"人所共见"，有助于给我们一双与众不同的发现世界的眼睛，有助于锤炼我们的思维。从"发现世界"的角度讲，科学与诗是相同相连的。科学是发现隐藏在自然中的必然规律，是见常人所不能见。著名科学家牛顿的墓碑上写着英国著名诗人波普的诗：

　　自然与自然的规律

　　隐藏在黑夜里。

　　上帝说："生一个牛顿吧！"

　　于是

　　一切都光明了。

诗也是在对世界进行"发现"。它虽不科学，但是有趣味，有哲思，有科学不可替代的对生命的意义。

梁启超先生是清华大学国学四大导师之一，一生著作等身，写诗无数。他的家庭其实正是"诗"与"科学"的结合。他的长子梁思成先生是清华建筑系的缔造者，是我国著名的建筑学家，是我国国徽的主要设计者。梁启超先生最小的儿子梁思礼先生是我国火箭控制专家，曾参与神舟五号的设计。父子两代，学科各异，我们却不难从中看出诗与科学难分难离的相互砥砺、相互濡养、相互构建、相互生成的关系。科学与诗不但不矛盾，它们还是关系密切的近亲。

诗给人生以趣味与眼光

从诗给人生以趣味与眼光这个意义上讲，科学家亦需要读诗，当他们看到关于月的"圆满"如此奇妙的理解，生命也会变得兴奋与愉快。诗的"认识"让人觉得"活着"有趣味。所以，"诗"让生命新鲜、活跃、美好。其实，无论是科学家、政治家、商业巨子，还是网络高手、著名律师、影视明星，我们首先都是个"人"，是"人"便离不开"生"之乐趣，便要安享"生"之趣味。正是"诗"，为人类提供了这种丰富的可能性。

清代郑板桥在《闲居》中说：

江南大好秋蔬菜，紫笋红姜煮鲫鱼。

诗人此时过的是清贫寡淡的乡间生活，可就是在这种仅仅可以自给自足、平淡无奇的生活中，诗人敏锐而多情地发现了生活之美。生命无须大富大贵，你没有发现那些沾带着新鲜泥土气息的菜蔬吗？将紫色的竹笋与深红的大姜放在一起，去煮银白的鲫鱼，平淡的生活顿时绚丽起来。生命安享在这样的美好中，平淡也就变成了不平淡，庸常也就变成了不庸常，生活甜美且亮丽。生命是个过程，读诗，甚至写诗，让我们在这个过程中步步留恋，情趣盎然。

曾有人对我说，现在有钱人可以去买一座小岛，然后在岛上修建别墅。我听后并不十分羡慕。因为物质条件虽好，但欣赏大海还需要一双能欣赏、会欣赏的眼睛。否则，面对广大清旷的一碧汪洋，又有什么可看的呢？不但不可看，还会生出广大的无聊和孤独来。诗，给了我们一双能欣赏世界的眼睛与感受美的心灵。面对海洋，我们的诗人（于坚）在远眺时说：

> 黑夜还没有完全降临
>
> 海已经从白日的额头上落下来了
>
> 在下降的时候变得平坦、辽阔、舒展

我们的诗人（郑愁予）说：

> 那儿的山崖都爱凝望，披垂着长藤如发
>
> 那儿的草地都善等待，铺缀着野花如果盘
>
> 那儿浴你的阳光是蓝色，海风是绿的

诗，涵养我们的精神

现在许多家庭支持孩子学音乐、学舞蹈，我还主张孩子们在小时候也应该学一点诗。学音乐、学舞蹈，当然不是一定要把孩子培养成贝多芬与杨丽萍。学音乐、学舞蹈、学诗都是希望孩子们能够破开生命中直接的简单的物质层面与生存层面，破开生活固有的局狭，将孩子们自身的生命导入一个肉眼看不到但精神可以无限感知的宽广领域中去。学音乐、学舞蹈、学诗都是希望孩子们有能力去感知与领受更广阔更丰富的东西，

都是希望孩子们将来的生命形式更高级一些，都是希望孩子们将来可以感受并享有一份精神的广远。

诗，会涵养我们的精神。

在读"它那纤弱的一弯分明暗示着，怀抱着未来的圆满"的时候，我们的精神在成长。我们理解到了：由"纤弱"到"圆满"，需要积极的准备与期待。我们今日或许也是"纤弱的一弯"，但只要我们攒积日日的"清辉"，终有一天会怀抱我们的"圆满"。这样的一句小诗，让我们的生命日日成长并不断壮大。

南宋末年，独立支撑危局的诗人谢枋得见到位于长江江心地势险要、四无依傍的小孤山时，慨然命笔，无比豪迈地说：

> 天地偶然留砥柱，江山有此障狂澜。

诗人其实自己已然化身这座小孤山。面对江河日下的朝局，面对外族的入侵，诗人由小孤山获得了力量，临危不惧，抵御外敌，以守信念。诗人谢枋得后为元军所败，绝食而死。谢枋得凛然不倒、敢于承担的诗意风范，化入我们的血液中，凝为骨骼。我们的孩子在成长中，虽不用抗御强敌，但亦该由此获得些慨然的气血。

诗，教会我们真正的写作

我们的诗人（顾城）还说：

> 黑夜给了我黑色的眼睛
>
> 我却用它寻找光明

我们的孩子们受了"诗"的感染，生命就会散发光彩，我们不但有了"生"之趣味，也深入地领会了诗中蕴含的道理。"诗"教会了我们不怕"纤弱"、不甘"纤弱"，告诉了我们如何由"纤弱"变成"未来的圆满"。诗教会了我们"黑夜给了我黑色的眼睛，我却用它寻找光明"。

不仅如此，仅仅是从高考复习备考的角度讲，从写作的角度讲，"诗"给予孩子们的启发意义也是非同小可的。好诗，并不仅仅限于语言的美妙。写诗，首要的一点就是战胜思维惯性，避免庸常思路。也可以说，诗人并不仅仅是一位运用语言的高手，他首先是新鲜的能够不断发现世界的人，是新思路的开启者，是新世界的组织者。诗启迪我们，要写出精妙的文章，就不能简单地陷在惯常的思维系统中。我们该"冲杀"出去，寻求解读世界、认识世界别样的跳动灵转的思路。

比如我们要写好一个人，首先就要求我们的"认识"避开惯常的、一般的、浮在笔底的那些想法。如果仅仅停留在直接外表的层面上，文章自然写不好。

诗人舒婷是这样"认识"惠安女子的：

> 以古老部落的银饰
>
> 约束柔软的腰肢

…………

天生不爱倾诉苦难

并非苦难已经永远绝迹

当洞箫和琵琶在晚照中

唤醒普遍的忧伤

你把头巾一角轻轻地咬在嘴里

这样优美的站在海天之间

…………

于是，在封面和插图中

你成为风景，成为传奇

舒婷笔下的惠安女子承因传统，生命忧患，但她们坚强隐忍，美丽如画。诗人这样的刻写，是具有个性化特征的。

诗，让我们的文思清灵，让我们努力去寻找"发现"的乐趣与意义。

诗人席慕容向天下所有的读诗人发出请柬：

我们去看烟火好吗

去，去看那

繁花之中如何再生繁花

梦境之上如何再生梦境

让我们并肩走过荒凉的河岸仰望星空

生命的狂喜与刺痛

　　都在这顷刻

　　宛如烟火

　　这也是我，一位老师，向孩子们发出的生命请柬、读诗请柬，我诚挚地希望每一位成长中的孩子都能收到！

　　诗，怎可以离我们远去？转变了学生的心情，转变了学生的活法，培育了学生的价值，都是高三时期不亚于成绩提升的大功业，甚至是一等一的功业！我是老师，我做我认为对的事情，我支持自己的信念与原则，为此，需要抗拒一些家长，也需要抗拒一些社会。我孤守着我心中的峰峦与云天。我早知道我会平凡。

文字离我们究竟有多远

9月，我带了一个新高一。开学一周后的一天下午，讲鲁迅的《范爱农》（北京版教材）。课堂上，我问了一个问题：与鲁迅在故乡重逢时的范爱农，此时的境况如何？问完之后，全班哑然。几个同学先后做了回答，在文章中找的位置都不对。

其实，这个问题并不难。因为鲁迅在文中写得十分明白：

> （见面之后）不知怎地我们便都笑了起来，是互相的嘲笑和悲哀。他眼睛还是那样，然而奇怪，只这几年，头上却有了白发了，但也许本来就有，我先前没有留心到。他穿着很旧的布马褂，破布鞋，显得很寒素。谈起自己的经历来，他说他后来没有了学费，不能再留学，便回来了。回到故乡之后，又受着轻蔑，排斥，迫害，几乎无地可容。现在是躲在乡下，教着几个小学生糊口。但因为有时觉得很气闷，所以也趁了航船进城来。

可是，这段文字在同学的眼中"晃来荡去"，就是入不了他们的意识之内。我一下子警觉过来，每年这个时候，每次教高一的时候，都会发现我们的同学与文字竟是那般地隔膜与疏离。人间的悲欢离合、心底的辗转沉浮，只要一变成铅字，放在课堂上、书本里，竟与他们是如此"遥远"。他们是在揣测鲁迅先生深刻的思想吗？他们是在揣测老师高深莫测的答案究竟是什么吗？他们是在思量依照以往的课堂经验，究竟应该如何回答老师吗？他们是在尽力地捕捉文中的"微言大义"吗？

看到课堂如此沉闷尴尬，我立刻掉转了"枪口"。我对同学说，现在我给大家讲一个开学一周之后，一位同学对咱们班的感受。她放学回家，对她的妈妈说：

（我在班里）受着轻蔑，排斥，迫害，几乎无地可容。有时觉得很气闷……

班里立刻哗然，笑声一片，学生立刻兴奋起来。一位同学站起来说："这个同学如果果真如此，那情况可太严重了，太悲惨了。我要是她妈妈，听到她说'受到轻蔑'，我的心会咯噔一下子，再听说进而还受到'排挤'，我的心又会咯噔一下，我快承受不住了。如果接下来听到还受到'迫害'，那我的心几乎就要碎了，在班里受到'迫害'，这是怎样可怕的情景呀！那同学和老师简直就不把她当人看。直至最后听到'几乎无地可容，有时觉得很气闷'，作为母亲我已然彻底崩溃，我会歇斯底里地喊——让我们转学！"

他的话，又引发了全班的笑声。同学开始会心地点头，品到了这几句话的"分量"。

"接下来，如果一个同学在开学一周后，他给班主任老师写了这样一封信，"我接着这位同学的话继续说：

亲爱的老师：

（我在班里）受着轻蔑，排斥，迫害，几乎无地可容。有时觉得很气闷……

话未讲完，同学笑声大作。

看到时机已经成熟，我对同学说：同学们之所以笑声大作，是因为你们的学校生活是如此幸福与完美，与我讲的这个境况悲惨的同学截然相反。如果我们真的处于如此不堪的境地，那恐怕谁也笑不起来了。说到此，同学们都敛起笑容，表情凝重起来。我接着说，伟大的作家，将他们宏大幽曲的心灵世界深掩在文字的背后，我们应该透过文字捕捉感受世间万象，感受他们笔下人物心灵的风暴。我刚才引述的两段话，其实都是鲁迅写范爱农的。时光流逝，国事蹉跎，岁月将它的落寞与风尘尽显于两人身上，昔日青年已经不复存在，几多梦想随风而逝，彼此相见，都已显出颓唐老迈、憔悴不堪之态。"嘲笑""悲哀"写尽老友重逢百般复杂的心态。鲁迅之笔貌似冷静客观，实则暗潮汹涌。"只这几年""几缕白发"不难想见相离之后范爱农处境的百般艰难。"寒素"是鲁迅对别后的范爱农之概括，是鲁迅精心的择语，写出别后的爱农凄凉的处境。"寒素"像深夜凄清寂寥的月光，皎然一道，如水冰凉；"寒素"像深秋凝地的寒霜，寥廓的冷白凄凄在地。"回到故乡之后，又受着轻蔑，排斥，迫害，几乎无地可容。"这是重重的字眼，字字千钧，一笔一笔犹如重炮，将范爱农炸为碎片；一笔一笔犹如层层恶浪，一浪肆虐过一浪，范爱农生命的小舟于风海浪尖中几尽倾覆；一笔一笔犹如道道严霜，一霜严酷过一霜，范爱农在彻地的凄寒中苦苦挣扎。这样的环境怎不让人"气闷"？

最后我总结道：同学们，不要再隔膜、疏离文字了。在作家的每一份真诚的倾吐与表达里，都包蕴着他们至纯至真的生命感受，都包蕴着同我们自身一样、同我们身边的同学一样，真正的、真实的、有呼吸的"人"。

全班，一片掌声！

美，或许更需要我们真诚的帮助

女儿八九岁之后，开始迷恋上了金头发。

一次外出旅行，在早餐厅里见到几个金发的漂亮小女孩。她一脸神往地说："你瞧她们多么美，有朝一日，我也要把头发染成金色的！"

我正在往口里送食物的手，在半空中停了下来。

我笑嘻嘻地对她说："姑娘，你知道吗？美有一定客观的标准，可也充满了主观的成分与意愿。经济文化上处于优势的民族，他们的审美标准也会影响许多人。我国唐宋由于那时的经济文化处于优势，他们的服饰与审美一直影响着周边的邻国。甚至直到现在，我们去周边的一些国家旅行，依然可以看到那个时代历史的某些遗留与影响。欧美文化在人类的近现代历史进程中有重要的影响与贡献。随着科技通信的迅猛发展，世界各地的彼此交往与相互影响越来越密切与深入，所以现在欧美不少文化元素进入到我们的生活中，比如你所知道的万圣节、圣诞节，都是西方节日泊入我们的生活中的。欧美的一些审美标准也自然对我们产生了影响。白色人种是世界上人口分布最广的人，他们肤色较浅，鼻梁高挺，毛发颜色主要分为白、金、红、棕、黑五大色调。经济状况、发达程度都会躲在背后对看似客观的'美'形成干预与影响呢！"

女儿听后，眨巴着眼睛说："我原来以为我就是自然而然地喜欢金头发呢，没有想到其间还有这么复杂的内在原因啊！"

我接着女儿的话茬说："美，常常是客观标准下的主观依从。我当然不讨厌金头发。我只是觉得上帝给我们正常人的每一件生命礼物似乎都有他精心的打算与安排，都是为了帮助我们成就独一无二的个性与自我，只是有时，在冥冥之中我们还一时无法参透上帝独运的匠心罢了。黄皮肤、白皮肤，黑头发、金头发，大眼睛、小眼睛……都是上帝，我们古人称为——造化——在我们身上独具的匠心。上帝带给每一个正常人的种种配置，往往各臻其妙，难说哪个更好。就整体而言，各个器官各项配置都要讲求搭配，如若可以和自身整体气质神采融通和谐，便能表现散发出让自己满意乃至令别人钦羡的整体氛围。舍掉自己的上帝之赐，去仿别人之所具，成本高不说，而且因为是仿来的，自然也难以与'原装'的抗衡媲美。现在流行尖下颌，但韦庄的诗里说得好：'垆边人似月'，皎洁如月、圆润饱满也可以是一种是吸引人的美。金头发，其实也可称为'黄头发'，金黄二色本无明显的区别，是金是黄，全在于你自身对其的挥洒。头发的飘舞飞扬，离不开人的精气神的内在底蕴的支持。"

女儿听到这里，扑哧一声笑了出来，小脸表现出好玩新奇的表情。她接口道："没有人，头发就没有家啦！"

我说："没错，到底是扬起了金头发，还是散乱着黄头发，上帝说这我可无能为力了，这一切全有赖于你。因'人'的发展，才有'发'的光泽；因'人'的魅力，才有'发'的飘逸。奥黛丽·赫本是20世纪影响深远的一位演员，被人誉为女神！"说罢，我做出了一个夸张性表情。见女儿听得很入神，我打算充分彰显这一实例，以事实服人。我便阐释道，"赫本影响并改变了半个多世纪以来人类的审美与时尚潮流。资料显示，有'时装圣经'之称的时装杂志 VOGUE 曾以29％的得票率，将她评为'世界时尚名人'第一名。其发言人称，人人都认为奥黛丽·赫本高贵而优雅，她的美丽永恒不变，提及时尚，人人都会立刻想起她。她被认为是自然与美的化身，她的性情温和，微笑散发着独特的魅力。因此，时尚杂志 ELLE 也将赫本评选为'有史以来最美丽女人'第一名。"

"童话中，只有花仙子才能做到这一点，所以赫本才了不起！"女儿插嘴说。

我看了女儿一眼，接着说，赫本不仅美，她的这段话更耐人寻味与深思：

> 人之所以为人，必须充满精力，自我悔改，自我反省，自我成长；并非向人抱怨；当你需要帮助的时候，你

可以求助于自己的双手；在年老之后，你会发现自己的双手能解决很多难题，一只手用来帮助自己，另一只用来帮助别人。

赫本的这段话，如果认真阅读、认真领会，我们每一个人——无论成人还是孩子均会受益。她用她的一生诠释了修养这个概念，她在遗言里还曾这样说：

> 若要优美的嘴唇，就要讲亲切的话；若要可爱的眼睛，就要看到别人的好处；若要苗条的身材，就要把你的食物分享给饥饿的人；若要美丽的秀发，在于每天有孩子的手指穿过它；若要优雅的姿态，走路时要记住行人不只你一个。

我继续说："人很重要的一部分美，诞生在修养品性里，诞生在心里要一直存有别人的意识里。美，不是孤零零的一种存在。

"除了美貌，赫本为人的低调友善、对待工作的敬业勤恳同样让人难忘。两度获得奥斯卡最佳导演奖项的比利·怀尔德曾言：赫本身上呈现的是一些消逝已久的品质，如高贵、优雅与礼仪等。连上帝都愿意亲吻她的脸颊，她就是这样一个讨人喜欢的人。她带给世界的爱与感动并不仅限于自身的品行。晚年，赫本受邀出任联合国儿童基金会慈善大使，为第三世界的妇女与儿童争取权益。因此，她以非美国公民的身份获得美国公民的最高荣誉'总统自由勋章'；联合国也在总部为她竖起一座塑像，并命名为'奥黛丽精神'，她是唯一获此殊荣的人。听闻她死讯之时，伊丽莎白·泰勒伤感地说，天使回到了天国，由是，她被誉为'天使在人间'。可以说，赫本将女性有限的容貌美与人性里无限的神性高度完美结合，并通过自身淡雅而馥郁的生命之花将这种结合昭示于全人类。赫本，给了全人类有关美的信心以及有关人性可能达及高度的信心。赫本，拓展了美的基本内涵，她帮助'美'走到了更远与更开阔的地方。"看着专注入神的女儿，我向她提问说，"由此，女儿，从赫本身上，你是否认为'美'并非完全来自上帝原始的配置与他在我们身上最初的臆想呢？我以为，是'人'本身开掘了上帝带给我们的自然美、基本美、原始美。"

女儿若有所思地说："爸爸，我觉得，美，既归之于上帝，也从属于自己。"然后，她像突然想来了什么似的："那你让我看看赫本到底长成什么样呀？"

我和女儿一起打开电脑，屏幕上闪现出一幅幅赫本优雅脱尘的照片。

看着看着，女儿惊奇地说："嘿，赫本，好像还是黑头发呢！"

"赫本的头发可能是深棕色，所以看起来像是黑色，"我一边笑着，一边应和女儿，"每一种发色都不逊色，每一种美，都需要被'人'开掘与创造。美，或许更需要我们真诚的帮助呢。"

女儿似乎没有听到我的这段话，她的全部兴趣都还留恋在赫本的那些照片中。

这时，屏幕上闪现出赫本说过的一段话：

> 生活就像在博物馆里走过场，要过一阵子你才开始吸收你的所见，思考它们，读书了解它们，记忆它们——因为你不能一下子全部消化。

我说："你看，赫本在帮助你这样的小孩子呢！"

女儿读后，不服气地说："大人也应该记住这段话！"

我说："女儿，你说得很对，这段话同样适用于成人年！生活与生命都需要我们不断地斟酌。"

让学生自己给自己留作业

作为老师，我衷心地希望并建议，自小学低年级始就鼓励并提倡我们的学生自己给自己留作业，家长和老师则应不断提升学生给自己留作业的能力与水平。

怎样留作业、留什么样的作业，取决于我们想追求与实现怎样的教育价值。良好的教育是让学生不失热情的教育，不但不失，学习的热情还能日益高涨，日日养成好奇心与探求的欲望，对未知世界充满热望；良好的教育是让学生可以做学习主人的教育，通过自我选择与安排，达到自我实现的目的；良好的教育是把"自我"逐渐认识并呼唤而出的教育，让个体充满自信；良好的教育是让个性得到不断发展并越来越鲜明的教育。

现实中，长久以来，我们相当数量的学生一直处于被安排、被布置、被制定的地位，学习内容、学习方式包括作业内容与作业形式，都被老师与家长紧密围绕着"高效快速成功"的目的完全安排好了。我们的学生无须探求、无须尝试，更不必失败，眼前的路是经过大人把定了的，完全正确、完全合理、完全快捷、完全光明，学生只有一件事可想可做，那就是——完成。所以，到了高中阶段，我们的学生有热情的不多，我们不少好学生靠的是"坚定的意志"与"对成功的渴望"，一路"忍"与"挨"了下来。不少的学生对学习早无"热情"可言，一直是靠将来生存的强大压力与必要的冷静理智在维持着自己的"学习"。我们更有不少的学生，在这样的过程中，早早就丧失了自己的"想法"，他们习惯的是"接受"与"默写"，在学习中完全不在乎那个至关重要的"我"。他们希求的考什么、学什么，最习惯并喜欢的学习模式，是老师将考试内容条分缕析地呈现出来（看到这个心里就踏实了），然后通过背与默的方式，求得好分，万事大吉。境窄眼浅的学生，在上课的时候最易认为老师跑题。他们会用早已习惯的"有用""无用"进行判断与取舍。他们其实正是多年"机器"教育的受害者，心中许多的大门都紧闭着、尘封着，心里没有风。不少学生和家长希求的是老师非常负责任地不断去检查与督促，"管"是我们教育非常显著的一个特色。我们不少的学生没有做学生的"尊严"，所谓学习上的进步，是靠密不透风的"逼"与"盯"换来的，是靠夜以继日大量反复的补课与练习"磨"出来的，是靠别人不断的侮辱与损害"换"来的。

以上我说的并不夸张，就在不久前，受人之托，我和一位高三学生聊作文，我问他："你喜欢什么和熟悉什么呀?"他似乎一下子遇见了一个天问，再也说不出话来。我们的学生，心里只有别人的需要，只有所谓考试的需要（其实不少学生对考试需要的认识是不正确的），只有前途的需要，从来就没有自己的需要。受教育者没有自己的需要，是我们教育面临的最严峻、最残酷的问题。教育的过程，本应该是自我，是"人"不断诞生并日益壮大的过程，而现如今，我们的教育做的恰恰相反。每年高一接班，其实，我都要花相当的气力唤醒学生的自我意识与自我需要，唤醒学生对学习的内在热情与热望，都要重塑学习这件事对于生命个体重要的意义与价值，都要让学生不断认识到一个人有"想法"是一件多么重大和意义非凡的事情，都要不断地和学生沟通学习不是"记"和"练"，而是"撞"与"思"，是诞生与创造，是独一无二，是与高贵与优美不断逼近靠拢并最终融为一体的过程。

给我们的孩子空间与自由吧，让他们从很小很小的时候，就明白学习是自己的事情，自己应该对自己负起责任，让他们在很小的时候，就体味到生命的独立与尊严。让他们自己给自己留作业，自己去寻找，自己去确定，自己去发现，自己去设计，自己去探究，自己去领略，自己去安排，自己去失败，最终自己去实现自己。千山万水走遍，最后剩下的还是自己，这是人生的基本原理与规律。教育，就是帮助"人"牢牢地把握并实现——那个"自己"。我们连作业都不情愿、甚至不敢让孩子自己去安排，我们孩子的那个"自我"，他们什么时候才能遇见和感受到啊！我是老师，对此我很担心。老师和家长可以是很好的帮助者，是智慧地帮助学生认识自我的人，但我们一定不是学生的那个至关重要的"自己"。

压迫与辖制，安排与布置，出不了一流人才。培养一流人才最好、最有效的方法似乎就是：你别老管他，别给他捣乱。

让孩子带着"光环"去做事

现实中，孩子要发展，自然少不了去做事。为了让孩子做事做得出色，我们可以要求他，可以提醒他，可以监督他，可以奖励他……今天，我想补充的一种方法是：让孩子带着"光环"去做事。这个"光环"，将平淡的世界神奇化，让枯窘的现实波光闪耀，让孩子看到他看不见却极其重要的"东西"。这个"光环"不仅仅会对孩子形成一种鼓励、一种感召，更重大的意义在于让孩子自小就能感受并领略到人类高贵灿然的精神之光，让孩子的精神世界有效地逐渐构建起来，并且一直保持活泼、美好、丰富、高贵、鲜润的状态，相伴孩子一生。这个"光环"，是我们教育者智慧地创设与赋予孩子的。

女儿上小学后，我要求她把文章大声地读出来。为了让她把这件事有质量地坚持下去，我对她说："如果你能够坚持把文章大声地朗读出来，那些被你读出来的文字就迸溅着，流淌着，汇聚在你心中，款款地汇成一条美丽而宽广的河流。这条河流穿过高山，淌过峡谷，流经平坦而绿茸茸的草原，流向无限开阔与宽广的远方。不仅如此，这条大河的水面上还将飘满五颜六色的花瓣，整条河都会芳香馥郁……"女儿瞪大了圆圆的眼睛，反问我说："爸爸，可是我看不见呀！"我告诉她说，"世界上有许多至关重要的东西都是暂时看不见的，但它们却有着神圣且宝贵的价值，你一定要相信它们的真实存在。你心中的这条河，最先看见的一定是别人，然后，你也会慢慢看见自己。"

女儿早晨去上学，冬天出门的时候，月亮还又清又亮地挂在西天。拉着女儿的小手，我说："孩子，小月亮看着你呢！小月亮照着每一个优秀的孩子。小月亮提醒孩子们该又清又亮。清，就是清秀，有修养；清，就是清澈，不糊涂，能接受别人的意见与建议；清，就是清朗，明明快快，不抑郁，不消沉。亮，就是有目标。不怕风寒，不怕天暗，小月亮亮亮地闪耀在西天的一角，她有自己的希望在，她将清辉洒向世间所有的优秀孩子身上，因为她相信总有一天这些孩子都会亮起来。优秀，就是身体里透出来的一道光亮。亮，就是有光彩，就是让一团原本寻常的生命富于意义和价值，就是不虚度岁月，就是喜欢创造。亮，就是专心致志，小月亮正是因为专注，她的光才不散不淡，不分不离，满身银辉，遍洒人间，你才觉得她可爱，她自己才会那么明亮，通体透明，晶晶莹莹。亮，是有热情，有坚持力，对事情不轻易产生倦怠感。小月亮从来不说，真烦，每天都是这样。她将看似刻板无趣的日子调剂辉映得富有诗情画意。"孩子走在上学的路上，何尝不是走在人生的路上与生命的路上，我希望孩子能渐渐地理解日日伴着她的那一轮清亮的明月，这轮清亮的明月照亮她的童年、少年、青年、中年与老年，有这轮清亮的圆月在，每天都是亮的。我也希望，孩子将来无论遇到怎样的艰难困苦，头顶总能有一轮清亮的明月照耀着她，关注着她，吸引着她，支持着她，感动着她，让她产生力量，获得幸福与快乐。

女儿上小学后，每天清早入校门的时候，都有值日的老师和同学站在校门内迎接同学们的到来。值日的小学生在晨风中，个个精神抖擞，每个人的身上都好像担负着神圣的使命。看到这样的情景，我就建议女儿说："如果你愿意，可以向这些清早值日的同学老师鞠躬致意。孩子，不要以为你只是弯下了腰身，只是向他们问好行礼，其实，当你将身体深深弯下去的时候，你的身体里也同时会有一种伟大、豪迈的力量在矗立而起。在这一屈一升之间，你的身体会发生变化，精神世界也会发生变化。因为与此同时，你懂得了尊重，你看见了人类心头旖旎的无边风景，你会逐渐诞生生命中宝贵的崇仰，你会逐渐理解一个普通人身上的美好品质。"这些话女儿似乎听懂了，现在她每次进校门的时候，只要有值日的同学老师在，她都会虔诚地主动向他们行礼致敬。每次看到她小小的身体认真地弯曲下去，我心头的感动都无法用言语表达。孩子纯挚的心头分明有一枚闪耀的光环在发亮；其实，同时我也相信，一个人如若经常能被自己心头的光环照亮，他也必然会是一个幸福而丰富的人。一个人的心头有万点珠光，就会把世界辉映出百般神奇、万点婀娜,这样的人怎不幸福!

繁重的课业压力,习以为常的生活,日复一日的节奏,很容易使孩子们产生疲惫感与倦怠感。日常学习生活,形式上不可能天天都充满激荡与变化。一个教育者就是在此般情景下,不断给孩子们指引、光耀心中的"光环",莹亮它,光闪它,让它从不寂然熄灭,让它永远银光点点。

在课堂上,我曾给孩子们介绍过列夫·托尔斯泰家族。在托尔斯泰家里,每到晚上,全家人都必须坐在同一盏灯下阅读。"这一习惯一直延续下来,煤油灯曾改成汽油灯,再后来有了电……托尔斯泰不在家的时候,孩子们围着他们的母亲阅读,父母都不在的时候孩子们自己围着灯读,他们'常常是充满期待地等着晚上的全家共同阅读'。于是,久而久之便在每个人心里都有了一盏灯。"① "他的后人因得益于他的教育,至今还兴旺发达地生活在俄罗斯和欧洲其他地方。"② 介绍完托尔斯泰家族后,我曾动情地对学生说:"让我们像托尔斯泰那样,自我们始,建立一个优秀的家族!我们就是这个家族的始祖!我们如若能将一个重要而美好的习惯领悟、继承、发扬下去,将这种重要的习惯在我们的家族中一代接一代地光扬发挥,我们的子孙将受益终生。他们将感谢我们,我们将在他们的心魂思想中得以永生!"我之所以这样做,是想把孩子们放到一个

①② 蒋子龙:《托尔斯泰灯》,载《读者》,2008(10)。

更为恢宏恒久的生命系统中去，让他们前可见古人，后可见来者，在这样的一个生命空间巨大的参照下，重新思量自己的生命价值与生命定位。我想告诉孩子们，在人类的生命系统中开一个好头是多么重要！其实有万千的生命等着我们去影响和照顾呢！你不年幼，也不弱小，只要你有心，便可以成为自己家族中一个辉煌卓越和无比广大的始祖，尽可以创设一条光彩熠熠的家族生命链条，而你正是那熠熠生辉的链条中最重要的开始一环。我们人人都可以有事业，我们人人都可以充分影响别人，我们人人都有神圣的使命等着我们去领悟与完成。

日日上课，从小至大，天天如此，有的同学难免会养成分神溜号的习惯，有的学生则会养成喜欢有气无力地趴在课桌上的习惯，也有的同学养成了满脸困倦的习惯……上课状况的好坏，不仅片面孤立地取决于老师，也同样取决于每架感应器（孩子们）的姿态、灵敏、理解与感悟。课上，我曾对学生说："大家长大了，都懂得了美，其实专注也可以使人美，而且还是一种别样的美，是一般的化妆品、衣饰所无法代替和包装的那种美。当你专注起来的时候，你的周身便会被一种清灵而雅致的光所笼，你的眉目、样子就会充满立体感，脸上的每一样器官都是那么精致，好像是被罗丹精心雕塑出来的一样，你整个人犹如星光下的一座水晶雕像，灵光闪闪，你的水晶光彩显现演绎着你的聪慧、恬静、清纯、美好、英俊、伟岸、挺拔、娉婷、悟透、执迷……你丰富得犹如一本书，让见过你的人一看便入迷，难以忘怀。让我们热爱专注吧，让我们保持住这无比感人、无比美妙的专注吧，它是一道神秘光辉的力量，如魔棒一般，从内到外将尘世里陷溺于现实里的哀哀生命点化得彻彻底底、干干净净、清清爽爽、如神如佛。专注，让我们满目奇幻，如花如海。"

触发孩子，不能仅仅从急功近利的角度出发。原因有二：一则，习惯于急功近利的心灵感应器会越来越窄小，越来越不敏锐，直至最后，连名利本身也激不起一点心海的微澜。二则，人类浩大的心灵空间与精神空间，也绝非名利二字所能全部包容。

帮助孩子带着光环去做事，事情之后还会有事情，事情之外会形成性格，事情之外还会让孩子逐渐感受体会到人类高贵的精神之光。孩子们心间只要有精神的萤火虫在飞，孩子们就一定会幸福地天天在变。愿人类的精神之光可以永远照耀孩子。

孩子心灵空间与精神空间的狭小枯窘，是造成"问题学生"最主要的一个原因。之所以这样论断，理由其实很简单，任何现实都是充分生活在我们的主观世界中的。世界本身是怎么一回事固然重要，但我们怎么理解它、感受它有时则显得更重要，因为在我们主观的理解与感受中，那才是我们感知到的"真实"世界。

孩子们，在"研究"中不断长大

作为老师，我常常享受着学生带给我的无尽快乐。看着学生们的成长，我常常像一位农夫看着麦苗在丰润的雨水里成长一样。"研究"，让孩子们真正长大了。

在研究性学习中，我觉得学生因为自我做主、自我确立、自我规划、自我实现、自我反思，进而将每一个孩子美好而高贵的天性真切充分地表现了出来。学生们在研究性学习中爆发出的学习热望，他们研究性题目确立的个性化、独特性、敏锐性，他们研究计划制定的翔实性与周密性，他们在研究中认真踏实的践行以及在汗水的挥洒中表现出的纯挚的执着，他们不畏困难、克服困难而爆发出的勇气和信心……甚至是，当学生陷入研究的谜团中，眼睛里真切流露出来的困惑与迷茫：这一切，都让我感到了"教育"崇高而可贵的力量，都让我为了学生年轻而蓬勃的成长而满腔欣喜并久久难忘。

寒假前夕，全校展开研究性学习。宋达明、张文虚两位同学当时不知该做些什么，找到了我。我了解到两位同学对宗教艺术一直都很感兴趣，就趁机引导她们将研究性学习与人文实验班寒假中要进行的文化考察结合起来。这次人文实验班主要考察的是中原文化。与她们两个的兴趣相结合，在与她们协商之后，就把研究的课题设立为"当代人心目中的龙门石窟"。她们觉得有意思，愿意做，课题就这样定了下来。

研究要展开，最初步、最关键的是调查问卷的设计。她们俩相互协商后制定了一份问卷，然后请我看。我们在一起商讨了调查的预期结果，研究了被访问者的心理感受之后，一起修改了原稿。那天，她们离开学校已经很晚了，但两位孩子临走时脸上洋溢的微笑，让我一下子读懂了她们心中新鲜而澎湃的渴望。这种渴望，青青如早春的原野。在初步试访问之后，在问卷中又发现了不少问题，我们针对问题，又一同一一进行了认真修改。

特别值得一提的是两位同学的实践勇气与研究精神。她们两个在班里都是很内向很腼腆的女孩子。为了广泛收集数据，她们走到哪里，就把调查问卷分发到哪里，有时还难免被人误解。去龙门石窟的时候，恰值河南下大雪，冬日严寒，北风呼啸，我有几次都看到了她们认真的、小小的身影隐没在洪洪人流中。她们在整个调查研究中体味到的不易与艰辛、愉快与振奋，体味到的科学精神，这一切都会为她们今后进行更为正规严谨的科学研究打下良好的基础。对于中学生的研究而言，她们在研究过程中体味到的真实感受比她们最后的研究结论对她们的启示意义更大。

回来后，在做数据分析时，我们一起请教了数学老师，制定了数据分析方案。两个孩子在数据分析的基础上，写出了富有启发性的研究报告。

作为指导教师，看到她们"翔实"的研究过程与"丰硕"的研究结果，我不能不对她们表示由衷的敬佩与祝贺。我真切感到，研究，是学生学习快乐的重要源泉。

今年，我的学生吉华明与我交流了她想研究"电影《肖申克的救赎》与斯蒂芬·金原著异同"的想法。在倾听的过程中，我感受到了她的渴望、追求以及理想。尽管对于电影艺术我思考不多，但我愿意与华明一道去深入了解它，感受电影艺术与文学艺术之间的异同，进而填补人生空白，使自我的生命更丰盈。

在和孩子一起感受"研究"、进行"研究"的过程中，我安享着学生带给我的快乐与丰盈，感受着学生们的成长。这种感受，让我像一位农夫看着自己心爱的麦苗不断成长一样，心里踏踏实实。

教师节里的话

今天是 9 月 9 日，明天就是教师节了。我想到了刚上小学的女儿的老师们。手机的键和着心中生命与音乐的键，荧荧的屏幕上跳动出这样几个字：

一个老师的伟岸与辽阔客观存在着，但常常不为外人所知晓。教师节来临之际，向老师祝愿并致敬意！

写罢，泪水不自觉地涌动而出。我正是在一次次泪水的流淌与洗刷中净化与清新着我的教师梦。我爱教师这个职业，是从"心"开始。我岁数不算小了，渐渐走出了青年人的梦想与狂热，我是对自己的生命负起责任。我的荣誉存在学生的心里，存在那一节一节已经和正在逝去的课里，我的荣誉是我用自我精神的黑土构造与壮大的。我的荣誉存在我的身体里，它们和我一起来，伴我一同去。我用心赋予教师这一职业丰富且广阔的意义，我是一个普通而真实的男老师，如是而已。

祝知道我和不知道我的老师们，生命快乐！

我是小站我是码头

17 年的班主任，日暮天沉，走在华灯初上的下班路上，常常让我反思老师是什么，班主任又是什么。

一位马上就要退休的老师曾对我说过，在当今万众趋利的社会中，老师不过是学生作片刻之留的山野间一座小小简陋的车站。他们在你这里加些水，再放放气，然后便载着他们的梦想，转动着他们火红的轮子，头也不回地向远方开去。越是好学生越是这样。

这话说来凄凉，想想也是如此。几年的高中生活，还算不上他们人生雄浑的乐章，今后的生活中他们有的是事情要办，有的是事情要想，有的是事情要应对。在他们整个壮丽的人生行进中，他们要经历那么多的老师，要经历那么多的人、那么多的事，将一位老师喻为"小站"，应该说是个妥帖准确的自我定位。

然而我多想做个有点特色的乡间小站。

下面这几段，描绘了我心中的理想之境，希望与老师们共勉。

一趟趟列车，他们来时我在乡野，乡野亦在我。"停靠"是相互的一种认同，是相互的一种默契，更是彼此的一种欣赏；车是站的魂，站是车之胆，"停靠"是两种生命相交相融的一道隽永的风景。

他们走时，我希望他们能开成一道风，我喜欢如磐的发威的火红的吐着粗重白气的远赴千里的巨轮。汽笛长鸣，铿锵有声，此时的我应该云霞满天，背倚青山。

"出站"是我振臂的呐喊，是我破纸的雄篇。都开出去吧，我不怕，我想，我有洁净的月台，葱茏的站碑，朴素的瓦舍；我想，我有开在站台耐得碾压耐得寂寞四季不败的小花；我想，我有可以自己安享的暮霭晨曦、清风流岚；我想，我有根根铁轨，遥及天涯……

我有我喜欢的船

似水流年，依稀还记得当初你们的来……

三年，岁月的河你无情地漂蚀着我，多少记忆打着旋儿，多少往事付水而逝……金黄的朝阳，飞火的落日，我们曾有的年华水汽淋漓，波光闪闪……

这几天，我常常省问自己。我过于浮躁，过于急切，也过于功利。我看过多少篇卷子，画过多少个结构图，想过多少次得分，又粗浅狂妄地下过多少个评语。我想忘情地不知天昏地暗地写一首诗；我想心潮起伏地与书中的一段内容相沉浮，那时不觉天已初晓，红灯如豆；抑或在书上洒一两滴清泪，愿它们浸在文字里，与岁月永著。我知道我的性情从本质上讲是"柔软"的。我常想让自己像江河一样归于青山，像落日一样归于大漠，像青草一样归于天涯，像子规，像鹧鸪，像杨柳，像北固亭，像天姆山，甚至也可像阑珊的灯火，归于一首诗。

我的卷子……我的梦……

我是一座码头，千舟竞渡之后，留下一片岑寂，一片隐隐的远去的呐喊，一轮殷勤的火红的落日……我暮色浸染。在这个黑沉沉里，我更容易看清我自己。我悠然地欣赏着我所中意的航船划出优美的弧线，飘然逝去。浪涛低回，涛声细细。

我不怕，因为我就是一座码头。我有我深碧的青苔，我有我呐喊的石头，我有我挺括的脊岸，我有我宁息的港湾……我就是一座码头，我沉一半，亲慰着海；我浮一半，向往着天。

我有我喜欢的船。

涓涓与滔滔，其实均来自内心的检省

——谈谈一个人的生命成长是如何影响读与写的

一

受朋友邀请，与一群七年级的孩子一起分享居里夫人的《我的信念》。文中有这样一段话分外迷人：

> 我认定科学本身就具有伟大的美。一位从事研究工作的科学家，不只是一个技术人员，而且，他更像一个小孩儿，迷醉在如同神话故事一样的大自然中。

科学是严谨的，是缜密的，是基于实验研究的，是逻辑的，是要不断求证的，科学是伟大的客观规律……这些说法都深度地为人所接受认同。但用"美"来概括提要科学，说科学本身就具有伟大的美，这样的说法在科学家中似乎并不多见。美，之于科学，是只有像居里夫人这样的超级科学家、敏感美丽的女性科学家才能发现吗？居里夫人的比喻引人关注："一位从事研究工作的科学家，不只是一个技术人员，他更像一个小孩儿，迷醉在如同神话故事一样的大自然中。"草木馨香，万树争荣，雀飞鸟逐，千景百象，大自然妙趣横生……一个孩子的显著特征是可以完全把自己投放其间，像鹅卵石完整地浸在溪水中那样，像一只鸟沉醉在那片松林里那样，完全忘记了时间，忘记了自己，彻底"陷落"在自己的勃勃兴味与纯挚世界里，一往而深……这样的一幅图景构成了一种简单痴纯而强大磅礴的力量，一下子使我"沉没"在字里行间，完全被句子所构成的氛围与力量所深深捕获。这句子，真像是脱离了人间种种困缚与局限，来自天霄云宇中一般。心里不干净、不宁静的人，模仿或许可能，但自心内发声，则难而又难。

句子首先把我深深打动了，我也想打动学生。这种简单而痴纯的力量，构成了居里夫人所特有的科学能量与人性光芒。她在科学道路上走得如此深远悠长，与她始终所拥有的"童稚力量"息息相关。爱因斯坦曾这样评价居里夫人：

> 她一生中最伟大的功绩——证明放射性元素的存在并把它们分离出来——所以能够取得，不仅仅是靠大胆的直觉，而且也靠着难以想象的和极端困难的情况下工作的热忱和顽强。这样的困难，在实验科学的历史中是罕见的。

在爱因斯坦所强调的"热忱和顽强"里，那个"更像一个小孩儿，迷醉在如同神话故事一样的大自然中"的居里夫人清晰可见。这也正是居里夫人强调"不只是一个技术人员"的核心意义及价值所在。其实，学习中最核心的方法——亦可说是能量——也已被居里夫人一语道破。如若我们仿制居里夫人的表述，学习似乎也可得到更准确、更内在的诠释。获取理想的分数，当然是每一位学生所希望的。（大家或许都记得，每次学校有集会的时候，总会有一些学生特意穿上"逢考必过"的文化衫，还要郑重其事地拍照留念。）但我们面对学习，面对考试，面对成绩，居里夫人似乎在提醒我们不能只是做"一个技术人员"。这一点既是对老师善意的告诫，也是对我们学生诚挚的引导。我们师生都不能一味关注答题经验与答题方法，迷信一用就灵的写作技巧，我们更应该如孩子一般能够痴纯简单地沉迷在学习的丰富与优美之中，吐纳呼吸，身心俱醉。那情景，就像小时候高高兴兴地玩了整整一个下午，傍晚才恋恋不舍地回家；就像小时候可以完全拥有"自我的国度"，乐在其间。这就像英国诗人戴维斯在《那幸福的孩子》中所说的：

今天我看见美丽的花儿密密层层怒放

但没有一朵像那个孩子曾经采摘的那样

我听到绿油油的园林里群犬吠叫

但是没有一只狗叫得像那个孩子曾经听见的那样

今天我听见鸟儿一只接一只歌唱

但没有一只像那个孩子曾经听到的那样

今天我的世界是够可爱了

可就不像那个孩子曾经看到的那样

伟大的作家、伟大的科学家，因为他们的体悟与理解可以抵达事物很内部、很深远的地方，因此他们的话往往具有很丰富的弹性。你看，居里夫人明明说的是她自己，但在她的句子里却可以引来一个世界。沿着这样的思路推知，所谓优秀的课堂就是很有弹性的课堂。在课堂丰富的弹性里，我们拥有了更多的被"唤出"、被"弹射"、由此及彼的可能性，我们的思考与生命会不时地"跃起"。在这些被弹发的过程里，我们增强了感受、体悟，并增多了进入"新领域"与"新时代"的可能性。

我们读书到此，想问问同学们，我们痴迷过吗？那种叫"痴迷"的体验，到底是怎么一回事情呢？我们曾因痴迷什么而得以让我们重返那个纯挚的"孩提时代"？有谁愿意为大家讲讲这些体验及状况吗？读书不能切入到自我生命的回旋与瞻顾怀想中，书对人的意义便还是寥寥。此时，大家不要想有什么答题方法，也不要想老师希求什么答案，静下来，沉浸下去，归向自己的内心。模式化的答题经验，会毁了我们身上最高贵的真气与才气。一个人若缺失了真气与才气，真实的生命便黯淡无光了。

二

我们的每一个孩子，都是带着自身既有的"历史""环境""习惯"学习的。昔日上课的种种"痕迹"都会深深锁在学生的意识与行为里，就这个意义而言，所有的课都不会"白上"。孩子们的公众表达，看似只是一个说说话的问题，其实并不简单。说话与倾听，几乎可以将一个孩子受教育过程中所包蕴与体验到的"教育过程"完整清晰地显现出来。在平时自然的上课状态下（有人来听课除外，我们的学生特别懂得收敛与配合），孩子们身体里那些潜伏着的"存在"，便会自然地显现出来。归结起来，学生的基本情形大体有如下几种。

如果我们的学生平日里学习上更多地习惯了被压着、被逼着，在宽松、民主、尊重的课堂里，他们感觉一下子撤掉了强大的压力，身心不由地"活跃"起来，他们畏惧"强权"，尊重"外力"，他们会很不习惯被老师尊重的感觉，或者说他们还很不习惯自我的生命被尊重的感觉。他们一下子面对"自由"，还有些把握不好，在"外力"褪去之后，他们特别渴求获得一点短暂而有意思的"娱乐"。这样的孩子，在宽松的环境里会不自觉地选择与同学说说笑笑，打打闹闹。

如果我们的孩子没有充分感知到学习的乐趣，迫于压力与对自己前途的担心，平时习惯了学习静态的"知识"，习惯了掌握答题的"方法"，习惯了平常上课日日有分、处处有分、节节有分的上课方式，习惯了追求"考什么，就学什么"：他们的内心深处已被考试和分数满满地占据了，似乎已经不能再容纳其他。这样的学生会对前面的提问表现出厌倦，觉得老师跑题了。当然，这样的孩子也有自己"宝贵"的经验：老师如此，亦不过做做样子，陪老师玩一会儿亦可，不久老师便会言归正传。如果老师一直沉湎于此，那可别怪学生恕不奉陪了，学生自有紧要事。

如果我们的孩子已经习惯了在课堂上、在老师的反复叮嘱下，一遍又一遍地记下有关考试所谓重要的东西，习惯了把记忆与练习当成学习与获取分数最重要的方式，那么，这种状况会导致他们只对凝定的既成知识与有分数、有答案的习题敏感。在这样的背景下"成长"起来的孩子，面对如此问题，会陷落到茫然无措里，不知该做些什么好。这样的孩子需要的是——保险的、现成的、牢靠的、很稳定的课堂内容，需要的是将这样的内容先记到自己的笔记本上，临考的时候再记到脑子里，然后实现答案搬家来获得分数。而眼下的情形却是："答案"时时处在进行中；"答案"是在尊重的氛围下，不停地获得启发与不断地加以修正；答案呈现出多元化的样貌……当习惯的"既定"遇到时时的"推进"，又便如何是好？

三

在阅读里，师生都应该在与作者相遇的过程中检省自我，回归内心。或者说我们只有在检省自我、不断回归自己内心的过程中，才能真正与作者、与自己相遇。真正的自己是要挣脱排除许多外在的"影响"与"塑造"，通过内心一步步觉醒而慢慢找到的。平日里，常有人问我为什么有的人读书不少，成效却微。一个很重要的原因恐怕就是我们自己没有充分参与到读书的过程中。例如读鲁迅，我们觉得鲁迅在抨击与指斥旧社会，而我们是属于新社会的，这一切与我们何干？例如读居里夫人的《我的信念》，居里夫人在说科学，在说她自己，这一切与我们何干？我们将所读之书指向"外面"，而没有归之于己，这样的读书成效自然就差。

其实，优秀的教师首先应该是一位优秀的读者——凭借自我的体悟与学养、敏感与多思，可以让自己与好书充分地碰撞与交融起来，可以踏着书中的节奏与自己心底的音乐，将所谓的阅读汇成心海中的涓涓与滔滔。教师只有用自己的涓涓与滔滔，才能唤起学生心头的涓涓与滔滔。教育中有一条重要的规律，即教育者只有用相同介质的东西才能唤出学生同等级别的内容。德国哲学家雅思贝尔斯说："教育就是一棵树摇动一棵树，一朵云推动一朵云，一个灵魂唤醒另一个灵魂。"这句话的意义恰在于此。如果说好书如一条欢快奔泻的溪水，我们师生的内心便应该是一尾尾活泼的小鱼，倏而远逝，畅行其间。我们即便如高天的远云，也应该将自己的身影投向这溪水的波心。师生的涓涓与滔滔汇合于一处，便构成了师生波澜壮阔的课堂图景与生命图景。我们刚才读居里夫人的《我的信念》，假如我们给自己的心以充分的安享与自由，我们或许会遇到这样一些问题：科学可以用美来界定吗，该如何理解？居里夫人与科学之美是如何相遇的，这与她哪些特质相关？什么是孩童般的纯挚力量？这是一种什么状况，我体会过这种完全浸入式的感觉吗？居里夫人强调"不只是一个技术人员"的核心意义及价值何在？在学习上，我该如何理解居里夫人的这句话呢？由此联及，优秀的课堂又有怎样的一些重要特征？我自己在课堂中有被"唤出"、被"弹射"、由此及彼的那些状态吗？结合自身内在体验，我对痴迷会有哪些认识与理解？我最难忘的痴迷是在什么时候、什么情况下发生的？我当时体会并感受到了什么？这些感受与体验对于我后来的生活与学习产生过怎样的影响呢？

阅读就是要从自己的生命真实里诞生内容。在整个阅读中，我们自身犹如奔腾的河流，涓涓以自顾，滔滔以自新。涓涓与滔滔，向着书的堤岸与无尽的远方尽情奔流，一往无前。这样的"读"，深情而豪迈；这样的"读"，是自新与发展；这样的"读",是珍视与回旋;这样的"读",一边读,一边在积极地生产;这样的"读",同时也便构成了丰富的隽永的能量与趣味。

真正有好习惯、有良好教育背景的学生,既会倾听也会发言。其实,听与说均诞生在一种学习文化中,师生是这种文化中的建构者与体现者。听,是一种修养与智慧。耐心诚恳地一句句听别人说话,听别人把话讲完,这是一种尊重。在听的时候,理出别人说话的逻辑与层次,决定取舍,有效触发,怎能不说是一种智慧!在课堂上,我一直坚持师生都要说从自己心海里打捞出来的东西,说经过自己生命掂量过的东西,说希望得到碰撞、产生回旋、渴求得到不断更新的东西。

阅读中的内心检省,是最好的自我教育,具有建设生命、修复生命的重要作用。其实,阅读中的内心检省也恰好构成了写作中的重要内容。阅读中柔软下来的、流淌开去的、矗立而起的,是写作多么重要的源起与多么宝贵的内容啊!写作,是生命里溢出来的内容,而非用"方法"揪出来的东西。

四

生活如水而逝,不止不息,写作或许就是这不可阻遏的流水中的那道涡轮,让奔泻不停抑或是杂乱匆忙的生命产生一种驻留、一种斟酌、一种回眸、一种期盼、一种眺望、一种沉入、一种转身、一种再塑……可以说，没有自我生命中真实的自我检省，就不会有真正意义上的写作，我们很有可能只是在难以摆脱的别人或社会化的腔子里表达。

路遥在创作《平凡的世界》之前，决定去毛乌素沙漠进行一次"精神朝圣"。面对大漠，面对自己，他说：

> 嘈杂和纷乱的世俗生活消失了。冥冥之中，似闻天籁之声。此间，你会真正用大宇宙的角度来观照生命，观照人类的历史和现实。在这个孤寂而无声的世界里，你期望生活的场景会无比开阔。你体会生命的意义也更会深刻。你感动人是这样渺小，又感到人的不可思议的巨大。你可能在这里迷路，但你也会廓清许多人生的迷津。在这单纯的天地间，思维常常像洪水一样泛滥。

我想，路遥的这些来自内心深处的检省，不仅构成了《平凡的世界》最重大也最宏伟的地基，同时也汇聚成了《平凡的世界》这部百万字作品里深情的涓涓与浩渺的滔滔。

作家肖复兴在《拥你入睡》中写道，儿子已然长大了，"原来拥有的天然的肌肤之亲和无所顾忌的亲昵，都被儿子这长大拉开了距离，变得有些羞涩了"。一日，儿子复习功课太累了，倚在爸爸的怀里睡着了，这样的举动让爸爸受宠若惊。看着睡梦中的儿子，父亲的心海里却开始波涛汹涌，起伏不已：

> 我禁不住望望儿子，他睡得那么沉稳，没有梦话，我不知他在睡梦中此刻是不是在呼唤着我？我却知道会有这么一天，拥他入睡的再不是我，而在他的睡梦中更会"呼唤一个陌生的年轻的名字"。亲爱的儿子，那将如诗人所写的，是爸爸的期待，爸爸的期待是惊喜又是忧伤。哦，我亲爱的儿子，你懂吗？此刻的睡梦中，你梦见爸爸这一份温馨而矛盾的心思了吗？……

这些构成了《拥你入睡》一文中最核心的涓涓与最真挚的滔滔。

我的一位很普通的朋友不是作家，也非教师。一日晚上，她在微信里说：

> 这个温暖的冬夜，我和蕾蕾各自抱一本新近从书店买回的书，安静阅读。喜欢这一种时刻，知道除去了外表的喧闹与不安之外，在内里便获得了一种安静和慎重的成长，不会因为时日的推移而消失，就好像屋内水仙淡淡的清芬一样。

这是一个普通人的"随笔"，不求发表，也不求传世。

缺乏内心的检省，何来笔下的涓涓与滔滔？我给学生的写作建议是：每一文出，必求有过人之处。其实，这就是要求学生每次作文的时候，能将笔深深地指向自己的内心，写出自己生命里独一无二的体验与思考。

五

那在远方的我的朋友，你都好吧？我说的好指的是：心情宁静而不失澎湃，思虑清晰而频频诞生妙悟。有点难哈！但我觉得这便是幸福！我们师生，如若缺乏了内心的检省，阅读与写作，便都无法摆脱模式化的口吻与腔调，便都无法体察到我们笔下流泻而出的美好而开阔的涓涓与滔滔。

用一个"真"字
把课"撞"出来

　　用一个"真"字把课"撞"出来，这是我全部的教学追求与教学秘密。课堂不是设计出来的，而是与生命的一次遭遇，是从性情中"生"出来的。

教师职业的本质是一种生命存在方式

——"语文报杯"课堂大赛给予我的

一

多少年过去了，我至今依然清晰地记着那个骄阳吐火的清爽夏日。心中的绿荫，清透地布满了宾馆里我备课的那间小屋。屋外虽是热浪滚滚，灼阳匝地，我的心头却似酿出一口甘醇清澈的泉水，涌出的清凉在那些天始终与我相伴，并进而构建成自我今后更为长久的一种生命形式。

二

那年课堂大赛的地点在黄山，我是距比赛前一日到达的。时值 7 月盛夏，一出门，火热的骄阳便将人一下子置于热浪翻卷之中，炙烤得人热汗直流，遍地都是喷焰吐火、灼目刺眼的阳光。与组委会的相关老师接洽后，我为自己订了一个单人小间。

平时我是一个爱热闹的人，并不喜欢一个人独处。前来参赛的老师们有不少是团队式作战，三五成群。团队成员有的帮助参赛老师搜集资料，有的专司制作课件，有的参与设计教案，有的扮演学生帮助参赛老师试讲……但我更习惯的备课方式是一个人。自己首先独立地面对作品，用自我最真实、最敏感、最自由、最个性的那个部分与作品接触、感受；与作者碰撞；尽力凭借自身对语言的敏感，用眼耳鼻舌身去建立开拓自我与文本及作者更深、更内在的联系。这是一个看似孤独封闭但其实很享受很开阔的过程。

别人对文本的评价与探析自然也很重要，但那都应该是面对文本找到"自我"之后的事情。面对作品，在"自我"缺失的情况下，几乎所有的"参考资料"便只会简单"注入"，而非与"自我"相遇后的对话、对话后的融合、融合后的独立、独立后的个性。一节好课，并非完全可以凭借很"娴熟"、很"技巧"，与学生很"沟通"便可构成。与一个个学生相处，帮助我清醒地认识到：教什么比怎么教更重要。当然，教师更不能也不该做"专家"的传声筒。毋庸讳言，没有教师自我的声音，课堂的神采与灵魂也便随之消逝了。没有教师自我的声音，教师对课堂本身就欠缺恳切与真诚，当然也不具有真正的感染力、感召力、思考力。

比赛规定准备时间是 24 小时，因此，进入赛程后，在比赛前一天的早晨和中午两个时段，要去组委会抽签决定自己第二日是否比赛及具体篇目。未抽中，就要在次日这两个时段继续进行，直至抽到为止。来自全国参赛的老师挺多，至今我还记得正式开赛前一天早晨，我们熙熙攘攘地挤在宾馆一个标准间里抽签的情景。时间与篇目都神秘地躲在一个个已然封好的信封里，大家完全不知自己的命运如何，既忐忑又兴奋。大家共同的心理是不想第一天便参赛。理由当然是现成的：容易紧张，容易不适应，容易低分，想摸摸底再说……第一天，我果然没有抽中，心中自然很高兴。接下来的几天，每天两次抽签，我都在过这种既神秘又忐忑的生活，每天两次前来，接受命运冥冥之中的安排。赛程一天天继续，小伙伴们一个个先后被捕获，而我却出现了过度"幸运"，由人头攒动嬉嬉闹闹到寥寥落落冷冷清清。眼见着每日两次大家兴奋慌乱一阵，喧闹渐渐归于平静，我只能返回自己的房间，随意安排，等待谁也无法知晓的命运下一次的神秘安排。

这就是在黄山赛课前，我真实具体的生活。

三

没有抽中，我便返回自己容膝的小屋，将那些参赛可能遇到的篇目一篇篇拿出来。这些篇目来自不同的教材，有的是老友，有的却为新朋。无论老友还是新朋，我希望能够抛开以往成见，分开语言的溪流，用"面对面"的方式，新鲜地与它们碰触、感受。我特别珍视那些来自生命深处哪怕是极细微的潜流，我以为，这些都是形成教学极重要的资源。

阅读，除却信息的采集、确认、整合这些技术手段外，其实还有一种重要的阅读——生命阅读。信息阅读以对信息的采集与加工为核心目的，是可以"不动声色"地加以完成的，此种阅读更趋近于一种纯智力活动，有实用目的。生命阅读则以构建生命质量、拓展生命宽度为目的展开，阅读的一个核心目的是"发现自我"。此种阅读，需要阅读者内心的参与与投入；此种阅读，其实是读者与作者生命的相遇；此种阅读，是"血脉"重组与交织的过程，无直接的实用目的。教育中，此两种阅读都是需要的，它们一是基础，一是拔升；一种是工作之能，一种为生命之需。生命阅读与信息阅读相较，教师给予学生的，就不能仅仅是一种冷静而标准的技术指导，就不能像教开汽车那样。在生命阅读的过程中，教师成功的"教"，其实不如称作"生命的感召"更准确。对于生命的萌动与构建，"教"是无能为力的，技术也是无能为力的。只有感染与影响，才会对生命构建形成意义。生命阅读教学的关键在于，教师是否能够以自我生命阅读实践为依托，对学生内在的生命状态形成必要的感染与影响、焕发与感召。如若有人告诉我们坚强生活的几则方法，其对人的影响一定远逊于我们在黄沙茫茫的瀚海里真实地见到了一株胡杨树的傲岸与坚守，因为胡杨树是会完整地叫醒整个生命的。在生命阅读里，教师的价值便在于"叫醒"。"方法"不能触动生命，正确的方法只能提升能力，只有生命才能影响生命，或者说教师自我真实的生命投入，便是最好的方法。生命阅读教学的难中之难、重中之重便在于：在阅读的过程中，教师潜移默化、不知不觉、渐渐地帮助学生见到作家的生命，见到自己老师的生命，见到这两个生命的相遇与相知、相融与相生是一件多么美妙好玩、震撼人心的事情（开始的时候，高明的教师会帮助学生误以为教师的生命便是自己的生命，这是他学习的第一阶段，渐渐他才会在老师的生命里长出自己的生命）。而这样一件"趣味"非常的事情，就发生在自己身上。生命的影响，此时是真切的、迫近的，是突破了以往厚厚的坚硬的"纸"的壁障的，学生因此自然会受到一种生命内部的触动，会感受到一种强大的呼唤与影响，也更容易获得真切的渴望，进而产生生命涌动的能量。在这样的过程中，学生自我内在的生命渐渐苏醒并日趋活跃，终至亢奋，澎湃而出，如惊蛰过后。教师的生命、学生的生命、作家的生命彼此对话，相互补充交融，从而致使在场的每一个现实生命吸足水分，舒枝展叶，抖洒光芒，构成一曲生命的大合唱。学生的生命不是"教"出来的，是以教师与作家生命的呼吸、辗转、喟叹、徘徊、奋进，将学生"潜伏着的"唤出来的。在生命阅读的过程中，教师是以自己的"我"叫出学生的"我"。教师在生命阅读的过程中，如若不能有效地发现自我，他同时也便失去了帮助并进而构建学生"发现自我"的几乎全部重要过程与能力。

所谓生命阅读教学，就是在这样反复多次的引导、沟通、呈现的过程中，帮助学生渐渐体知自我，从而不断确立与丰富学生自我的生命。我一直以为，这是语文教学的一个内在核心规律与重要使命。教师最重大的一个使命是帮助学生走上自己的生命旅途。之所以教师的生命要介入其中，其实正是通过"一棵树摇动一棵树，一朵云推动一朵云，一个灵魂唤醒另一个灵魂"。在这个过程中，教育往往渴望"摇动""推动""唤醒"，但更重要的一个前提是，教师自身首先要成为"一棵树""一朵云""一个灵魂"，这既是一个前提，也是一个核心的基础与条件。学生在上课的过程中，从漫漫茫茫的文字里渐渐觉察出了作者生命的波涌与震荡，渐渐觉察出了与自己朝夕相处近在咫尺的老师生命的徘徊与绽放，渐渐觉察出了作者与老师生命更内在的某种关联，这一切对于学生生命的影响与构建，无疑具有重大的意义。

这，就是我那些天躲在小屋里，心头最切实的日日绽放。我带着这样的目的，走进文本，走进作者，也走进自己。

偶尔抬头一望，窗外，阳光像燃烧着一般，四下里一片火热。我安静而清亮地与自己对话。

四

在临近比赛结束的一天前,我终于抽中了《渔父》。一天的备课时间。早饭后,带着讲课的题目,我折返小屋,展开了我与屈原最重要的一次生命对话。

阅读《渔父》,把我麻木凡俗的生命琴弦奏成高蹈出尘的一曲古琴,响成悲歌慷慨的一片胡笳,排遣不尽,缠绵不已,这就是《渔父》之于我的魅力。屈原的伟大,体现在他那绝无仅有、孤峭、彼此完全不对等的对峙之中。在这样的一种抗争与对峙中,屈原展现出的自我形态、分裂形态、挣扎形态、高贵形态和询问形态,构成了楚辞中熠熠生辉、粲然夺目的最美篇章,这样的对峙构成了世间壮丽巍峨、奇绝伟岸的人格风景与精神绝唱。好的文字是有神性的,它从来不是念着玩的,它直击肺腑,锻人筋骨。语文课就是要把大家的生命唤出来。课堂,就是师生所过的一场精神生活。读到精神飘没处,虽无真相有真魂,师生间用精神的华彩彼此照亮,就是好课!

这就是我在那间凉爽的小屋里,心头徘徊不尽的内容。是否能够得奖,对此我无能为力,但无尽地接近屈原的生命,并且追求让屈原的生命借助于我的生命而得以在课堂上再现,在追摹屈原的生命过程中改变自我的生命状况,并进而最充分地影响学生,这个权利则牢牢地把控在自己手中。此后想来,这个信念不仅支持了我当时的那个"一整天",而且在今后更长久的岁月里,也给予我极其充分的支持。

于是,老师们知道,课,便上成了那样。

不少老师因为这节课记住了我。老师们给予我热情的鼓励与巨大支持。组委会的老师说,连老师,你那天的短信平台最热闹了,大家给予你很高的评价。老师们说:连老师,你让语文课飞了起来。全国各地的老师们通过各种方式在此后与我取得了联系,不少老师希望沿着"课"找到我,我个人也因为这节课引起了不少老师的关注。去年,我去安徽铜陵讲学,那里的不少老师对于黄山的这节课依然称赞不已,这让我特别感动。不过是一节课,七八年过去了,老师们对它却还记忆犹新,还是我们一见面必聊的话题。

赛课不久后的那个金秋,我当时借班上课的屯溪的学生也给我来信:

> 连老师,我是黄山市屯溪一中准高二的学生,听了您的《渔父》,感到您真是妙语连珠,感情充沛,让我受益匪浅,竟有这么好的语文课!竟有这么好的语文老师!再看您的博文,讲得很专业、很到位,为我开了一扇通向语文的窗,窗外芳香满径!

孩子,谢谢你!一节课,其实也是我们彼此真实生命的一次触探与交融。一节好课,可以帮助我们忘记此前那些流行的

"法则",使我们至为关键地记住并实现了两个关键词:真实、生命。课堂,使师生得到了共同的成长,因为成长,所以我们怀念。

近来读到叶嘉莹先生的一段话,以为与我那时以及此后对于生命阅读的追求是如此地贴合,仿佛点中了我的要害。先生说"讲诗的人"所要做到的,就是要透过熔铸了"古代伟大诗人的所有的心灵、智慧、品格、襟抱和修养"的作品,"使这些诗人的生命心魂,得到又一次再现的机会。而且在这个再生的活动中,将会带有一种强大的感发作用,使我们这些讲者与听者或作者与读者,都得到一种生生不已的力量。"(《红蕖留梦:叶嘉莹谈诗忆往》)

五

语文课应该通过关心课程来关心"人",语文课应该关心教师这个"人"和学生这个"人"。语文教师不仅是在上课,不仅是在按部就班、胸有成竹地完成一件工作,他的课堂更应该首先是教师的精神之旅,然后我们便能期待并将其建设为师生共同的精神家园。

在课堂设计中,我们一直习惯关注"技"而不太重视"人"。长期以来,我们一直将学生的精彩单纯安置建立在精妙完美的课堂设计上。我们教师对于课堂成功的追求,一直沉浸在对"技"的研究与探求中。一个优秀的语文老师就是课堂设计大师。其实，在学生面前显现绽放一个真实的人、一个有感受力的人、一个能流泪的人、一个生命跳荡奔涌的本真的人、一个不断思考的人，对于学生的影响与建设将起到更为深刻和巨大的效力与作用。我们对于学生，不能仅仅将他们当做工作对象，冷静娴熟地运用"技"、把握"技"、实现"技"、创造"技"。我们的课堂，不能总是期待这样的状况：教师按时上课，铃声一响，准时下课，不多一言，不少一语，处处恰到好处。我们的教师犹如一台精巧的机器，在课堂的把握与驾驭上完美无缺。学生是活生生的人，教师也是活生生的人，人与人之间，不仅需要"技"，更需要面对、真实、坦诚、热情、生命力的发扬。真正的语文教师，不应该仅仅是上语文课技能、技巧、设计之大师，他更应该展现给学生的是：一个很语文的人，一个真实的人，一个有血肉有热爱有文化有教养有思想有灵魂的人，一个敢哭敢笑敢打敢拼敢爱敢恨的人！

语文课是关涉"人"的课，教育的核心魅力在于提升人与改变人。只有"人"才能激发"人"，只有"人"才能真正教育"人"，只有"人"才能培养"人"，以人育人，是教育上很重要的一条规律。"人"的魅力是无穷的！

在课堂上，探讨究竟该选择屈原与渔父哪条路的时候，一个同学坐在座位上，高声喊出了第四条路——改革之路。这说明虽经短短的一节课，学生的思路被激活了。这是一个富于创造的真正关乎中国未来与前途的精彩生成。它完全出乎我的预设，在课上我为她鞠躬致意，我为该生大声叫好！语文课，不仅是知识课，更不仅仅是学生阅读与写作的技能技巧课。语文课，该当生成思想，撞出人格。我们的语文课，该把"人"培养出来，这个"人"不仅是技能技巧的，更是精神的、创造的。叶圣陶先生关于教育有一句十分中肯的话：教育，就是培养彼此欣赏的人！教师的平淡平庸、无活力无热情、无创造无思想，是别里科夫式的无形的套子，是威压辖制学生创造力、爆发力、生命力最可怕的力量，是对学生真正的漠视。我们该从乌克兰来，我们该是柯瓦连科姐弟。面对真正的高山，有哪个正常的人生出的是沉沦与低迷？黄山秀拔出尘，气象万千，鲫鱼背惊险万状，一线天险峻异常，故而登山争睹其丽者万万千千，自古不绝。现如今，索道前，烈日下，排队长龙，万头攒动，辗辗转转，汗下如雨，苦不堪言，却少有因此而放弃者，奈何？登山，不就是欲与其壮丽雄健进行一场摆脱俗气的对话吗？如何炼成学生的精彩，道路绝不仅仅只有一条。好教师就是好教育！

忽视并进而想摆脱教师素养来谈教学改革与教育质量的提升，到头来恐怕只能变成一厢情愿的空洞梦想。"人"就是"事"，想有"事"，先养"人"。所有的著名战例，都是名将的个性使然，都无法复制。所有的好课，都是教师的个性使然，是课堂与学生的生成使然，也都无法复制。教育的智慧是撞出来的，不是复制出来的。

　　从知识、能力中再一次地超越飞升出来，把握并在意那个重要的"人"字，是我对语文课虔诚的期待。

　　那个清凉的夏日，骄阳如火！

今日甄嬛来上课

——兼议我们该如何上好开学第一课

一

今天要上新学期的开学第一课。一早起来备课，眼看着快9点了，换衣服，准备出发到学校。

电视里正在演《甄嬛传》。我其实没有好好看过《甄嬛传》，但我认识孙俪。荧屏上的孙俪身着清代宫廷妃嫔的服装，用很别样的腔调说话：我想那一定是《甄嬛传》了。果然，"孙俪"在向一个身份地位明显在她之上的人（看到后来我才明白，甄嬛对着说话的人是皇后）禀陈着什么，话语里有几句特别熟悉的句子一下子传入我的耳朵，我不由得凝神关注起来。只见屏幕上甄嬛对皇后说："月明星稀，乌鹊南飞。绕树三匝……如今在这宫中，我终于找到了参天大树，有枝可依了。"皇后听罢，威严而又不失温和地答道："其实这后宫里头啊，从来就只有一棵树，只是乱花渐欲迷人眼罢了。只要你看得清哪棵是树、哪朵是花就好了!"

衣服已然换好。时间不允许了,整装出发。

二

走在途中,《甄嬛传》中的这个细节,一次又一次地盘旋于脑际,让我不觉想了下去。

语文课之所以是一门独立的学科,作为母语的中国人仍然要学习多年,很重要的一个原因是,语文课旨在提升学生更高级也更自觉的语言素养,要让孩子们渐渐感受到汉语运用之妙。语言可平铺直叙,自然亦可以婉曲含蓄;可朴素简洁,自然亦可以华丽铺陈;可开门见山,自然亦可以云蒸霞蔚……汉语,作为我们的母语,绝非仅仅满足于我们日常生活中基本的"够用"就可以了。当然,何为"够用",每个人的标准也不一样。是仅仅简陋地满足于日常生活中吃喝拉撒、衣食住行的基本交际与表述就叫够用呢,还是要求我们的表达——即便是口语——也力求简练一些、准确一些、优美一些?

口语是书面语的基础,口语表达的冗杂与简陋一定会影响到孩子们的书面表达。口语里自然也有语言杰出的创造与运用的精华,但如若我们缺乏对优质语言必要的敏感,即便是我们听到什么,也会全然无意,自然对提升我们自身的语言素养影响寥寥。我带高三多年,现实中有一个沉痛的事实不得不说。

时至高三，我们相当多的学生的书面表述依然直觉式地停留在自我日常口语表述的基础之上，停留在平常怎么说书面语就怎么写的状况中，看不到高中三年以来乃至更长久的一段时间内语文学习对语言发展的有效影响。在这样一种原生的状况中，我们一般人日常口语的种种粗糙与芜杂便自然而然地出现在学生的考卷上。因为语言表述的问题造成学生减分，是制约学生语文成绩提升最大的障碍之一。在语文课里帮助学生渐渐地认识到汉语运用之精到巧妙，认识到要想让更多的人知道并理解丰富的情感与卓越的思想，就不能不关注自我语言表达的状况，这都是语文学习的重要价值。一个中国人仅仅依靠日常直觉的"习惯"去运用汉语，显然是不够的。这样的一种母语表达状态，会犹如瓶颈一般制约学生今后迅猛而巨大的发展。在现代生活中，不能忽视语言素养对一个人发展所起到的重要作用。语言，其实是一个人重要的"出海口"，没有"出海口"的人，其单调贫乏与封闭保守自然是难免的，当然，更是"不自由"的。

可惜的是，我们不少的学生一直没有上述这样一些认识。这当然与我们语文教育的现状有关。我们简单狭隘地贴近分数，做了现实的奴隶，结果将许多重要的内容都忽视省略了。这种状况造成学生对语文最大的一个误解便是：在日常生活里，所有的中国话我都听得懂，为什么一到阅读的文章里，说话的内容与方式都是那么地别扭古怪与不可理喻？（造成这种状况，有考试命题方面的问题，其实也有学生自身发展状况方面的问题。我们不能将所有的"不和谐"都一股脑归于考试命题。）模拟学生心态时发现，我们一些学生常有这样的想法：听说有这样一句话，叫——"生命不能承受之轻"，这简直就不像人在说话嘛！你说我累了，我困了，我 out 了，甚至你说我也是醉了……这些我都懂！什么叫"生命不能承受之轻"？阅读，不就是没事找事吗？

以我当老师的经验看，口头心里持这种想法的学生其实并不在少数，即便是在我们所谓的好学校里。中国式好学生大多数都表现在数理化及外语的学习上。如果我们因为自身一时的局限不能与阅读的丰富与深广很好地对接，不能不算是一件憾事。这样的事如若不能很好地解决，语文便会成为十分空洞乏味的一门学科。认同阅读的丰富与深广，从认同语言表达的多样性开始入手是很重要的。

近来在一次全国教研员的会议上，有老师反映说，学生除了文言文听一听外，其余一概觉得无用。我在不少学生的口中也听到了类似的表达。语文课，除去我们司空见惯的那些实用功能外（诸如学不好语文你将来工作后怎样写总结呢？等等），对一个当下的"人"，到底还有什么用？

这其实就是我在骑车去学校的路上心头的波涌与起伏。《甄嬛传》是当时的热播节目，为许多学生所熟悉，以《甄嬛传》为契机，让甄嬛来上第一节语文课，借此和学生真挚沟通，促成学生一点点形成新的学科理解，产生新的学科判断，是师生课堂对话中很重要的内容。所谓第一课的核心要义，就在于上过之后，学生们愿意以新的生命姿态投入到今后的语文学习中去，就是让我们都感觉到今后师生在一起相处可能是一件越来越有意思的事情。

三

上课了，我临时调整了原先的方案，和学生谈及刚刚看的《甄嬛传》。当时《甄嬛传》热播不久，学生们听到后，脸上立刻显出惊讶而有趣的神情，不少学生眼睛、眉毛都生动起来。我看学生已"入我彀中"，于是便"蓄谋已久"地准备向学生讲述我刚才看到的那个片段。

在讲到甄嬛援引诗句向皇后坦陈心迹时，我说，大家注意啦，甄嬛可是这么表述的，小主说："月明星稀，乌鹊南飞，绕树三匝……"这几句诗因为读习惯了，先开始自己并未觉察出来。读着读着，才发现腔调口吻与甄嬛说话的情景与身份全然不对，口气里竟然自觉地换作了曹操"酾酒临江，横槊赋诗"的气势了。我自己也觉得这真是好玩而神奇。学生听着，先是一愣，随即叽叽喳喳，接着像是突然明白了什么似的，随后都笑出声来。待学生的笑声稍止，我赶忙解释说，习惯了，习惯了，看来曹操对我影响太深了，意识里根本不觉得，顺着语势就滑下来，完全是自然而然的。要是甄嬛用此等语气向皇后表述的话，我想恐怕后果不堪设想：这到底是"归顺"呢，还是示威？说完，我按照曹操的语气又读了一遍，再请学生按照小主的语气读。此时，学生已经笑得前仰后合了。我见时机已经成熟，接着对学生讲道，即便是在日常生活中，语言的样式和风格也是多样的。不同的人，不同的场景，不同的需要，造成了语言千差万别的表达。我们学习语文，应该渐渐体味感受到语言的丰富与多样，不应该要求所有的人都按照自己的习惯去表达，不能与自我日常表达习惯不一致，便觉得人家有毛病。大家知道，语言表达是门艺术，作家的语言风格与表述习惯不同，才能各成一派，自领风骚。就是在日常生活中，由于场景、目的、听众、表述者的学识修养等不同，口头语言的表达状态也是千差万别的。你看人家小主和皇后就是这样表述的。即便是自己，随着情境不同也会产生表达的差异性。语文学习，一件很有趣的事便是欣赏语言运用之巧之妙，从而提升自我语言素养；就是通过语言去认知人物，在纷繁丰富的人物画廊中，感受"人"的高贵与局限，感受"人"的突破与困窘，感受"人"的伟大与狭隘，感受人的奋争与怅惘……语文，是一门帮助我们认识"人"、建设"人"的独特课程。如若按照我们有的同学的习惯，甄嬛和皇后的这段表述简直就不是人话。她们似乎应该这样说：

甄嬛：今天我知道这后官的老大到底是谁了！今后我就跟定你老大了！

皇后：分不清老大与小弟，你还想在这后官里混?!后官老大原本便只有我一个，希望你今后把这点搞清楚！

话还未说完，学生在下面已经笑倒一片。

我继续讲："月明星稀"与"乱花渐欲迷人眼"在这样的一段表述中，都具有了临时的意义，与原诗的意思已经完全不同了。读懂，是阅读很基础其实也很重要的一个方面。面对一段文字，人与人的阅读状况与阅读层次是有差异的，如若想了解一个人真实的阅读状况，就需要做一些测试。有的人自以为的"懂"，可能是完全的"不懂"或只是部分的"懂"。比如，甄嬛引述了曹操《短歌行》中的诗句，作者是否借此暗示甄嬛将来会有"一统六宫"的命运？（学生笑）甄嬛是否借助曹操的诗句，暗示皇后自己可不是好欺负的？（学生笑）甄嬛能够背诵曹操的诗句，她是不是想借机告诉皇后自己的语文很好，而语文好的人是很有发展前途的？（学生笑）而皇后也背诵出了诗句，皇后是不是想说我的语文也不差，谁怕谁呀！（学生笑）……在百度里，还真有人问甄嬛与皇后的这些对话到底是什么意思。看来这些都是问题啊！例如针对这两句话，我们是不是可以问：

（1）"月明星稀"与"乱花渐欲迷人眼"在原诗中是什么意思？在上述的表述中又是什么意思？

（2）从中你获得了学习语言的哪些重要体会？

（3）透过语言，你体察到了怎样的人物？针对这样的
对话，并联系《甄嬛传》中相关的情节，谈谈你对语言背
后形成的这样一种人际关系与人生处境的理解。

关注别人的语言表述，是提升自我语言素养很重要的一部
分。有人认为好的表达就是不断叠加形容词，有人认为好的表
述一定是那种朦朦胧胧、飘飘忽忽的话，还有人认为好的表述
一定要用文言文，要用一些很古奥的词语……看来有关语言素
养的问题不是小问题。提升与改变语言素养，很重要的一方面
就是从关注在意开始。我们要关注在意名家的语言，要关注在
意我们所能遇到的一切有意思的表达，多品味，多体会。我们
的语言发展，不能总是停留在一种自然与无意识的状态中。

四

我接着说道，刚才在讲述《甄嬛传》情节的时候，我还获
得了一个完全意想不到的收获。放开声音诵读，对于人内在精
神与气质的养成是多么重要啊！我本来是想和大家讲甄嬛的，
可是一出口——开始的时候连我自己都完全没有意识到——怎
么一下子读成了横绝苍莽的曹操呢？（学生笑）

有一次，记得时任北京四中副校长的谭小青老师（化学教

师)曾经郑重地问过我一个问题。他说,连老师,你说测试学生的时候,让学生诵读一段有无必要?我听后非常激动地对他说,很有必要!只有放声去读,写作者于文字中寄寓的思考与情感,甚至是潜在的意识与细小的情感的涓流,才能通过我们的声腔与语气,立体完整地传达出来。读,就是让作者笔下的一个个字重新复活起来,站立起来,重新在我们的帮助下将作者写作时很内在的沉淀下来的那些"东西"再度显现出来!在这个过程中,诵读者与写作者可以达到最充分的沟通与融合。在这样的沟通与融合中,我们读者会发生许多重要的相应变化,由此,我们会遇到更好的自己。我们不断成长,才有可能读懂更高级的作品。我们完全可以坚信一点:如若读者内部世界里没有的内容,那么面对一部作品,他就一定无法将其读出来。读者与写作者相应配套才好。举个通俗易懂的例子,我们一定相信阿 Q 既读不出李白的《将进酒》,也读不出朱自清的《荷塘月色》。(学生笑)读诗也好,读其他作品也好,读,就是一个渐渐诞生与塑造的过程。在我读"乌鹊南飞"的时候,大家都听到了,我其实早就被曹操一点点一次次塑造过了。不要小看语言流,那是一条河呀!一旦浸润其间,时间久了,就会从心底长出些碧绿碧绿的东西。

如果我们注重诵读,那么伟大作品中的许多重要的内涵,便会渐渐走进我们的心里。雕塑生命很重要的一方面便是雕塑我们的气质与觉解。读,诵读,诵读优秀的作品,我们最重要的那个部分都在发生改变，有些改变甚至会影响一生！这是甄嬛今天给我们上课带来的意想不到的收获。

五

甄嬛今日来上课，有一点忧虑和担心也想和大家说说。我一直觉得，电影和电视剧是成年人最重要的学校。在影视剧当中，有些作品会影响一代人，甚至是几代人，会成为一代人今后大家共同的记忆。在一个故事的流动起伏中，会给人许多潜移默化的深入影响，这些影响重大且深入，有些我们自己常常一时并不完全知晓。

我曾经查找过《甄嬛传》的故事梗概，不知对不对，向同学们讨教。在"百度百科"上是这样说的：该剧讲述甄嬛从一个不谙世事的单纯少女成长为一个善于权谋的深宫妇人的故事。从这个简介上看，甄嬛的成长有点类似慈禧太后。慈禧太后就是由一个不谙世事的单纯少女成长为一个善于权谋的深宫妇人的。（学生笑）慈禧太后能够统治中国长达半个世纪之久，权谋不可谓不老到。顾命八大臣、恭亲王奕䜣、维新派等一批批政治人物都被她弄得滚鞍落马，她操纵大权，越来越得心应手，直到最后唯我独尊，国家权柄牢牢掌控在她一个人的手中。读这段历史，令中国人痛心疾首的是，慈禧对权谋熟悉，但她对当时整个的"世界"却是相当地不熟悉。以她运用得炉火纯青的权谋之术，何以应对得了日新月异、均已完成了近现代国家转型的虎视眈眈的列强！这是慈禧的可怜可悲，也是中国人的可怜可悲。一个在宫斗与权谋中成长起来的妇人，何以应对广阔且对她而言深度隔膜的——世界！

今日，同学们应该将眼光放出去。在过去近五百年的时间里，世界发生了最为重大的变化，在这场人类历史上最巨大的变革中，我们古老的国家却大大落后了。历史给一个民族发展的机遇不会很多，在国家民族图强的过程中，并非都可以获得成功。有的国家在一度的高速发展之后，一蹶不振。如果我们的同学在生命最宝贵的阶段，在精力充沛、需要高速发展的时候，将自己的观赏乐趣仅仅锁定在甄嬛身上，并由此还总结出职场与人生的某些经验，这恐怕是一种遗憾了。世界很大，还有很多我们陌生、甚至完全无知的东西需要我们去理解。中国未来的发展，不应该也绝不会诞生在甄嬛的发展经验里。为国家和民族赢得世界的话语权，为人类的发展做出自我的贡献，这些都要求我们从我们熟悉的、由熟悉而感觉亲切有用的那些内容里奋勇摆脱出来。

我们似乎也可以看出来，在强权之下，甄嬛和皇后的那些对话，哪里会有人个体的价值与尊严！在深宫里，最让人羡慕的智慧便是站队的智慧了。借用端妃娘娘的一句话："宫里呀，没有恩宠便不能存活。"如若人人都处在这里面的危困、都只是诞生这里面的智慧，想来怎让人不寒而栗。

语文课是养成见识的课，而见识是生命觉醒的第一要务，这也是甄嬛告诉我们的。在这个意义上说，语文课，了不起！

六

引导学生对学科的本质形成一点点深入的认识，这是激发学生学科兴趣最有效的方法之一。兴趣，并不一定总是诞生在小兔小马与团团围坐里，人更深厚、更稳定的兴趣，往往诞生在他的"认识"里。

我们通常所谓的师生相处的过程，其实就是师生一同成为伙伴对学科内涵与本质形成更深层、更内在认识的过程。在这一过程中，师生彼此都获得了重要的学科成长，甚至是学科突破。所谓学习，所谓备考，所谓高分，就是不断更新学科认识的过程，就是不断向学科更本质、更内在的学科意义挺近的过程。这并非好大喜功的虚言，一试便知。

当然，在这个过程中，优秀的教师同时也推动了学生更重要的"人"的发展，这其中的道理很简单，因为所有的学科都活在一个"人"里，都必须有助于"人"真实意义上的发展。

开学的第一节课，抛却"注意听讲""手背后"等常规的上法之外，其实还有许多空间。我建议将老师生命里真实体悟到的学科意义与价值，想方设法地去和孩子们交流。这是目前我认为最应该上的开学第一课。

从容调度　摇曳生姿

——《鸿门宴》的叙事手段与写人特色

　　《鸿门宴》在叙事上最大的一个特点便是张弛有致、舒缓有法，将叙事的节奏把握得恰到好处。本来刘邦入关破秦就已使项羽积怨在心，曹无伤的一席话又印证了他的想法，这不觉使他怒从心头起，范增的一番分析更如火上浇油，无疑进一步坚定了他攻击的决心。文章一开卷，便是一段灼热急岌的文字，处处蒸腾蔓延着项王熊熊的怒焰，一场你死我活的决战仿佛已在所难免，让读者的心如箭在弦上，呈必发之势。不想平地生出一个季父项梁，他不仅是项王之至亲，熟知楚军内情，而且与刘邦重要的谋臣张良关系至厚，经过张良与刘邦营谋策划，一场大战变为"旦日来谢项王"，整个事件由急至缓，由湍急高峻的峡谷流向了开阔平缓的原野。鸿门宴上表面相坐对饮，尽弃前嫌，实则杀机四伏，一触即发。双方人物除去项羽外，都在积极地运作筹划，使尽心机，以表面的从容舒缓、平易和谐极写内心的紧张不安、躁动焦急。直至樊哙闯帐，外表上看似横空出世、突兀紧张、对抗激烈，实则双方内心深处又已趋向缓和，刘邦、张良深深地吐出一口气，生命终于暂时得以保全，而范增眼见时机稍纵即逝，不得不暂时放弃，再寻他计。此段以缓写急，以急写缓，叙事的节奏与人物内心的节奏把握得恰到好处，扣人心弦，摇荡心旌，终不肯让读者轻舒一口气。刘邦席间如厕逃跑，情节又起波澜，使人不觉想起樊哙解救的也终不过是一时一地，龙潭虎穴不离，性命终是置于刀俎之上，然而"逃"得掉吗？"逃"会不会让项羽重新产生怀疑，重起攻伐之心呢？团团的迷雾，重重的猜疑，摄住人心，锁定全篇，不想萦回曲折紧人心处，却被项羽"置之坐上"的这个极其简单的行为一"受"解之。读者于此时顿生千般感叹，后又以"立诛杀曹无伤"一语刹住，纷繁芜杂、疑窦丛生处却以简单明朗、只言片语写之。

综观全篇，原本无事却以急发写之；紧张忧虑、焦灼不安却以舒缓从容写之；复杂文字偏用简单写之。太史公叙事手法，不可不令人为之一叹。

在曲折多姿、摇曳百态的情节叙写中，人物的个性特征得到了淋漓尽致的展现——项王的急躁轻率、胸无城府、憨快爽直、沽名好誉，刘邦的处事不惊、从容应对、狡黠权变、老练圆滑，包括次要人物范增的谋失之于急、张良的智得之于全，项庄有勇而少辩、只知一味执行，樊哙爽直却有心、关键处亦能机变，曹无伤虽死却死得清清楚楚，项伯虽活却活得迷迷糊糊，这些细微的差别都得到了充分的表现。

人物称谓巧转换，于细密处见功夫

——浅析《氓》塑造人物、摹写心理上的一种艺术特色

　　《氓》可以算得上是我国最早的一首叙事诗，此诗产生的年代虽早，可是无论在叙事的技巧上还是在塑造人物、摹写心理上，都有其独到的艺术成就。

氓

　　氓之蚩蚩，抱布贸丝。匪来贸丝，来即我谋。送子涉淇，至于顿丘。匪我愆期，子无良媒。将子无怒，秋以为期。

　　乘彼垝垣，以望复关。不见复关，泣涕涟涟。既见复关，载笑载言。尔卜尔筮，体无咎言。以尔车来，以我贿迁。

　　桑之未落，其叶沃若。于嗟鸠兮，无食桑葚！于嗟女兮，无与士耽！士之耽兮，犹可说也。女之耽兮，不可说也。

　　桑之落矣，其黄而陨。自我徂尔，三岁食贫。淇水汤

汤，渐车帷裳。女也不爽，士贰其行。士也罔极，二三
其德。

　　三岁为妇，靡室劳矣；夙兴夜寐，靡有朝矣。言既遂
矣，至于暴矣。兄弟不知，咥其笑矣。静言思之，躬自
悼矣。

　　及尔偕老，老使我怨。淇则有岸，隰则有泮。总角之
宴，言笑晏晏。信誓旦旦，不思其反。反是不思，亦已
焉哉！

有心的读者不难发现，同样是对那个负心的男子，诗人在
诗篇中却先后使用了"氓""子""尔""士"四种完全不同的
称谓。为什么要进行这样的变化？这样的变化对塑造人物性
格、摹写人物心理具有怎样的作用？在诗的第五节中，"言既
遂矣，至于暴矣"，诗人是可以让女主人公用一种称谓称呼那
个负心的男子的，为什么诗人没有安排她这样做，这反映了女
主人公怎样的心境？

"氓""子""尔""士"四种称谓，实际上代表着女主人公
对爱情的一段完整的心路历程。

"氓"是个一般性的称呼，词语本身也并没有附着过多的
感情色彩，这可以看出在"抱布贸丝"之前，女主人公对这个
男子情感上还是陌生的（这一点与那个男子不同，那个男子则
是"蓄谋已久"），但从这个称呼上却充分反映出女主人公对这

个男子非常重要的那种初步印象——那便是老实忠厚、可靠、可信赖。这种印象实际上是女主人公对这个男子产生好感乃至后来产生爱情的一个重要情感基础。一个"氓"字为全篇的展开准备了条件，烘托了气氛。

"子"用在"氓"之后，是对人较客气、较敬重的一种称呼。虽然此时男女已然私订了终身，爱情的蓓蕾已然绽放，但由于"子无良媒"，双方还没有将婚事以正式的形式完全确定下来，所以女主人公采用了这种较客气的称呼，表现出女主人公自重谨慎的性格特征。同时，一个"子"字，也反映了此时女主人公对这个男子由敬而爱、由爱而敬的那种纯挚感情。女主人公这时已对他真挚勇敢的性格产生了深深的爱意，在她死水一般的生活中，她甚至感觉到了自己的勇敢，她定会觉得自己在做有生以来最冒险、最富挑战性的一件事情。她已深深陶醉、折服、沉湎于他执着、热烈的爱情中。为了爱情，他不惜路长水远，不惜"曲"尽心意，不惜绞尽脑汁，不惜周密计划，甚至于不惜为了追求心爱的人而冒天下之大不韪（在媒妁之言的时代，一个男子这样的追求行为是异常大胆的），这些既细腻又丰富的情感都是通过这个"子"字的称谓来传达的。

"尔"是一个较随便、较亲密的称呼。经过相思后的再见，他们之间的关系与情感已经十分密切了。这时女主人公完全沉浸在相聚的巨大快乐中，完全沉浸在"体无咎言"的婚事的顺当便利之中。眼前这个为之"泣涕涟涟"和"载笑载言"的男子即将成为自己的丈夫，脑子里充满了这个男子的形象。两个"尔"的连用将那种和谐的亲密、顺当的喜悦全然托出。

"士"与"氓"虽然都是对男子一般性的称呼，但其感情色彩却是不同的。与"氓"相比，"士"在诗中更多的含有"聪明"、不老实、油滑、善变等意味。在这里我们还应该看到，诗人在这里为女主人公择取了这个"士"字，是有其匠心的："士"，实际上是女主人公恨极之语，她将对一个负心郎的怒气与怨恨迁移到这个男子身上，足见她在整个婚变的过程中情感所遭受的痛苦与折磨。

还应该注意的是，在诗篇第五节中，"言既遂矣，至于暴矣"，女主人公在这里完全可以用一种称呼称代那个男子，然而她却没有。应该说在这句中，这位遭遗弃的妇人是故意将主语省略了。我们观察一下这句所处的语言环境，不难发现这一整节抒写的都是"她"回到娘家后对往昔岁月与自身的感伤，"她"想到自己多年来"夙兴夜寐"勤苦的劳作才使这个家逐渐好转起来（过去是"三岁食贫"），想到这个男子一旦达到自己的目的便负心背义甚至虐待践踏自己，"她"便有意识地、刻意地、痛苦地不想再提到他。"言既遂矣，至于暴矣"这个无主句实际上真切地传递出这位女子遭弃后内心的感伤与痛苦。

在诗篇的第六节中，对那个负心男子，女主人公再次使用了"尔"。这位遭遗弃的妇人既勤劳善良，又柔中有刚。在这一节中她已决定与那个自食其言、负心忘本的人一刀两断，已然从上一节的感伤与痛苦中部分地解脱了出来，所以她果决坚定地使用了"尔"，明确了专指的对象。她不再畏惧心灵当中的这块揪心的区域。另外，此时在这个"尔"中也包含着这位妇人对那位男子极为复杂的感情。"及尔偕老"，这位虚伪薄幸的男子当初说过的许多诸如"白头偕老"之类的甜言蜜语，现在都到哪里去了？再与他生活下去，"我"的痛苦会更深，不能再这样下去了，不能了啊！对往昔痛苦艰辛生活的怅怨，对自身当初轻率行为的悔恨，对幸福甜蜜的初婚生活的向往与追忆，对这个曾让自己为之流泪为之欢笑如今却变得如此丑恶忘本的人的恨怨悔怒，所有这一切都凝聚在对"尔"的一声叩念中了。

综上所述，几个人物称谓巧妙的转换与届时的使用，在整首诗作当中起到了重要作用：不仅充分而真切地描述了女主人公所走过的感情历程，同时也直接或间接地刻画出"我"的善良真挚、勤劳刚强与"氓"虚伪薄幸、负心忘本的性格特征。

掌握规律，化难为易

——谈谈古典诗歌鉴赏的两则方法

古典诗歌鉴赏不仅是我们日常教学的一项重要内容，而且一直是高考试卷中难度较大的试题之一。教给学生一些鉴赏古典诗歌的简单而实用的方法，让他们进入多姿多彩、神奇瑰丽的艺术世界，在高三的复习考试中，成功有效地获取分数，无疑是我们教学与备考中的一项重要任务。下面我就介绍两种较基本、较实用的古典诗歌鉴赏方法。

探求诗句语序间奇巧的位置关系

诗句是诗人潜心安排的语言与情感的自然序列。有的时候，诗人有意利用诗句语序间奇巧的位置关系构筑诗意，给读者留下广阔的想象空间，产生咂摸不尽的诗意效果。如《梦游天姥吟留别》中"一夜飞度镜湖月"一句，"镜湖"与"月"两个名词性的结构放在了一起，是谁修饰谁，是谁限定谁呢？二者究竟构成了怎样一种逻辑关系？在这样的探求中，诗意便会喷涌而出,诗情四溅。"镜"与"月"的关系简单,是修饰与被修饰的关系。"镜湖"让我们不觉想到如镜之湖,千里湖光,水波不兴。而"镜湖""月"恐怕便是一种互为修饰的关系了,"镜湖"如月,月如"镜湖";湖中有月,月中有湖,不知何为月,亦不知何为湖;湖光月色,银光万里,天地之间,交映生辉。生在此间,真不知是人还是仙,何况现在还是"飞度"呢?诗仙天马行空般的想象、瑰丽神奇的艺术境界在此可见一斑。又如"半壁见海日"一句,何为"海日"呢?对于这一句依然可以利用此种方法进入太白为我们创设的神仙世界。如果侧重在美,可以想象出这样几种图景:(1)日在海中,那般圆润,犹如一块红色的玉;太阳亮晶晶的红光透过海照射出来,辉煌却不刺眼,正是奇景,故称海日。(2)日从海中升起,犹带海之波光水影,故称为海日。(3)海中涵日,日中映海,天光水影,交相辉映,不知何处为海、何处为日,故称为海日……如果偏重在奇,可以想象出:(1)那日中竟有一片海,在那辉煌的红光中似乎还翻卷着波涛。(2)原本无日,海如日,散射着日般辉煌的光芒。(3)原本无海,日如海,日表似有海般壮阔的波涛翻卷……《梦游天姥吟留别》是李白诗中的名篇,一向以行于天外的想象和瑰丽奇伟的艺术境界著称于世。通过探求诗句语序间奇巧的位置关系,就像给了学生一把钥匙,这样一个艺术世界的大门就为他们开启了。

抓住关键性的词语牵引想象

在一首诗词中，最具神采、最能牵引想象的往往是当中的动词，一个恰当、形象、准确、浮雕的动词往往可以改变整个一首诗词的面貌，如"鬓云欲度香腮雪"一句中的"度"字就极具联想性。你看那如云似锦的秀发是多么地柔顺飘逸，随着女主人头部轻轻一动，那秀发竟荡过去，荡过去，渐渐地将如雪的香腮遮隐，遮隐……然后它又轻轻地荡回去，荡回去，在这一遮一显中，在这荡过荡回中，女主人愈见妩媚与婀娜了，她的美简直似诗如画，她简直就是一件精巧的艺术品。一个"度"字就是一个按钮，只要你轻轻的点击它，它就会为你幻化出美妙非凡、连绵不断的形象来。

再如毛泽东词《沁园春·长沙》最后几句：

曾记否

到中流击水

浪遏飞舟

"击"（不是"游"，"游"有闲散悠然的意味，"击"则是一种全力的搏击与付出）与"遏"是两个充满力度的关键性词

语，吟咏这三句，我们不难感觉到一股强劲健硕的力量从纸底
迸裂而出，扑面而来。这种力量不仅是来自身体的，更是来自
精神的。"中""浪""飞"在句中起到了积极的助势作用，它
们如骏马蹄下的疾风、峰峦腰间的云雾，将"击""遏"推至
极致与峰巅，用最为充分的形式将它们表现了出来。有了这样
一幅特写镜头，书生意气、风华正茂的少年才情图便似画龙点
睛，破壁而出了。

此外还可抓住其他词性的关键性词语进行想象：

恰同学少年
・

风华正茂
・

书生意气
・

挥斥方遒
・

如果我们仔细考研一下其中的"恰""正""方"三个副
词，不难发现它们都有一种相同的品质，即在时间上有一种巧
夺天工的安排，在力量上是一种倾力的灌注，在心态上则正是
人生抛物线上的那个最高点。这不禁又使人想到李后主《望江
南》中"多少恨，昨夜梦魂中。还似旧时游上苑，车如流水马
如龙，花月正春风"中的那个"正"，一个"正"字写活了后
主在时间上、力量上、心态上曲尽幽微、纤纤毫毫的感觉，与
主席词中的"恰""正""方"三字真谓异曲同工之妙，主席用

这三个字极写了年华之美。

古典诗歌中一言一行俱有情，能够发现并欣赏语序之间奇巧的位置关系，能抓住关键性的词语从而激活牵引出丰富的想象，就一定能够引发诗歌当中潜在的生命系统。而准确激活、把握住诗歌当中潜在的生命系统，正是我们诗歌教学中的关键。

如何才能读懂现代诗

现代诗比古诗更难懂，恐怕许多人都会赞成我的这一观点。当然这其中的原因可能大致来源于两方面：一方面是现代人缺乏古人幽远深厚的情感，做事往往讲求速成，徒然注重诗歌的技巧，致使"象"隔，当然别人看不懂；另一方面，现代诗技法更加多变，意象更加繁盛，这便也造成了我们不易读懂。对于感情贫乏不想让读者读懂的坏诗，我们采取的最好办法便是不去读它，不理它，它拿我们自然也毫无办法。对于在表达方式、表现手法上我们不太熟悉与习惯的现代诗，为了读懂它，我们则需想些方法。对现代诗歌鉴赏能力的考查，已经纳入高考的考查范围之中，教给学生一些必要的现代诗阅读方法，是我们诗歌教学中又一项重要任务与职责。

要对这一问题有所了解，首先我们要看一下《毛诗·大序》当中的一段话，它是这样为诗下定义的：

> 诗者，志之所之也。在心为志，发言为诗。情动于中而形于言，言之不足，故嗟叹之；嗟叹之不足，故永歌之；永歌之不足，不知手之舞之，足之蹈之也。

　　这段话虽然古朴，却言明了诗歌最本质的一些规律，时代的车轮虽然已经向前滚动了几千年，沧海桑田，世事变迁，然而这个最根本的规律却是不会变化的。它以十分明确的语言告诉我们诗歌的形成过程是"情动于中而形于言"。情感郁结于心，就要通过一定的方式表现出来，当然诗歌不同于其他艺术形式的一个最根本特性，便是它以语言为其最终外化结果。我们读不懂诗，其中很关键的一点就是找不到作者语言的符码与他情感、思想、意识之间那种必然的内在的联系。这种联系断了，我们便读不懂了。所以要想读懂诗歌，很重要的一点就是要明晰诗歌将情感表现出来的那种最普遍、最基本的方式。将诗歌由情感外化为语言千变万化的法门掌握了，纵然语言多么光怪陆离、奇幻诡谲、神通广大、七十二般变化，恐怕也逃不出读者的手掌心。

　　仍然是《毛诗·大序》，它里面还有这样一段话：

　　　　故诗有六义焉，一曰风，二曰赋，三曰比，四曰兴，五曰雅，六曰颂。

　　所谓"义"，便是最关键的要义。我们知道"风，雅，颂"是《诗经》的三大内容，那么"赋，比，兴"是什么呢？有关"赋，比，兴"历来有许多不同的说法，其中笔者以为叶嘉莹先生对"赋，比，兴"的认识最为准确、深刻、明白。她认为"赋，比，兴"其实就是诗歌"情动于中而形于言"的三种表达方式。她说:"所谓'赋'就是自言其事:你要写哪件事,就直接叙述好了。所谓'比'就是以此例彼:用一件事来比喻另一件事情。所谓'兴'是见物起兴,先见到一个外物,然后引起你内心的感发。我个人以为,古人所总结的这三种诗歌写作方法,其实是概括了诗歌写作中'心'与'物'——情感与形象——的三种关系。"① 在比较区别这三种方式之不同时,她认为"赋"是由心及心,"比"是由心及物,"兴"是由物及心。当然这里的"心"就是指诗人内心的情感,无论是"兴"中之"物"还是"比"中之"物",这些"物"都已不纯然是客观现实世界中的"物"了,它已饱浸了作者的思想、意识与情感,实际上这便是我们常说的诗中的"意象"。由于"意象"是饱浸着作者情感的诗中可具体把握的内容,因此对于解读诗篇具有重要的作用。

还有一点需要特别注意的是,由于我们一直过多地强调诗歌中形象的作用,往往对"赋"的作用认识得不够。诗歌的高下好坏关键并不在于形象的有无,这一点我们将在下面对穆旦《赞美》一诗的具体赏析中得到较充分的认识。认识了这几点,对于我们读懂现代诗具有重要意义。因为无论现代诗表现的技法多么繁复与前卫,意象的叠加多么新奇与高妙,甚至于无论

① 叶嘉莹:《汉魏六朝诗讲录·诗歌中形象与情意的关系之一》,19 页,石家庄,河北教育出版社,1997。

它是中国诗还是外国诗，从情感的孕育积蓄到诗歌以文字的形式最终形成，诗人情感的抒发罔不依靠这三种最普遍、最基本的方式。把握住这三种方式，实际上就是寻到了诗人从情感到语言的羊肠小路。

下面我们就以穆旦诗《赞美》为例，进一步说明上面的原理。

穆旦"具有比其他诗人更为突出的现派诗人的气质"①，是的，初读穆旦的这首《赞美》就给我们那种"乱花渐欲迷人眼"的强烈纷繁感，我们许多传统的表达秩序都被他颠倒打乱了。例如开篇："走不尽的山峦的起伏，河流和草原，/数不尽的密密的村庄，鸡鸣和狗吠"，这样的并列方式我们便很不习惯。他与我们熟悉的艾青式的那种"土地感"太不相同了。不仅如此，诗句排荡纵铺，一线延展下去，我们真不知诗人要将我们带到哪里去。

> 走不尽的山峦的起伏，河流和草原，
>
> 数不尽的密密的村庄，鸡鸣和狗吠，
>
> 接连在原是荒凉的亚洲的土地上，
>
> 在野草的茫茫中呼啸着干燥的风，
>
> 在低压的暗云下唱着单调的东流的水，

---

①　程光炜等主编：《中国现代文学史》，333 页，北京，中国人民大学出版社，2000。

　　在忧郁的森林里有无数埋藏的年代。

　　它们静静地和我拥抱:

　　说不尽的故事是说不尽的灾难,沉默的

　　是爱情,是在天空飞翔的鹰群,

　　是干枯的眼睛期待着泉涌的热泪,

　　当不移的灰色的行列在遥远的天际爬行;

　　我有太多的话语,太悠久的感情,

　　我要以荒凉的沙漠,坎坷的小路,骡子车,

　　我要以槽子船,漫山的野花,阴雨的天气,

　　我要以一切拥抱你,你,

　　我到处看见的人民啊,

　　在耻辱里生活的人民,伛偻的人民,

　　我要以带血的手和你们一一拥抱。

　　因为一个民族已经起来。

　　你有千变万化,我有一定之规。如前所述,无论诗人是由物及心还是由心及物,在诗句的具体形式上都离不开"意象",把握住了诗中的意象,实际上就是牢牢把握住了"兴"与"比"这两种方式。还要特别关注诗人直抒胸臆的地方,在这些地方我们往往能够较容易、较便捷地理清诗人情感的联系与脉络,把握住全篇的线索。这便是"赋",即由心到心的那种方式。

　　针对这首《赞美》，我们看到前六行中出现的是这样一些意象："山峦""河流和草原""村庄，鸡鸣和狗吠""风""东流的水""森林"。如此广阔的"土地"意象，再加上"接连在原是荒凉的亚洲的土地上"（言明位置）一句，我们不难知道诗人实际描绘的是整个中华大地的总体特征。这些意象除了广阔浩大的性质之外，我们还注意到诗人是用"在野草的茫茫中呼啸着干燥的"来修饰"风"，用"在低压的暗云下唱着单调的东流的"来修饰"水"，用"无数埋藏的年代""忧郁的"来修饰"森林"，而这一切全都坐落在"荒凉的亚洲的土地上"。在读"森林"这一意象的时候，我们应该特别注意诗人是用"无数埋藏的年代"来修饰它的，这便将时间与空间有效地交织融合在了一起。这片土地不仅是空间的，也是时间的。合并相同的、反复的意思，综合这些意象，我们就会明白诗人在前六行实际上是用如椽巨笔为我们凸显了中华大地既古老又苦难的时空特征。"它们静静地和我拥抱"，读到这一句的时候应该关注到两点：（1）诗人的主观情感与诗中描绘的客观对象（其实，诗中是没有纯客观的对象的）之间要发生亲近的联系了；（2）句中冒号起着明显的提示与标志作用，告诉我们诗人将与什么发生强烈的情感关系（"拥抱"在这里有明显的亲近关注意味）。接下来作者将古老的苦难与现实的艰辛、将思想的飞跃与现实的场景十分紧密地融合在一起，将"现代意识与历史

感组合在'历史扭转的弹道里'这种奇妙的想象之中"①："说
不尽的故事是说不尽的灾难，沉默的/是爱情，是在天空飞翔
的鹰群，/是干枯的眼睛期待着泉涌的热泪"。面对这样一片悠
久、古老、苦难的土地，面对生活在这样土地上的人民，诗人
的情感愈加饱满和凝重："我有太多的话语，太悠久的感情"。
接着诗人对生活在华夏大地上的人民深切的情感随着现实生活
场景的逐渐展开滚滚而至："我要以荒凉的沙漠，坎坷的小路，
骡子车，/我要以槽子船，漫山的野花，阴雨的天气，/我要以
一切拥抱你，你，/我到处看见的人民啊，/在耻辱里生活的人
民，佝偻的人民，/我要以带血的手和你们——拥抱"。

> 一个农夫，他粗糙的身躯移动在田野中，
>
> 他是一个女人的孩子，许多孩子的父亲，
>
> 多少朝代在他的身边升起又降落了
>
> 而把希望和失望压在他身上，
>
> 而他永远无言地跟在犁后旋转，
>
> 翻起同样的泥土溶解过他祖先的，
>
> 是同样的受难的形象凝固在路旁。
>
> 在大路上多少次愉快的歌声流过去了，
>
> 多少次跟来的是临到他的忧患；
>
> 在大路上人们演说，叫嚣，欢快，

---

① 程光炜等主编：《中国现代文学史》，329 页。

> 然而他没有，他只放下了古代的锄头，
>
> 再一次相信名词，融进了大众的爱，
>
> 坚定地，他看着自己融进死亡里，
>
> 而这样的路是无限的悠长的
>
> 而他是不能够流泪的，
>
> 他没有流泪，因为一个民族已经起来。

在第二节，诗人将关注的焦点转移到一个个体上，诗句整体突出的便是"农夫"这一意象。在对"农夫"进行描绘的过程中，我们应该特别留心诗人是如何界定这一意象的。经过这样的关注，我们就会发现穆旦的与众不同之处，他不仅全方位地描述了以"一个农夫"为代表的中国农民陈旧、滞缓、艰辛、沉重、疲惫甚至有些愚昧与麻木的生活方式，更重要的是，他将这种考察放在了中国历史这个更为广阔悠远的时空位置上，这就使他的诗有了更为浑厚、深重、博大的感发内力。"一个农夫，他粗糙的身躯移动在田野中，/他是一个女人的孩子，许多孩子的父亲，/多少朝代在他的身边升起又降落了/而把希望和失望压在他身上，/而他永远无言地跟在犁后旋转……"这样的诗句都是苦难与时空的层叠与交控，这样的苦难经过时空的锤炼与锻打，我们已然看到了从砧板上窜出的道道焦烤的火星。就是这样的苦难的人民，在祖国与民族生死存亡的关头，他"放下了古代的锄头"，毅然决然地走向了抗战

的前方。他们从千年的风尘与灾难中走出，他们从忧患沉重的
家庭重荷中走出，他们从卑微渺小如草芥粪土的自我中走出，
他们从浩瀚辽远的时空中走出，他们本有一千个理由可以流
泪，然而"他是不能够流泪的，/他没有流泪"。

> 在群山的包围里，在蔚蓝的天空下，
> 在春天和秋天经过他家园的时候，
> 在幽深的谷里隐着最含蓄的悲哀：
> 一个老妇期待着孩子，许多孩子期待着
> 饥饿，而又在饥饿里忍耐，
> 在路旁仍是那聚集着黑暗的茅屋，
> 一样的是不可知的恐惧，一样的是
> 大自然中那侵蚀着生活的泥土，
> 而他走去了从不回头诅咒。
> 为了他我要拥抱每一个人，
> 为了他我失去了拥抱的安慰，
> 因为他，我们是不能给以幸福的，
> 痛哭吧，让我们在他的身上痛哭吧，
> 因为一个民族已经起来。

在他走后，他那如残叶般飘零辗转的家庭怎么样了呢？
"在群山的包围里，在蔚蓝的天空下""在幽深的谷里"，这是
写"他"家庭周遭的环境；"在春天和秋天经过他家园的时

候"，这是以春秋来写时间的推移。"一个老妇期待着孩子，许多孩子期待着/饥饿，而又在饥饿里忍耐，/在路旁仍是那聚集着黑暗的茅屋，/一样的是不可知的恐惧，一样的是/大自然中那侵蚀着生活的泥土"。饥饿、贫穷、恐惧、重荷，这每一道都是足以致命的绳索。然而我们的人民，面对战争，在如此深重的苦难下，"悲哀"却是"隐着"的，是"最含蓄的"。这是什么样的人民，其实他们自身就是这片深厚广阔而又苦难忧患的大地！"而他走去了从不回头诅咒"，再次面对这样的人民，诗人的情感如泄洪的潮水一下子扑展开来："为了他我要拥抱每一个人，/为了他我失去了拥抱的安慰，/因为他，我们是不能给以幸福的，/痛哭吧，让我们在他的身上痛哭吧"！

> 一样的是这悠久的年代的风，
> 一样的是从这倾法的屋檐下散开的
> 无尽的呻吟和寒冷，
> 它歌唱在一片枯槁的树顶上，
> 它吹过了荒芜的沼泽，芦苇和虫鸣，
> 一样的是这飞过的乌鸦的声音。
> 当我走过，站在路上踯躅，
> 我踯躅着为了多年耻辱的历史
> 仍在这广大的山河中等待，
> 等待着，我们无言的痛苦是太多了，

　　然而一个民族已经起来，
　　然而一个民族已经起来。

　　诗人在第四节照应开篇一节，再次重申了民族古老而沉重的苦难，然而经过前三节的积蓄聚结，诗人在理性上已愈来愈坚信我们的民族在苦难与忧患中已经真正站了起来，这个民族的伟大与坚忍之处便在于此，苦难与忧患不但没能压倒他们，反而成为了他们的魂魄与骨骼。"然而一个民族已经起来，/然而一个民族已经起来"，与前几节相比，诗人在篇末将这一句反复迭咏，感情更加真挚饱满，信念更加坚定执着，诗篇至此，"一个民族已经起来"的事实已经不容置疑！将前三节末尾诗人直抒胸臆的地方加以联系与比较，我们就不难深深感触到舒张在诗句中诗人那对土地、对人民、对民族汹涌澎湃、深沉厚重的伟大情感，这种情感一直夹裹在对民族苦难生活的历史的回顾与现实的关注中，这种情感一直蓄积在对伟大而坚忍的民族灵魂的礼赞中！诗人题为"赞美"，他就是要为这伟大而坚忍的人民而高歌！他就是要为这伟大而坚忍的民族魂魄而高歌！由此可见，"赋"在诗中的作用是多么重大啊！

　　由以上分析我们不难看出，了解诗歌"赋，比，兴"这三种情感表达的最普遍、最基本方式，并以此入手解读诗篇，确实是一条简捷有效的方法。具体到一首较复杂的作品中，我们可以从以下三个方面思考问题：

（1）诗篇中出现了怎样的意象（有些时候还要考虑这些意象是由诗人的情感牵动而出的，还是为了牵动诗人的情感，即要区分"比"与"兴"的差别），这些意象有何共性，可以进行怎样的归纳与合并？

（2）诗人是如何界定这些意象的，他凸显了这些意象怎样的特征？

（3）要特别关注诗人直抒胸臆的地方，就是诗篇中"赋"之所在。要前后联系诗人抒发情感的方式与内容来把握诗人情感的脉络，要注意思考诗人前后抒发情感的方式与内容有无不同，思考为什么会有这样的变化。

在诗歌的殿堂中，懂与不懂永远是个相对的概念。对中学生而言，掌握一些基本而切实的方法，能够快速有效地把握住诗篇基本的内容与情感，便已经够了。

裁剪妙处非刀尺

——有关现代诗教学的几点想法与实践

诗之特质以及读诗的重要性

[问题]

(1) 诗的特质是什么?

(2) 读诗对中学生重要吗?

朱光潜先生说:

> 诗的境界是理想境界,是从时间与空间中执著一微点而加以永恒化与普遍化。它可以在无数心灵中继续复现,虽复现却不落于陈腐,因为它能够在每一个欣赏者的当时当境的特殊性格与情趣中吸取新鲜生命。诗的境界在刹那中见终古,在微尘中显大千,在有限中寓无限。

朱光潜先生对于诗特质的概括可谓精当,诗正是具有了如此特质,才显现出它的无穷魅力。因此,读诗对于中学生而言真是太重要了。首先,它对于养成学生较为纯正的艺术趣味至关重要。朱光潜先生又说：

> 一切纯文学都要有诗的特质。诗比别类文学较谨严，较纯粹，较精微。如果对于诗没有兴趣，对于小说戏剧散文等等的佳妙处也终不免有些隔膜。

在教学中，如果我们在诗歌上突破不了，在某种意义上说，则可能意味着高中三年文学教育的失败。诗歌教学不仅对学生审美情趣的形成与培养至关重要，而且关乎学生的人生。美学大师宗白华先生写道：

> 生命的树上
> 凋了一枝花
> 谢落在我的怀里，
> 我轻轻地压在心上。
> 她接触了我心中的音乐
> 化成小诗一朵

宗先生的这首诗精妙地阐发了"诗"与"生命"的关系。诗是提纯了的人世，诗是一种自由、一种极致、一种心灵的音乐。爱诗的人，自然也热爱生活、热爱生命。美妙的诗歌会雕塑我们学生的人生情怀与人生之路。

现代诗教学的几点追求以及实践

（一）切实地发挥学生的主体性

[问题]

（1）学生的主体性该如何发挥？

（2）在学生发挥主体性的过程中，教师应做些什么？

第一个"切实"就是要切实地发挥学生的主体性。新课标的一个重要理念就是能够在教学过程中，切实地发挥学生的主体性。学生主体性的发挥，要求我们整节课的设计都要围绕学生的学习过程展开。教师要努力促成学生在课堂上精彩的"生成"。

比如《再别康桥》，诗句优美，感情真挚，诗意淋漓。在课堂上，我们完全可以放开手脚，激发学生内在的情感，启动学生的思维。教师可以这样设计问题：

《再别康桥》有着淋漓饱满的诗意，你认为它的这种诗意在诗中是怎样显现出来的？

此种问题犹如一枚精巧的石子，当它恰到好处地投到全班学生心湖之中的时候，学生情感与思维的涟漪就会迅速地荡出美丽的弧线。学生的着眼点不同，学生的"发现"就会不断，整个课堂便会"异彩纷呈"。在这个过程中，教师一方面要不断启发，促成学生"发现点"的形成，另一方面要不断帮助其他学生修正、完善、提炼、整合回答问题的同学作出的陈述。以"那河畔的金柳/是夕阳中的新娘"一句为例,在教师的点拨与帮助下,学生说此一句之所以具有浓郁的诗意,是因为巧妙地抓住了夕阳下柳树与新娘的相似关系。一方面,媚柳婀娜娉婷的姿态与新娘的娇丽妩媚是相似的;另一方面,临水的金柳与临镜梳妆、精心打扮的新娘是相似的;再一方面,夕阳为媚柳装饰上了热烈端庄、典雅高贵的金色,这与盛装新娘带给人的那种光彩照人的整体感受也是相似的。在此基础上,教师可引导学生进一步关注"金柳"与"青荇"比衬形成的色彩美。学生会调动自己的积累,关注到古诗中的色彩对映之美。如杜甫《绝句》的"两个黄鹂鸣翠柳,一行白鹭上青天"中黄、翠、白、青的对比,以及他的"江碧鸟逾白,山青花欲燃"中碧、白、青、红的对比,王维《田园乐七首·其六》中"桃红复含宿雨,柳绿更带朝烟"的对比,白居易《暮江吟》中"一道残阳铺水中,半江瑟瑟半江红"的对比,《忆江南》中"日出江花红胜火,春来江水绿如蓝"的对比,杜牧《江南春》中"千里莺啼绿映红,水村山郭酒旗风"的对比……诸般妙处,可谓言说不尽。

毋庸赘述,在《再别康桥》的文本中,类似这样的发现有很多处。

学生创作的热望一旦得以实现,课堂的空间便会空前增大,在学生饶有兴味的创造中,学生与课堂的辉煌便形成了。

（二）为学生的学习提供一个切实的"抓手"

[问题]

（1）学生的精彩生成靠的是天分吗？

（2）教师该如何促成学生的精彩生成？

第二个"切实"就是要为学生的学习提供一个切实的"抓手"。学生在课堂中的精彩生成，其实深深得益于教师所做的扎实而细致的工作。在新课程的实施过程中，对教师教学能力的要求不仅没有降低，反而在某种程度上要求更高了。教师要为学生的精彩生成，有形的、无形的，直接的、间接的，准备一个个切实有效的"抓手"。有了这些抓手，学生才能不断登攀、不断求索，学生的学习才能有效地展开，才能创造出我们期待的精彩。

如学习海子《面朝大海，春暖花开》一课时，教师为学生切实准备的抓手主要有两个，一个是让学生反复读诗，一遍又一遍地加深体验；另一个就是在上课的过程中，伴随着学生对诗歌的诵读，逐渐为学生补充海子的资料，知人论世，让学生逐步加深对海子生命境界的理解。

[初引资料]

海子在《土地王》中写道：

尸体是泥土的再次开始

　　尸体不是愤怒也不是疾病

　　其中包含着疲倦、忧伤和天才。

这是海子对死的看法。海子在《诗歌皇帝》中又说：

　　当众人齐集河畔，

　　高声歌唱生活

　　我定会孤独返回

　　空无一人的山峦。

海子忧伤疲惫，海子单纯高贵，海子善良孤独，他有自己的人生追求。

［再引资料］

　　在诗人短暂的生命里，他保持了一颗圣洁的心。他曾长期不被世人理解，但他是中国20世纪70年代新文学史中一位全力冲击文学与生命极限的诗人。他凭着辉煌的才华、奇迹般的创造力、敏锐的直觉和广博的知识，在极端贫困、单调的生活环境里创作了将近200万字的诗歌、小说、戏剧、论文。

他从大学开始创作，创作生涯总共不过7年，但在7年当中，创作量竟然达到200万字。

［三引资料］

　　他所关心和坚信的是那些正在消亡而又必将在永恒的

高度放射金辉的事物。这种关心和坚信，促成了海子一生的事业，尽管这事业他未及最终完成。

那么海子的理想到底是什么呢？

[四引资料]

　　我的诗歌理想是在中国成就一种伟大的集体的诗，我不想成为一个抒情诗人，或一个戏剧诗人，甚至不想成为一名史诗诗人，我只想融合中国的行动成就一种民族和人类的结合，诗和真理合一的大诗。

就是真善美合一的大诗，海子一生致力于这种追求。

[五引资料]

　　每天晚上写作直至第二天早上 7 点，整个上午睡觉，整个下午读书，间或吃点东西，晚上 7 点以后继续开始工作。

　　海子死后，骆一禾称他为"赤子"，因为在海子那些带有自传性质的诗篇中，我们能够发现这样一个海子：单纯、敏锐，富于创造性；同时急躁，易于受到伤害，迷恋于荒凉的泥土。

海子是在中国农村长大的，在他的诗作中，有大量泥土的意象，他说要为中国的农村写作 15 年，但很遗憾，他没能实现自己的愿望，只创作了 7 年。

[六引资料]

　　然而海子又不是一个生性内向的人，他会兴高采烈地讲他小时候如何在雨天里光着屁股偷吃地里的茭白，他还会发明一些稀奇古怪的口号，比如"从好到好"，他会告诉你老子是个瞎子，雷锋是个大好人。

海子是非常单纯的，他的家从下面的资料可以看出来。

[七引资料]

　　门厅里贴着一幅梵高油画《阿尔疗养院的庭院》的印制品。左边房间里一张地铺摆在窗下，靠南墙的桌子上放着他从西藏背回来的两块喇嘛教石头浮雕和一本十六、十七世纪之交的西班牙画家格列柯的画册，右边房间里沿西墙一排三个大书架——另一个书架靠在东墙——书架上放满了书。屋内有两张桌子，门边的那张桌子上摆着主人生前珍爱的七册印度史诗《罗摩衍那》。很显然，在主人离开之前这两间屋子被打扫过：干干净净，像一座坟墓。（西川语）

海子走的时候，是干干净净打扫了房间的。他的生活极其简单，内心极为单纯，在他的生命中，诗歌就是一切。他追求的是最美，达到极致的最美。他觉得尘世间没有他要找寻的那种美，他是主动离开这个世界的。他的一生处于苦闷和单调的状态中，他临终时用善良的心原谅了一切与他隔阂的人。

[八引资料]

西川说在死的现场有四本书：

　　梭罗的《瓦尔登湖》（美国隐居作家）、海涯达尔《孤
筏重洋》（挪威作家，写的是孤帆苦旅）、《康拉德小说选》
（英国作家，一生很是艰辛）、《圣经》。

他的内心有神圣的宗教情怀。他相信自己的死是一种
飞翔。

[九引资料]

　　这个渴望飞翔的人注定死于大地，但是谁能肯定海子
的死不是另一种飞翔，从而摆脱漫长的黑夜、根深蒂固的
灵魂之苦，呼应黎明中的召唤？（骆一禾语）

　　创作《面朝大海，春暖花开》这一时期的海子，大概
面临着生命中两难的境地：选择尘世的幸福则可能意味着
放弃伟大的诗歌理想；弃绝尘世的幸福生活则可能导致弃
绝生命本身。海子最终选择了后者。

[十引资料]

在死前，他沉浸在自己幻化的"面朝大海，春暖花开"的
世界中，面对这个世界，他异常喜悦。他心目中的理想境界就
是："成就一种伟大的集体的诗，成就一种民族和人类的结合，
诗和真理合一的大诗。"用生命写一首大诗。海子说：

我知道自己终究会幸福

和一切圣洁的人

相聚在天堂

我把天空和大地打扫干干净净

归还给一个陌生不相识的人。

春天，十个海子全部复活。

他相信自己会完成这种生命的轮回。

借助于一份份的资料，学生与诗、与诗人心灵的对话越来越深，越来越真挚。这时当我们再次让学生评价这首诗，学生的评价便会诚挚而中肯。

(三) 让学生切实地走近诗歌创设的艺术境界

[问题]

(1) 诗歌教学中，如何让学生步入诗歌所创设的艺术境界？

(2) 诗歌教学中，如何对学生的情怀与思想构成深远影响？

第三个"切实"就是要让学生切实地走近诗歌创设的艺术境界，让这个强大的磁场感染他们，潜移默化地影响他们。不但切实提高他们的语言素养，还要对他们的人生情怀与人生境界形成积极而深远的影响。

以舒婷《致橡树》为例，笔者听过一节公开课，上课教师是这样为学生导入的：

> 记得歌德说过一句话：青年男子，哪一个不善钟情？妙龄女子，哪一个不善怀春？这是人性中的至圣至洁。歌德的这句话，涉及人们生活中的一个永恒的主题，也是文学作品中的永恒主题——爱情。爱情是一个严肃的话题，今天我们在《致橡树》分析中，一起了解、鉴赏诗人是怎样借助诗歌的形式来表达爱情的。

这样的导入也很不错，但似乎有点窄、有点浅了，似乎还有些不过瘾。在上这节课的时候，我是这样导入的：

> 《诗经》用《蒹葭》问，王维用红豆问，刘郎用歌声问，李商隐用无题问，元稹用山问用水问用云雾来问，秦观甚至从人间一直问到了银汉！雨果用巴黎圣母院恒久的钟声问，莎翁用刻骨的世仇问……
>
> 人类用痴情问，人类用生命问，人类用亘古的追问去问，问：什么是伟大的爱情？

全诗学完后，我又做了这样的结语：

> 庞德（美国大诗人）说：
> 我的爱人是深处的火焰，
> 躲藏在水底

　　——我的爱人快乐而善良

　　我的爱人不容易找到

　　就像水底的火焰

　　风的手指

　　迎着她的手指

　　送来一个微弱的

　　快速的敬礼

　　我的爱人快乐

　　而且善良

　　但是不容易

　　遇见，

　　就像水底的火焰

　　不容易遇见

　　人类用痴情找，人类用生命找，人类用亘古的追问去找，找：伟大的爱情，你在哪里？

　　之所以这样设计首尾，就是希望将整个学习过程设置为一个开放性的系统。我们谁也没有权利、谁也没有能力告诉学生崇高爱情的经典样板。学习不是为了明确崇高爱情的唯一模式，从而让所有的人都往里面走。学习是为了激发，是为了激发学生对于真善美更伟大、更执着的探求。

　　再有就是，为了让学生对诗中一些关键性的句子——如

"我必须是你近旁的一株木棉/作为树的形象和你站在一起",
如"我们分担寒潮、风雷、霹雳;/我们共享雾霭、流岚、虹
霓",如"仿佛永远分离,/却又终身相依",如"不仅爱你伟
岸的身躯,/也爱你坚持的位置,足下的土地"——产生较为
深入的理解,我引用杨绛先生《我们仨》[①]中的一些片段,对
诗句作了必要而切实的事实诠释。引用的片段有:

①我们与世无求,与人无争,只求相聚在一起,相守
在一起,各自做力所能及的事。碰到困难,钟书总与我一
同承当,困难就不复困难;我们稍有一点快乐,也会变得
非常快乐。(67页)

②钟书几次对我说,我教你做诗。我总认真说:"我
不是诗人的料。"我做学生时期,课卷上做诗总得好评,
但那是真正的"押韵而已"。我爱读诗,中文诗,西文诗
都喜欢,也喜欢和他一起谈论诗。我们也常常一同背诗。
我们发现,我们如果同把某一字忘了,左凑右凑凑不上,
那个字准是全诗最欠妥帖的字;妥帖的字有黏性,忘不
了。(80页)

③我们沦陷上海期间,饱经忧患,也见到世态炎凉。
我们夫妻常把日常的感受,当作美酒般浅斟低酌,细细品
尝。这种滋味值得品尝。因为忧患孕育智慧。(121页)

---

① 杨绛:《我们仨》,北京,生活·读书·新知三联书店,2003。

④郑振铎先生、吴晗同志，都曾劝我们安心等待解放，共产党是重视知识分子的。但我们也明白，对国家有用的是科学家，我们却是没用的知识分子。

我们如要逃跑，不是无路可走。可是一个人在紧要关头，决定他何去何从的，也许总是他最基本的感情。我们从来不唱爱国调。不但不唱，还不爱听。但我们不愿逃跑，只是不愿去父母之邦，撇不开自家人。我国是国耻重重的弱国，跑出去仰人鼻息，做二等公民，我们不愿意。我们是文化人，爱祖国的文化，爱祖国的文字，爱祖国的语言。一句话，我们是倔强的中国老百姓，不愿做外国人。我们并不敢为自己乐观，可是我们安静地留在上海，等待解放。（122页）

⑤"嘤其鸣兮，求其友声。"友声可远在千里之外，可远在数十百年之后。钟书是坐冷板凳的人，他的学问也是冷门。他曾和我说："有名气就是多些不相知的人。"我们希望有几个知己，不求有名有声。

钟书脚力渐渐恢复，工作之余，常和我同到日坛公园散步。我们仍称"探险"，因为我们在一起，随处都能探索到新奇的事。我们仍像年轻时那么兴致好，对什么都有兴趣。（155页）

⑥我们仨，却不止三人。每个人摇身一变，可变成好几个人。阿瑗长大了，会照顾我，像姐姐；会陪我，像妹

妹；会管我，像妈妈。阿瑗常说："我和爸爸最'哥们'，我们是妈妈的两个顽童，爸爸还不配做我的哥哥，只配做弟弟。"我又变为最大的。钟书是我们的老师。我和阿瑗都是好学生，虽然近在咫尺，我们如有问题，问一声就能解决，可是我们决不打扰他，我们都勤查字典，到自己无法解决才发问。他可高大了。但是他穿衣吃饭，都需我们母女把他当小孩子般照顾，他又很弱小。(162 页)

(四) 切实发挥教师的专业素养

[问题]

(1) 新课程中，对教师专业素养的要求是降低了还是加强了？

(2) 教师的专业素养有哪些？

第四个"切实"，就是切实发挥教师的专业素养。教师的专业素养既体现在对整节课的设计中，也体现在学习过程展开后，对学生无形而切实的帮助中。前三个"切实"的充分发挥，最重要的保障就是这第四个"切实"。

结语

一节好课的一个基本标准就是实实在在，笔者期望与追求的正是这样几个"实在"：第一个"实在"，就是要切实地发挥学生的主体性，整节课要围绕学生的学习过程来展开，要努力促成学生精彩的"生成"；第二个"实在"，就是要为学生的学习提供一个切实的"抓手"，有了这个抓手，学生的学习才能有效地展开，才能创造出我们期待的精彩；第三个"实在"，就是要让学生切实地走近诗歌创设的艺术境界，让这个强大的磁场感染他们，潜移默化地影响他们，"以情动人"应是语文课追求的境界；第四个"实在"，就是切实发挥教师的专业素养，教师的专业素养既体现在对整节课的设计中，也体现在学习过程展开后，对学生无形而切实的帮助中。

祥林嫂的人际关系、所处时代的社会特征、自身的反抗及其悲剧意义

纵观全篇，我们不难发现与祥林嫂一生有密切联系的人物主要是婆婆、鲁四老爷夫妇、卫老婆子、柳妈以及其他鲁镇人，他们对祥林嫂性格的形成、最终的命运发展都起了极其重要的作用。任何人都不是生活在真空中，都是一定社会的产物，这说明他自身既带着社会本身的烙印，也要与其他社会成员发生密切的联系，其最终性格与命运的形成势必也会与这些社会成员对其的影响有密切的必然的联系。因此，探求一个人物与她周围带着强烈社会特征的其他人物的关系，是解读这一人物、准确全面概括人物所处时代的社会特征、深刻挖掘文章内容和揭示主旨最有效的手段之一。

从文章所透露的内容，我们不难发现祥林嫂的婆婆是"严厉"的，是"精明强干"的，是"很有打算"的，她对待"逃"出她控制的童养媳祥林嫂，先是收买内应卫老婆子，诱之以利（课文虽没有正面描写，但通过课文内容不难想见），然后是派两个男人伏在船里，"突然跳出"，"抱"之"拖"

之，先掩其口，再捆于船，再后便"装在花轿里抬去了"，一系列的动作都是蓄谋已久的，都办得干净利落，根本不顾祥林嫂之死活，甚至于连四婶都惊奇地说："阿呀，这样的婆婆！……"可见婆婆对于祥林嫂是无丝毫感情而言的，她要么榨取祥林嫂的劳动果实，要么便是将其视为取利的工具。

接下来对她性格命运影响最大的人便是鲁四老爷夫妇了，鲁四老爷夫妇始终是将她看成灾祸的根源的，先是惜她勤于劳作，胜于男人，暂且使用；等她再寡丧子，重来鲁家，便说什么也不让再沾祭祀的边了；到她后来迟钝缓慢，连劳动力的利用价值也没有的时候，便将其一脚踢出，使她彻底失去了生活的物质来源，这是造成祥林嫂死亡最直接、最重要的原因。

最后对祥林嫂性格命运形成影响的是其他的鲁镇人，这其他鲁镇人又可分为三类：一般鲁镇人、卫老婆子、柳妈。在分析这一群体形象与祥林嫂的关系时，我们必须既要了解这一群体的共性特征，也要了解这一群体的个性特征。所谓共性特征就是整个鲁镇无论社会地位高的还是社会地位低的，他们都深受封建的伦理道德观念和迷信思想的毒害，"他们虽不明白其中的理论要义，却借助于通俗化的说教和无数人的行为规范，而领略其大略。他们在蒙昧的状态下接受封建思想的要义之后，思想上便坚定不疑，坚信不疑，情感上便无限沉迷，无限忠贞，行动上便极其主动，极端虔诚，不折不扣地按封建的规范信条思考问题，处理事情，不管是对待别人，还是对待自己，都忠实地尽心尽力地按旧规矩办事，所谓三心二意、半心半意的做法是没有的。"（冯光廉《鲁迅作品教学新探》）而这其中卫老婆子更显贪婪、自私的本性，她对于祥林嫂悲惨的命运起了推波助澜的作用，一般鲁镇人"脸上立刻改换了鄙薄的神气，还要陪出许多眼泪来"，这其中自然是同情，但也不能排除封建礼教、封建宗法制度严酷统治下的鲁镇，人们在孤独贫苦苦涩无聊的生活中，聊以祥林嫂的悲惨遭遇缓解苦闷的成分，祥林嫂的这种叙述对他们来说从一开始便带着某种故事性的意味，所以鄙薄嘲弄便也是最自然的事了。从某种意义上说，柳妈才是祥林嫂真正可靠的朋友，她虽对祥林嫂稍有戏谑，但那也是出于可以原谅的朋友式的一点点自身优势的自豪感，她按照自己的理解和设想，积极地为朋友寻求减轻精神重负的方法，然而我们不难看出，无论是自私取利的人（婆婆、卫老婆子）、冷酷无情的人（鲁四老爷夫妇），还是鄙薄嘲弄的人（一般的鲁镇人）、同情帮助的人（柳妈），也无论他们是出于怎样的想法、基于怎样的立场，是有意还是无意，他们的做法都是一点一点将祥林嫂往死路上"赶"和"逼"，祥林嫂被整个社会的阴霾所遮没，杀死祥林嫂的绝不是某一个个人，而是整个社会，是弥散在整个社会的封建礼教、封建迷信思想，是一个完整的社会吞噬了祥林嫂，这才是祥林嫂悲剧意义一个最重要的组成内容。也只有从祥林嫂及其周围人际关系的角度来认识其悲剧意义，才能将这种意义认识、挖掘、开拓得最深。此外为了突出鲁镇这种社会特征，作者有意识地安排了一位经历了外界翻天覆地变化的"我"进入这一小社会，"我"的"沉闷、封闭、冷漠"的感觉，"我"与鲁镇的不调和，突出强化了这一社会特征。

祥林嫂是否具有反抗性曾经是一个被广泛争议的问题，有人曾认为祥林嫂是一个反抗性十分鲜明的人物，婆婆虐待她她便逃，婆婆出卖她她便用别人看来"异乎寻常"的方式进行顽强的反抗，死前对于灵魂有无的疑问，是一个"伟大的疑问"，说明她已经对自己身上所担负的"罪恶"产生了怀疑，封建宗法制度已经在这个勤劳善良的劳动妇女身上发生了动摇，她是在苦难中开始觉醒和反抗的劳动妇女的典型。显然这种认识是不准确的，只看到了现象而忽略了本质，祥林嫂的逃，本身便是被动消极的，是一个生物遇到危险、遭受迫害所具有的最本能的行为反应，而至于"异乎寻常"的"撞"与后来的"捐"，其行为本身便带着浓厚的封建礼教、封建迷信的色彩，细品这个表面上轰轰烈烈的"撞"，这里似乎有对耳濡目染心传口授贞妇烈女些许崇敬与行为方式的刻意模仿，细品这个极端虔诚充满希望的"捐"，这里又有多少对封建迷信的深信不疑，又有多少希望被这个封建礼教严酷统治的小社会认同和接纳的强烈愿望啊。（否则便不会在"捐"不成的情况下"急得流眼泪",便不会拿出自己全部的积蓄换来一根无用的木头,回来后便也不会那般舒畅和高兴,不被鲁四老爷夫妇认可后也便不会陷入精神崩溃的边缘。)捐门槛后仍然动不得祭器,这便说明自己虔诚的满怀希望的一"捐"仍然不能丝毫减轻自己身上的沉重"罪恶",这一痛苦的致命精神打击、精神折磨使她彻底丧失了劳动能力(既然是"打击"、是"折磨",既然精神的重负足以让她丧失劳动的能力,那便说明她自身也是非常认同这种"罪恶"的)。精神上的致命一创使她彻底丧失劳动的能力,而劳动能力的彻底丧失虽然使她从沉重而繁忙的日常中解脱出来,但使她彻底丧失了活下去的全部物质基础和物质来源,物质的极度匮乏,手头的无所事事,必然会再次加重她本已濒临崩溃的精神负荷,她已经彻底被整个鲁镇视为"孽种",已经被整个鲁镇彻底厌弃了。此时的她已经生活在"第二世界"中了,而此时厌弃她的很可能还有她自己,她很少再会遇到"生"之精神折磨了,她面临的更多的是死之问题。所以她便本能地在死后将与子相见的愉悦和将被二夫一锯为二的极度痛苦中左右徘徊和挣扎,由于极度的矛盾与彷徨,便产生了"问"之愿望。所以最后这一"问",很难说带着反抗的意味。作者也正是用"逃""撞""捐""问"这四种行为方式进一步强化了祥林嫂的悲剧意义,应该说祥林嫂是有反抗性的,然而这种"反抗性"足以让人闻之而涕落,足以让人陷入沉重的反思,足以让人对祥林嫂增加更多的悲哀,她用带有浓重的封建礼教、封建迷信色彩的行为方式来"反抗"封建礼教和封建迷信本身，这种"反抗"本身就带着极其浓重的愚昧性的悲剧色彩。

作者写了祥林嫂的人际关系，写了祥林嫂所处时代的社会特征，写了祥林嫂的"反抗"行为，写这些的所有目的都是为了加强及深化祥林嫂这一人物浓重的悲剧意义。这种悲剧意义充分而深刻地揭露了封建礼教、封建迷信对人特别是对旧社会劳动妇女的致命而深重的毒害，它可以最大限度地促使人们积极探求造成旧社会劳动妇女悲惨命运的社会根源。作者利用人物，利用人物身上的这种悲剧意义，将批判和抨击的矛头愤怒地直指整个旧社会。

所以认识祥林嫂身上的这种悲剧意义，对于理解全篇具有重要的意义。

《为了忘却的记念》备课笔记四则

一、柔石的性格特点及鲁迅先生的写人手法

写柔石，鲁迅先生首先是从明代大儒方孝孺开始写起的。作者说："这只要一看他那台州式的硬气就知道，而且颇有点迂，有时会令我忽而想到方孝孺，觉得好像也有些这模样的。"由这一点不难看出方孝孺与柔石是颇为相似的，"也有些这模样的"，这种相似性不在容貌，而在于性格，那便是他们性格当中都包含有两种重要的质素——"迂"和"硬"。我们试看《明史·列传第二十九》有关方孝孺的这段记载：

> 召至，悲恸声彻殿陛。成祖降榻劳曰："先生毋自苦，予欲法周公辅成王耳。"孝孺曰："成王安在？"成祖曰："彼自焚死。"孝孺曰："何不立成王之子？"成祖曰："国赖长君。"孝孺曰："何不立成王之弟？"成祖曰："此朕家事。"顾左右授笔札，曰："诏天下，非先生草不可。"孝孺投笔于地，且哭且骂曰："死即死耳，诏不可草。"成祖

怒，命磔①诸市……宗族亲友前后坐诛者数百人。

朱棣的这次政变（"靖难"之变），以现代史学的眼光来看，自然无可厚非，争的不过是哪一个姓朱的坐天下而已。但就宗法世袭的大明皇统而论，却无法逃其弑君篡位的罪名，况且在一怒之下，制造诛戮数百无辜的大惨案，更暴露了他嗜血残暴的本性。成祖大势已成，惠帝的势力已然土崩瓦解，树倒猢狲散，各奔前程。别人正愁进用无门，方孝孺却备受新主青睐，"召至""降榻劳曰"，不想他却"悲恸声彻殿陛"。成祖称帝之心已明，"予欲法周公辅成王耳"不过是个托词，方孝孺却一再追问，最终为争哪一个姓朱的该做天下，拼掉自己的性命不算，还牵连数百亲友被杀，这种做法实在是"迂"得很。然而正是在这些"迂"中，他那威武不屈、舍生取义的刚烈精神，几百年来博得人民的敬佩和赞美。势利小人、拍马屁逢迎见风使舵之徒是不会有这种"迂"的，没有这种"迂"，身上也便缺少了方孝孺那根刚硬的顶天立地的骨头。这种"迂"显然与一般意义上的"拘泥，不知变通，不适应形势"的意思不同。"迂"是以世俗的眼光来看的外表行为，"硬"是其内在的精神追求，是如磐石般坚贞的意志品质。大凡"硬"的人往往是有些"迂"的，没有"迂"又怎会"硬"呢？带着这样的认识，我们分析一下柔石的性格特点。能表现柔石性格

---

① zhé，一种分裂肢体的酷刑。

特点的事例主要集中在文章的第二部分,第四部分通过书信补写了柔石狱中的情况。我们现将这些事例简要概括如表 1 所示。

表 1

	1. 协助鲁迅成立朝花社,扶植刚健质朴的文艺。
	2. 借钱做印刷资本,承担大部分的稿子和杂务。
	3. 朝花社倒闭后借钱付纸账。
	4. 设法卖掉残书拼命译书,准备还借款。
第二部分	5. 相信人们是好的,依然怀疑"人心惟危"。
	6. 与女性走路至少保持三四尺距离。
	7. 扶助鲁迅。
	8. 毅然决定转换作品的内容和形式,并重新学习。
	9. 在狱中跟殷夫学德文。
第四部分	10. 不把周先生的地址告诉敌人。
	11. 认为被捕上镣是开政治犯从未上镣之纪录。

为研究方便起见,归纳整理出这 11 则材料,将相似的事件合并一下,可以归纳为(这样的分类并不是唯一的,我们的目的也并非为了分类,只不过是将柔石的性格凸现出来的一种手段而已):

方孝孺与柔石的相似不在其容貌,而在于他们的性格中同样包含了"迂"和"硬"两种重要的质素。这两种重要的质素在一个人的性格中是密切联系、不可分割的,它们对于一个人共同发生着作用。方孝孺的"迂"和"硬"我们已然了解，现在我们一起讨论一下柔石"迂"在哪里，"硬"在何处。看一下第一则大材料（1，协助、扶植），这则材料要从整个社会的大背景去考虑。扶植"刚健质朴"的文艺，可见当时适合潮流的盛行的必是不刚健不质朴的文艺，即"柔弱萎靡"的文艺。朝花社最终的倒闭自然有其内部的原因，但我们不能忘记鲁迅在《记念刘和珍君》一文中所说的"凡我所编辑的期刊，大概是因为往往有始无终之故吧，销行一向就甚为寥落"，这显然与当时的社会背景有着密切的联系。在那样严酷黑暗的社会状况下，扶植这样的文艺，其危险可知，其困难可知，其风险可知，其不合时宜、逆社会潮流而动可知。一般的青年是不会这么做的，其"迂"亦可知。第二则大材料（2～4，借、干、付），文学社中不止柔石一人，然而他却把大部分的劳动都承担在自己身上，任劳任怨，毫无怨言，按世俗的眼光来看实在是太"迂"了。在这两则材料中，集中体现的是柔石始终不变的对革命事业的忠诚之心，对真理、对正义执着追求的精神。第三则大材料（5，11，疑、上镣），尽管历经挫折，柔石理想的头撞了一个大钉子；尽管饱受磨难，被捕上镣，可柔石对社会对政府却总是往好的一面去想，这在老于世故的明眼人看来实在是太幼稚、太单纯、太"迂"了。柔石心中有个"善"字，他无论怎样使劲，总是无法将社会、政府想象得那么"坏"。第四则大材料（6，7，远、近），在纸醉金迷、灯红酒绿的 30 年代的大上海，柔石对于女性才终于敢同她们一起走路了（可见以前连敢都不敢），但距离至少三四尺。走进了这座花花绿绿的大都市，可他乡下青年那种纯厚质朴的本性却没有丝毫改变，他那与女性同路的样子实在是可笑。这种"老实、拘谨"的行为同样也表现在他扶助同性的师长朋友上，自己高度近视，不被撞了便是幸事，可他"就走得近了，简直是扶住我"，他怎么就不能想想他自己，灵活一下呢，完全拘泥于对师长的关爱之中了。第五则大材料（8，9，转换、学），对待"转换作品的内容与形式"，连鲁迅都说这怕难吧，使惯了刀的，这回让他耍棍，怎么能行呢？这种转换艰难且不说，后果也很难预料，最为"迂"的是好像也大可不必这样，因为已使惯了刀，靠刀照样可以干事挣钱。在狱中还和殷夫学德文，这就更"迂"了，生命都朝不保夕，还学德文干什么。是的，柔石的这些行为是一般自认聪明的人不去做的大"迂"事，一般的青年正是缺乏他这种活一天奋斗一天、勇于进取的精神。第六则大材料（10，瞒），告诉周先生的地址，就可以暂时缓解自己困苦险恶的环境，然而他没有这么做，最终身中十弹，寻了死路。这在一般卖友的人看来实在是太"迂"了。让他临难不惧死的正是他诚挚待人的一贯人生态度。以上分析，可以用表 2 和表 3 简明表示如下，供大家参考。

表2

（一）	成立文学 社目的	1. 协助鲁迅成立朝花社，扶植刚健质朴的文艺。
（二）	成立文学 社做法	2. 借钱做印刷资本，承担大部分的稿子和杂务。 3. 朝花社倒闭后借钱付纸账。 4. 设法卖掉残书拼命译书，准备还借款。
（三）	对社会对 政府之态度	5. 相信人们是好的，依然怀疑"人心惟危"。 11. 认为被捕上镣是开政治犯从未上镣之纪录。
（四）	日常对人 之态度	6. 与女性走路至少保持三四尺距离。 7. 扶助鲁迅。
（五）	对文学 之态度	8. 毅然决定转换作品的内容和形式，并重新学习。 9. 在狱中跟殷夫学德文。
（六）	被捕后对 朋友之态度	10. 不把周先生的地址告诉敌人。

表3

	材料 序列号	材料主要内容	迁（外在表现）	硬（内在坚持）
（一）	1	协助、扶植	逆（不合时宜）	忠（于革命事业）
（二）	2～4	借、干、付	任（劳任怨）	求（追求真理）
（三）	5，11	疑、上镣	稚（纯）	善（良）
（四）	6，7	远、近	拘（拘谨、拘泥）	厚（朴厚、厚道）
（五）	8，9	转换、学	学	勇（于进取）
（六）	10	瞒	瞒	诚（诚挚待人）

"迂"是柔石外在的行为表现,"硬"是柔石内在的品格坚持。"迂"则不媚巧,"迂"则不屈从,"迂"则不世故,"迂"则不动摇,无"迂"不足显"硬",无"迂"便无"硬"树立之根基,以"迂"写"硬",才能真正探入并揭示柔石广阔浑厚的精神世界。作者在第二部分深情地为柔石写下这样一段话:

> 无论从旧道德,从新道德,只要是损己利人的,他就挑选上,自己背起来。

肯于损己,怎说不"迂";一心为人,始终如一,从不悔改,心中没有"硬"气,又何以为!同样也正是由于有了"硬",才使柔石的"迂"显得分外可爱、愈加好看、极具神采了。记得《水浒传》第二十三回中宋江因杀了阎婆惜,与兄弟宋清逃至沧州柴进府上,巧遇武松,宋江在灯下,看了武松堂堂一表,心中不禁欢喜。金圣叹在此批道:

> 灯下看美人,千秋绝调语。此却换作灯下看好汉,又是千秋绝调语也。灯下看美人,加一倍袅袅;灯下看好汉,加一倍凛凛。

看到这段批语,我们不禁神明意畅,也"好不欢喜",两段文字竟然暗合如此。放下书卷,我们不妨套用圣叹先生一语来评价一下鲁迅先生的写人艺术:

以迂写硬，毕现形神，有一分迂便加一倍硬。

作者文心细腻，纤如毛发，很善捕捉运用生活中细小典型的材料，他像一位老道持重的棋手，对于棋盘上每一个棋子的位置及其与周围棋子的关系都了如指掌、成竹在胸，他让11件小事自然错落地散布在二、四两部分，似断实联，遥相呼应，招之即可联合作战，挥之又可独自拼杀，凝合离散，运用自如。他又如一位高明的裁缝，舞动11条金线，穿插萦绕，手指飞动，很快就为我们编织出柔石生活的一个广阔空间。最令人叹为观止的是极善以一二字概括人物性格特点（"迂"和"硬"），而且在人物性格塑造方面，作者成功巧妙地处理了"迂"和"硬"的关系，读文至此，一位戴深度眼镜、清癯朴厚、坦荡诚挚、坚韧挺拔的青年学者形象已从洁白的书卷中凸显出来，栩栩如生地站在我们面前。

这不禁让人想到《红楼梦》中对史湘云的两段描写，先是二十一回中，同是衾内安睡：

> 那林黛玉严严密密裹着一幅杏子红绫被，安稳合目而睡。那史湘云却一把青丝拖于枕畔，被只齐胸，一弯雪白的膀子撂于被外，又带着两个金镯子。

六十二回"憨湘云醉眠芍药裀"，作者又是这样描写湘云的睡姿的：

> 果见湘云卧于山石僻处一个石凳子上，业经香梦沉

酣，四面芍药花飞了一身，满头脸衣襟上皆是红香散乱，手中的扇子在地下，也半被落花埋了，一群群蝶闹嚷嚷的围着他，又用鲛帕包了一包芍药花瓣枕着。众人看了，又是爱，又是笑，忙上来推唤挽扶。湘云口内犹作睡语说酒令，唧唧嘟嘟说……

由此不难看出在这两段中作者都是极写湘云的睡姿，都是极写湘云的娇憨之态，在沉酣的睡梦中才能剔除平日一切的羁绊，才能尽显性灵中那份恣肆的娇憨。沉甸甸的香梦使寸寸娇憨在文字中攒积涌动，而一分娇憨中便可满溢出十二分的可爱可怜，一个艳湘云、一个憨湘云便从含珠蕴玑、词清句爽的文字中吐出水面，卧于纸间。你似乎还可以嗅到她唇齿间香酣的气息呢，你似乎还可以听到她回旋萦绕在芍药花间沉沉的鼾声呢。作者以睡姿写娇憨，以娇憨写恣艳，这正与鲁迅以迂写硬的艺术手法有着异曲同工之妙，在写人中他们都因寻求到了新异的切入点，故而都起到了事半功倍的效果，着墨不多，却都将人物写得形神毕现，呼之欲出。

鲁迅先生写人艺术老道浑成，自然真切，全篇看来似乎全无着力之处，也正因这一点，对于我们年轻的涉世不深、阅历尚浅的中学生理解篇中的人物势必会造成一定的困难。在有效的课堂内，为他们指出言明，对于此篇的教学有重要的意义。

二、品味几处语言，看鲁迅先生对柔石性格的点染

（1）"我有时谈到人会怎样的骗人，怎样的卖友，怎样的吮血，他就前额亮晶晶（先生的话与自己心中固有的东西发生了强烈碰撞，这种碰撞自心中一直翻涌挥写至脸上，故而'亮晶晶'，淳厚之态愈显）的，惊疑（惊：闻所未闻，见所未见；疑：是令人敬重的师长由衷之语，不能不信，可仍是难以相信）地圆睁了近视的眼睛（'惊''疑'都太大了，撑破了整个心胸，心里装不下，就用圆睁了的眼睛去装。再写淳厚之态），抗议（不言争辩，而说抗议；'争辩'犹带商量探讨的余地，'抗议'是非已明，对错已清：可见不认同程度之深）道，'会这样的么？——不至于此罢？……'"

（2）"他终于决定地改变了，有一回，曾经明白的告诉我，此后应该转换作品的内容和形式。我说：这怕难罢，譬如使惯了刀的，这回要他耍棍，怎么能行呢？他简洁地答道：只要（'只要'这个词具有强烈的排他性，成功的条件原是多方面的，使用了'只要'，成功的条件就变为唯一的一项——'学不学'，那么艰难困苦等难题俱不在话下了）学起来！"

（3）"捕房和公安局，几次问周先生地址，但我那里知道?"（仔细品读这句话，不难体察出柔石说话时心中那份轻松与自得，我们仿佛又看到了他淳厚的样子，我心中是知道周先

生的地址的，敌人此时问我，"但我那里知道"，知道了也不告诉你，其奈我何！对敌人轻蔑的意味也尽在不言中了。在品读的过程中，柔石的音容犹然浮于我们的面前，他仿佛又圆睁着近视的兴奋的眼睛，闪着亮晶晶的额头在问"先生，我的回答没有错吧。"）

三、在平实质朴的语言中蕴含着深沉厚重的人生情感

在平实质朴的语言中蕴含着深沉厚重的人生情感，这是鲁迅在本篇语言上一个重要的特征。在这一点上，鲁迅先生颇有老杜之意态，如"访旧半为鬼，惊呼热中肠"（《赠卫八处士》）杜甫与老友卫八处士长分别二十年后重又相见，这二十年中，世事沧桑巨变，时局动荡不安，两位老友互相询问亲朋故旧的下落，竟有一半已不在人间了。彼此都不禁失声惊呼，老杜着一最平朴不过的"热"字，就把这种喟叹、悲酸、凄苦、灼热的深沉厚重博大复杂的情感力量准确地传递了出来。鲁迅先生这一篇《为了忘却的记念》，在平朴甚至有些琐碎的文字间就有这样一种深沉厚重博大的情感的感发力量。我们举白莽、柔石各一例来深刻体悟这一点：

（1）"……当时的谈话我已经忘却，只记得他自说姓徐，象山人；我问他为什么代你收信的女士是这么一个怪名字（怎么怪法，现在也忘却了），他说她就喜欢起得这么怪，罗曼谛

克，自己也有些和她不大对劲了。就只剩了这一点。"

在平淡质朴甚至有些絮叨的话语中，蕴含着鲁迅对白莽情感上深深的眷恋之情，鲁迅在极力回忆着与白莽尽量完整的交往细节，因想不全而产生了落寞与怅然。在平实的话语中蕴藏着深沉、厚重、博大的感情力量。

（2）"我和柔石最初的相见，不知道是何时，在那里。他仿佛说过，曾在北京听过我的讲义，那么，当在八九年之前了。我也忘记了在上海怎么来往起来，总之，他那时住在景云里，离我的寓所不过四五家门面，不知怎么一来，就来往起来了。"

我们注意一下加点的词语或句子，不难发现鲁迅先生在回忆柔石的时候与白莽不同，他较多地使用了这些模糊性的词语。从这些模糊性的词语上，我们可以发现鲁迅先生与柔石的关系非同寻常，这和与白莽的关系有所不同（鲁迅与白莽比较熟悉，但交往一般，纪念他主要是为他舍生取义的行为所感动）。鲁迅与柔石的交往早而且深，两个人有许多的人生情节交织在一起，难以辨别清楚。这些模糊性的词语，正反映了他们之间交往时间长、交往过程中事件多的特点，因为久，因为多，所以许多生活中交往的小细节倒记不清了。在这些看似随意散漫的文字中，我们分明而真切地感受到了鲁迅先生对柔石细腻饱满、深厚绵长的情感。

四、本课最为精要的一个议论抒情句

本课最为精要的一个议论抒情句，是第四部分中的这句话：

原来如此！……

这句话巧妙地利用"！"与"……"两处标点，集中且充分地体现了鲁迅先生在这一篇文章中最为丰厚、强烈、复杂的情感。它是解读鲁迅先生此一篇中情感的一把最为关键、最为便捷的钥匙。此句可以通过以下三个层面来体认。

弄清"此"指代什么

"此"既指反动派，也指革命者，指的是反动派凶残、下劣、恶毒、卑鄙……革命者不屈、从容、镇定、勇敢……两者都是言说不尽的，所以句末使用的是省略号。

弄清"原来如此！……"一语可以表达出怎样的意思

"原来如此！……"可以表达出两种意思：（1）事情的真相是这样的（你根本就不知道情况）；（2）出乎意料，恍然大悟（你预料与估计的是错误的）。

弄清作者感叹（！）的是什么

在第二个层面理解的基础上，我们不难知道作者感叹在两个方面。(1) 事情的真相是这样的（你根本就不知道情况）。反对派是如此，革命者是如此。反对派是如此地凶残！下劣！恶毒！卑鄙！……革命者是如此的不屈！从容！镇定！勇敢！……这种感慨也是言说不尽的，所以也用省略号。(2) 出乎意料，恍然大悟（你预料与估计的是错误的）。敌人的凶残出人意料，反对派竟能如此凶残！下劣！恶毒！卑鄙！……柔石等革命者原本都是文弱的书生，面对残暴强悍的敌人，行为却是如此！也出人意料，革命者竟能如此不屈！从容！镇定！勇敢！……感慨也是言说不尽的，所以也用省略号。

教写作，很重要的是教学生为什么要写作

一

曾听过一节《小狗包弟》的公开课，授课学校是一所普通校，但班里的学生们那天表现得却不"普通"。在老师未"讲"之前，他们的心头似乎已被巴金深挚而震颤的笔墨所感染。他们站起来发言，然而可以触及字里行间巴老涌动着的对那个时代强烈的反思和沉重的叹息。他们已经感受到在那样的一个时代里，一个"人"无法自由地拥有一条小狗，甚至连保护一条小狗的权力与能力都丧失了；为了让自己免遭更残酷的迫害，得以屈辱地胆战心惊地活下去，"人"不得不出卖对自己怀着无限忠诚与善意的小狗。"人"在时代浪潮的席卷中，如狂风怒涛中随时可能倾覆的一条残破的小船，显示出了种种挣扎、无奈、自私、冷酷、可怜……更重要的还有巴老在事后深挚的内省与真切的呼唤。孩子们不由自主地进入了文章带给"人"的震撼与沉痛中，尽管他们的那些感受与认识还常常是一闪而逝的，是意识不大明确的，是不太稳定的，是处处想与老师努

力保持一致的。但课堂上，老师对学生这些认识理解似乎并不在意，老师引领学生讨论文章内容的最终目的是想为学生总结几种写作方法。经过师生这样一番相互错杂的、并非基于一个层面的讨论，老师先后于文中归结提炼出三条写作方法：精于选材，注重对比，讲求细节。在归结这三种写作方法的时候，老师还以学生学过的其他篇章作为佐证，进一步明确了以上三条。课就这么上完了。

听完课，挺沉重。姑且不言，学生不能时常性地有效进入深沉震颤的文本系统与生命系统中，学生内在的成长到底在哪里获得？单就作文而言，学生的内部世界不成长，又谈何改变提升自己文章真实的质地！即便是单就讲授作文方法而言，我们常常也是重概念、轻体悟，重名目、轻血肉。我一直顽固地认为：写作中的方法是学生生命不断成长中的方法，是"人"不断发展中的方法，是"人"为了表达的需要自然而然找到并运用的方法，是为了实现表达的欲望而自我谋求创造出的方法。一句话，方法是学生在写作中自我主动探寻到的，主要不是靠老师总结出来，像交付一件东西那样交给学生的。我们和巴金等真正的写家子之间的差距，绝非仅仅存在于是否知晓那三种写作方法。"人"不是因为知晓了方法而获得提升与改变，"人"也不是因为知晓了方法而激发出更为强烈的写作表达愿望。我们的学生，在基本不知道写作的意义与价值的时候，他们很内在的不吐不快的表达愿望究竟能从哪里来呢？

我们的学生在写作中，表现出来的更多的是屈从与迎合，是完成与应付，是自我的缺失与缺席。写作，对我们的学生而言，更多的是一种无"我"式的任务与作业。我们的学生知道写作可以得分，是考上理想大学的重要条件，除此之外的意义，恐怕未必知道多少了。我曾在不同的班级内做过实验，请学生讲讲人为什么要写作，除去显而易见的那些结论之外，全班几乎哑然。

如若我们的学生从生命内部便不想表达、不愿表达、不能表达，仅有的只是外在强大的压力与不得不面对的残酷现实，在这样的状况下，即便是我们教师能够为学生提供一等一的、一用就灵的方法，效果又会好到哪里去呢？何况，我们教师真的有一等一、一用就灵的写作方法吗？

我们实际的写作教学状况是：迷信方法，方法横行；文章疲软，现状堪忧。

二

我们不妨将问题再推进一步：影响一个人写作状况的基础真的是写作方法吗？

在实际的写作中，似乎不存在这样一种状况：一个人因为获知了几种写作方法，因而诞生了强烈的写作愿望与表达冲动，然后一发而不可收，写作成为他生命里一种真正的需要。

鲁迅先生开始写作的这个理由人尽皆知：

> 凡是愚弱的国民，即使体格如何健全，如何茁壮，也只能做毫无意义的示众的材料和看客，病死多少也是不必以为不幸的，所以我们第一要务，是在改变他们的精神。

可以说，鲁迅的写作始于：一个认识，一个判断，一个发现，一个责任，一个使命，一个相关，一个不得不……总之，似乎不是始于一种方法。当然，我个人以为其实也不存在这样的状况：一个人写作的时候，先将某几种青睐心仪的写作方法罗列于纸上，立志在表达中一定要用上；因为某种方法运用得既得当又巧妙，由此便诞生了写作本质性的快乐，而此种快乐构成了此后写作核心的能源与动力。再推进一步，即便我们认为写作的真正基础是写作方法的不断积累，那么小学的"讲求细节"与初中、高中乃至大学的"讲求细节"，在方法层面上又当有如何的递增与区别？

写作这件事之所以可以有效发生，本质的能源与力量来自一个人内在的表达愿望，而内在表达愿望的诞生与我们的学生对人为什么要写作——即对写作的意义与价值本身的理解与认识——密切相关。教写作，很重要的一个方面，就是教：人为什么要写作？

学生在成长的过程中，渐渐理解到"人"与写作更内在、更必然、更重大的关系后，写作这件事才可以在学生的生命里巍巍耸起，隆隆发动。自此，写作将得到空前的发展，学生的生命内部也会得到真实而重要的成长。写作这件事与"人"的缔结，是写作得以在学生生命里启动的本质原因。写作这件事一旦在学生的生命内部自然启动，那些所谓的写作方法，便都会被学生们自己找到。有时学生会感到迷惑，教师所做的也不过是指指寻找的大约方向而已。我们完全有理由相信，学生自我找到的方法对他们而言才是真正实用而有效的方法，而一个人只有先拥有了内在表达的愿望，才有可能与自己的方法相遇。男孩子想掏鸟窝，没有谁教过方法，自古皆然，然而他们一代代都做到了，不同地域、不同时段、不同条件的他们都找到了各自恰到好处的方法，而且都掏得挺好！能做到这些，在于他们有掏鸟窝的内在愿望，有愿望做驱动，何法不得也！

我们目前的写作教学，不但使孩子们不想"掏鸟窝"，我们教师其实也不大想"掏"，但我们师生都特别关注"掏鸟窝"的方法。

三

人为什么要写作，对这个问题，教师要引领孩子们从小到大不断研讨。在师生彼此生命不断发展的过程中，会为这个问题寻求更新颖、更深入、更有价值、更别具一格、更富有个性特征、更内在的答案，而这种"寻求"，应该成为我们中小学写作教学的一个重要内容。

对这个问题的探讨，绝不是一个"点"式的完成，今天研究完了就结束了，它应该贯穿在学生整个的求学与写作过程中。这是一个永远充满魅力、永远没有既定答案、永远言说不尽、随着学生成长而答案常新的问题。在整个过程中，我们师生一起体察，一起寻找，一起分享，一起深化。这样的问题探讨，既应该有大家共同的答案，也应该有每一个学生自我的答案。这样的一个追寻、试图回答的过程，就是写作教学很重要、很内在、很见成效的过程。这个问题的魅力，就是写作的魅力，亦是写作教学的魅力。呈现的答案有多经典对这个问题而言永远不是最重要的，寻求、思考、反复确认、不断修正才是师生共同成长最重要的价值与内容。这个问题应该成为我们语文课堂的核心问题之一。我甚至可以看到就此问题我们师生彼此研讨、相互诉说时，风住云息，整个课堂霞光万道、流光溢彩的样子。

写作教学中、课堂里，我们师生不妨就以下这些原因展开讨论。

作文分数与当上作家都不是写作的兄弟，生命才是写作的兄弟。生命里如若有一支笔，他们便会手挽着手，彼此扶助，患难与共，一生永不分离，永不相弃。有的时候，如果我们的笔不再唱歌了，那生命其实已然等同于止息，不管我们是否还活在这人间。

写作是心灵的加工厂，是一种再造。因为写作不是原始简单的现实呈现，笔底的世界经了心灵的再造，所以才风光无限。

脱离现实的枯窘与庸常、雾霾与尘秽，写作是我们飞离狭隘的地面美丽而矫健的翅膀。

写作是一根金色的绳索，系住它，我们才不至于完全陷落在时间的古井里，漆黑一片，暗无天日。也正是沿着这根长绳，我们才能找到往昔与逝去。否则，当我们的生命终结的时刻来临，我们拥有的年龄其实不堪一击，除却那些生死存亡的大事，我们可以怀想与把握的寥寥无几。

世间所有的幸福与美好，其实都是短暂的。再强烈的感受，也经不住日子的冲洗与漂白。用笔承载下来的时候，幸福便是晶莹剔透的满杯。我们慢斟细品，幸福流进了生命里，这既是生命扎实的幸福收获，也是改善一个人生命生态最自然、最重要的方式。写作，增加了幸福的长度与深度，让幸福更加颤动人心，帮助人愈加珍惜与渴望幸福。

我至今还记得 15 年前一位学生家长曾和我说，连老师，再不买车，真的是无法提升生活质量了。这位家长的话我很认同，提高生活质量确实需要一些关键条件与凭借，有车是一个方面，其实写作也是一个方面。有写作进入和参与的生活，是有斟酌有怀想有回旋有体悟的生活，是可以用寒素酿出光亮的生活，是可以将烦冗裁为精致的生活，是可以在平淡里提炼诗意的生活……

写作，是生命的台阶，没有脚印的生命是惶恐的。

写作，可以帮助一个人很内在的东西得以成长。

写作，可以将自己最美好、最有力量的东西奉献于世界，给这个喧嚣嘈杂的世界以温暖和价值。

…………

我知道，我能够呈现的还只是我个人的，是有关人为什么要写作很小很少的一部分。但类似于这样的内容，应该成为我们写作课最重要的内容，应该成为我们语文课堂最重要的内容。

教学生为什么要写作，不仅开启了写作的内在愿望，更是积淀与成就了写作开阔而富有价值的内容。因为这个问题不仅是写作的，更是"人"的。人的内部世界一旦开始真正成长，写作与生命便也一道开上了高速公路，无尽的写作内容与生命发现都会像远处起伏秀丽的山峦一般，扑面而来，尽展姿颜。

将写作与学生的生命关联起来，这便是切实为学生的终身发展奠基。我可以以我个人备考的经验负责任地说：这也是谋求分数真正的开始，更是获取作文高分的真正捷径。

四

哪怕只是感受、领悟、获取到任何一个足以和学生发生内心关联的写作理由，都足以打开一个学生生命紧闭的闸门。沉重而禁锢的闸门一旦打开，孩子们的生命长河将会流出怎样的潺湲与秀丽、宽广与浩瀚、澎湃与汹涌、潮涌与波花、滚滚与滔滔啊……但我们现实的课堂却往往不触及这些，它们太过缥缈——据说"方法"离现实最近。无论教师也好，学生也好，过早贴近、彻底服从于"现实"的人，其实已经失去了腾翔千里的梦想与能力。离现实靠得太近太近，会让你既落魄又紧张，这恰恰是上了尘世的当。而写作，正是帮助我们在这个万丈红尘里与自己相遇很重要的一支力量。与自己相遇后，写作的灵魂便真正诞生。

教写作，很重要的是教学生为什么要写作。

在我们的校园里，
有健康爽朗
的分数

生命是娇弱的，易破碎，易固化，易无聊，易盲从，易臣服，易被现实彻底擒获……泰戈尔说："每个孩子都带来同样的信息：神对人尚未丧失信心。"我渴盼，也一直在努力：在我们的校园里，有健康爽朗的分数。

用月光也可以酿造分数

一

今天一早，手机"嘟"的一声响，我低头一看，是我的好友北京四中教学处主任于老师的短信。她在短信中说："咱们中秋人文活动'天下明月白'到今年坚持了几年了？今晚你还要给学生讲讲话。"

我是北京四中首届人文实验班的班主任，也是北京四中人文活动的首创者之一。2008年秋天开始第一次中秋人文活动"天下明月白"，在岁月的流逝里，不觉已走到了今天。

人的长大，或许就是一个离开精神故乡越来越远的过程。看到现实里我们的那些窘态，我想，教育最大的一个功能或许就是呵护生命。其实，生命是娇弱的，易破碎，易固化，易无聊，易盲从，易臣服，易被现实彻底所擒……而一年年、一届届，师生共浴在朗朗的月华里，至此生命里总有一捧清辉，遇涩滞以清明，遇枯瘪以泽润，遇黑沉以皎白，遇绝境以再升……我想，我们来学校最重要的一件事便是：要学习在沉沦中给生命以自拔，在损毁中给生命以自新：就是要学习为自我的生命肩起责任。

二

我想，生命是这个世间最伟大的一个概念。

每当我们看到生物世界里的生姿、生机、生趣、生动，我们便会自然而然地想到"生命"这个词。记得那一次我去九寨沟旅游，在洁净的水面上，一株小树抖出枝叶，秀挺而出。小树不很强壮，但冲出水面，出落得特别精神。她生存的困境，她覆水而没，现在这些竟然变为了装饰她的最美的画框。我身边一个孩子对他的妈妈惊叫着说："妈妈，你看多么奇特的——生命！"一边说，一边使劲用手指向那株小树。生命！我们人也是一株生命吧。在我们的身体里，也应该有许许多多的鲜活欲动的睁着好奇眼睛的胚芽。它们潜伏在我们的身体里，只要条件合适，随时准备进行一次绿色的盎然出发。但在生活中，我看到了更多被窄窄的现实牢牢困住的人，被分数完全征服的人，被固化死板、陈旧无用的知识板结得了无生趣的人……

有月光的生命该是怎样的？一缕清澈的月光如果泻在生命里，那又会构成怎样的状况呢？

三

有月光的生命里，存有——美。美，不是软弱的、仅仅被人驱遣轻侮的对象。美，是一种在自由与柔软中认同了的方向。南宋诗人杨万里有几句写月的诗颇妙："溪边小立苦待月，月知人意偏迟出。归来闭户闷不看，忽然飞上千峰端。"这活泼调皮的月色似乎支持了他的一生。他说："金印系肘大如斗，不如游山倦时一杯酒。"他一生写下了许多清新明快的小诗，对大自然观察领悟得既精妙又有趣。他目光新巧，美的每一个细小微妙的瞬间似乎都可以被他准确地捕获。中国历史上，风起云涌的大人物不少，生命里有纯正的趣味、有意思的人有限，而杨万里是一个。

有月光的生命里，有自己的"境"，不容易被现实轻易征服。张孝祥在贬抑途中，过洞庭湖，他说："尽挹西江，细斟北斗，万象为宾客。"在他满月的辉光里，生命的筵席多么辽阔！他进而更加疏放，不为现实所泥，终至"扣舷独啸，不知今夕何夕"了。

有月光的生命很干净，有一种皎洁的力量。我常常惊讶孙犁其人，也惊讶他独特的创作。他所生长的环境，他所经历的社会，他所面对的现实，都不会促成、支持他变成那个样子，不但不支持，甚至是一种阻遏。于是，我们惊讶于孙犁的那片世界：再艰苦贫穷的处境，水生的小褂也总是"洁白"的；再严峻压抑的现实，"淀里也是一片银白世界。水面笼起一层薄薄透明的雾，风吹过来，带着新鲜的荷叶荷花香"；再残酷激烈的战斗，我们也能看到"那一望无边际的密密层层的大荷叶，迎着阳光舒展开，就像铜墙铁壁一样"……而水生嫂编席，必要的环境一定是："月亮升起来，院子里凉爽得很，干净得很"。月色、荷香、浩渺的烟波、俏丽多情的白洋淀妇女构成了孙犁特有的境界。随着自己的年岁渐深，从孙犁先生洁净的作品中，我甚至读到了一种高贵的抵抗。一个人在沉闷的湖面上，如若想将自我生命的小船及创作变为"离开了水皮的一条打跳的梭鱼"，绝非易事。铁凝说："孙犁那高尚清灵的文学风格从未经过炒作，他的孤傲与谦逊是并存的。"莫言说："按照孙犁的革命资历，他如果稍能入世一点，早就是个大文官了；不，他后半生偏偏远离官场，恪守文人的清高与清贫。这是文坛上的一声绝响，让我们后来人高山仰止。"

记得有一位学生曾与我谈论过这样一个问题，他说："老师，我看过路遥的书，发现文笔很一般。"我想，这位亲爱的同学，路遥最大的魅力或许不在你所说的"文笔"，以我对路遥的阅读体验而言，我觉得在路遥身上有一股其他作家不能比的纯净皎洁的力量！他在质朴艰难的生活里，流淌热泪。

月亮升高了，远方的山影黑黝黝的，蒙上一层神秘的色彩。路两边的玉米和高粱长得像两堵绿色的墙；车子在碎石子路上碾过，发出轻微的沙沙声；路边茂密的苦艾散放出浓烈清新的味道，直往人鼻孔里钻。好一个夏夜啊！（《人生》）

读过好多年了，这一节，我至今难以忘怀。德顺爷爷正准备给家林和巧珍讲那个凄美而庄严的爱情故事……路遥笔下那莹澈的月光一直亮在我的心里。

有月光的生命很幸福。陶渊明：带月、荷锄、晚归。每当我读到此处，我便觉得一首自然欢快、充满童趣的儿歌一定从陶公的胸中飞出，歌曰：

> 天上有个小月亮，哎呀呀呀！
>
> 圆圆的脸蛋真漂亮！
>
> 我走她也走，我停她也停，
>
> 好像在和我捉迷藏。

陶公幸福的身影绣在月色里，骨骼晶亮，他身下的大地如诗如画！隔着纸页，那轮明月滚落在我的手指之间！

四

说起有月光的生命，在现实里会遭遇较严重的隔膜。我们不曾拥有过，故此于自我的经验判断实在是难以相信。从小学一直讲到高考的简单的模式化的答题方法与泥沙俱下的大量练习，压住了生命的月华跃出黑黢黢山脊的丰富的可能性。退一万步讲，心里只有分数的学生，或许可以有分；但对自己还有民族而言，这种"人"的状况是何等的可怕啊！如若我们生活在一个由青少年时代只有分数的"人"构建而成的社会里，恐怕还不如生活在丛林之中吧。不少时候，我们根深蒂固地以为：月光是一种虚幻的没用的状况，分数是另一种与之相对抗的状况，二者之间该说的说，该做的做。这，是中国人的智慧，也是中国人的尴尬。我是老师，我知道这种智慧与尴尬。

分数，似乎已经把我们一切应该有的都占据了。我们中的不少人认为，"真实"地面对分数，才能立足于"现实"。

我渴盼，也一直在努力，在我们的校园里，有健康爽朗的分数。其实，当我们谈论思考这个有关"月光"、有关"生命"的话题的时候，以我多年高三的备考经验，我们已经在把沉在幽深山脊里乌沉的分数照亮。这不是空洞的假话，是我备考真实而具体的心得。

我们师生的生命里酿满月华，在这满月的光里，我们师生一起遐思，一起憧憬，一起沉浸，一起穿越今古，一起去体认我们是整个人类的一部分，一起在我们美好的"人"的发展里，去争取我们生命里最好最好的分数。月光里，酿造生命，自然也在酿造分数。生命里的分数，清朗明亮而富有广阔的力量。于此过程中，我们的学生获得增长的就绝不仅仅止于分数。能对自我的生命肩负起责任的人，分数也一定不会太差，更重要的是我们一生皎洁，哈哈……当然，或许我们太渴了，饮"鸩"亦能止渴。

我这样想，在现实中也这样做，并且已经发现：月光与分数可以不对抗，在月光里可以酿造出"梵婀玲上奏着的名曲"一般的分数呢。酿造的过程里，师生都享有了现实里的美好的幸福，也获得了彼此最纯挚的可以一生怀想的感情。

这——是一条真实的、可行之路。对此，我敢负责任地说。

一想到语文，我就高兴！

分数有其两面性

社会上、语文界，有的老师将分数看得过于简单与绝对。一听说要提升学生分数，就一股脑简单地将其归入"应试教育"，似乎促进学生分数的不断提升是一件见不得人、罪大恶极的事情。哪个孩子进入高中，不想有个光明的前途，不想顺利地升学，考入理想的大学？可以说，分数关涉千家万户的喜怒哀乐。一位教师，有能力、有水平、有本事、不断有效地促进学生分数的提升，帮助学生实现人生的理想，应该得到全社会的尊重。上高三后，我对家长说，我是黑宋江，"兄弟们"跟了我快三年了，我得给"兄弟们"谋条出路。他们该是江湖上一等一的好汉。2010 年高考，我教的两个班语文平均分一个班为 120 分，一个班为 126.5 分，两个班各有一名同学的语文总分超过了 140 分（北京市共有 6 人）。暑假与学生聚会，我说，我可不想此时面对众多落榜的学生，与大家眼泪汪汪、悲悲戚戚地来谈咱们的语文素养。高考试题有其一定的科学性与合理性，我做教师今年已经 16 年了，这么多年，我对高考的评价是"大体不差"。不仅中国如此，外国也如是。进入世界名校耶鲁、哈佛也是需要一定的分数的，而且就北京四中的情况而言，耶鲁、哈佛也从未"走眼"，它们选择的学生，在我们这里分数都是比较靠前的。分数里有一定的素养，也有一定的合理性，我从不相信简单、机械地重复性训练可以给语文以高分。这样的训练得到 110 分上下也许还凑合，但语文 130 分以上的考生，一般还都是真有两下子的，并非一味靠"练"，更非靠"蒙"与"撞"。我的两名取得 140 分以上的学生，在语文素养上都是班内的佼佼者。

其实，在求学的道路上，我们该感念分数，高中三年，一千多个日日夜夜，是谁在陪伴、鼓励、鞭策着我们，是谁在促成我们对自我不断地反思与纠正？仅仅靠"宏大的理想"是不够的，科学、有效的分数推动了多少学生的发展！一个个"滚烫"的分数里又有学生的几多幸福的期盼与老师辛勤的付出！取消了分数，中国的教育将会"混乱"到什么程度，想一想都觉得可怕！诚然，在现实中不是每一个分数都是科学有效的。比如，一位对现实很无奈的语文老师曾对我讲过这样一个真实发生过的事情：一位写作基础很好的学生，模考中，教师集体阅卷，结果这位同学的作文仅仅得了 39 分（满分 60 分）。我听后，和这位老师商讨说，如果我遇到了这样的情况，我也许不会为她改分，但我一定会对她说，你这篇文章就是 60

分。你大可放心大胆地写起来！这个世界上，并非都是"糊涂虫"；语文老师也并非都如你所想的那么"没水平"。再者，如果孩子的文章确有创意，给孩子将"39 分"改成"60 分"，又如何？高考做不得主，现在还做不得主吗？徐老师执教多年，改就改了，只要锐眼在，总会大光明！在现实生活中，无论你做什么，总会有人说三道四，千古皆然，我辈自然也概莫能外。

"分数"犹如"金钱"，自有其两面性，关键在于现实中我们老师怎么去"使用"它，给学生以温馨、持续、有效的鼓励与鞭策。"为非作歹""任意胡为""荼毒生灵"固然不可，"赈济灾民""匡扶正义""奖掖先进"还是大有可为的。

有素养，岂无分数

在教学中，我遵循与信奉的一条重要原则是"向语文素养要高考成绩"，我始终坚信，面对高考，有素养，必会有分数。教学多年，多次面对高考，我的这条原则基本还是成立的，我教过的绝大多数语文素养好的同学在高考中也相应获得了高分。正如前文所言，我一直执拗地认为，简单机械、反复大量的知识练习，让学生获得 110 分上下的分数尚可一为，如若想让学生超过 120 分，特别是超过 130 分、140 分，则必须得具备一定的语文素养。何况我们的教育目的，绝不仅仅止于高考成功这一件事，教育是培养宏大、健全、优秀的"人"。高中教育如能朝着这一目标迈进，"高分"又何足道哉！

2007年，我创建北京四中首届人文实验班，并任这个班的班主任。三年下来，这个班不但没有补过一节课，而且利用平常的节假日与寒暑假出行7次，先后组织了"古朴的中原""风雅的江南""华茂的北京""美丽的台湾""汉唐的魂魄"等人文游学活动，行数十万公里，跨越了祖国的十几个省市。在这个过程中，学生听讲座，相互讨论，写文章，用心去感受"文化场"。概括班级培养目标，我为学生拟定为：

> 艰难我奋进，困乏我多情；
>
> 广大见胸襟，悠久见生成；
>
> 英拔巍如峰，秀丽皓月空；
>
> 胸中焕星斗，笔底起苍生；
>
> 中国有书生，磊落慨然行。

就是这个班，2010年高考中，语文平均126.5分，全班30人，总共有12人考入清华北大，一人考入哈佛大学，一人考入伯克利大学。在今年北京卷阅卷现场，编辑的《阅卷纵横》中，共选出10篇高考作文范文，其中至少有两篇出自我的学生之手。

也许是幸运，我一直奉行"向素养要成绩"，而在实际高考中从未落败。2003年，我在北京师大附中执教，一个班共有7人获得高考作文满分。

当然，学生自身具有较好的语文水平，在高考中还不一定必然胜利。有几点需要老师们注意。其一，语文素养包含学生的理性思辨素养，较强的思维能力、逻辑能力对于学生高考成绩的取得以及今后发展都具有重要的意义。语文作为艺术，当然需要模糊，需要感觉，但绝不止于此；没有有效的"介入"，就没有有效的"模糊"。断臂的维纳斯引人联想，美感无限，但首先要有一个断臂的丰腴匀称的"身体"在，这个"身体"是需要思维与逻辑的。我们看到多少徒以"感性"自负，吟风弄月，卖弄辞藻，结果却是败絮其中，思维混乱，不知所云的文章呀！其二，素养之后是技术。写好一篇作文，既有素养还是不够的。写一篇高考作文，就像是为一只玻璃杯注水，水太少了，强往外挤，固然尴尬；但拿一桶水一股脑地不分轻重缓急倾泻而下，结果流水四溢，横流各处，自然也非快事。"技术"就是懂得做事的层次与步骤。以2010年北京卷"仰望星空与脚踏实地"为例，写好这篇作文需要解决的"技术问题"有：

（1）能不能读懂"形象"并进而驾驭"形象"？

（2）对于"形象"和有象征意义的动作"仰望""脚踏"界定了吗？是否在界定之后才展开？

（3）对这个题目是否能够把恢宏的大局和细切的局部结合

起来处理？

（4）对题干中思辨性很强的"与"字，是否有个性化的把握？

素养有了，又懂得怎样有效地释放自我的素养（解决好"技术"问题），高考作文焉能不获高分！

生命课堂

语文课是关乎一个人"生命状态"的课程，我一直奉行"改变人，然后改变语文"的教学理念。语文课绝不仅仅是个"知识系统"，也不仅仅是个"能力系统"，它更是一个"情感系统""生命系统"。语文课就是探触到学生的生命处，引导、激发、启迪学生形成自我宏大的"内在状态"，就是不断促进学生"人"的觉醒。语文中的"读"与"写"，其实都与此密切相关。"读不懂"其实就是"走不进"，"写不出"其实就是"胸中无"！

在课堂中，我是这样为学生评介西汉才子贾谊的。我希望将我读雄文后心头燃起的"火"，重新燃放于学生的心头。他们中应该更多地涌现出贾谊式的人物。

> 每次读《过秦论》的时候，我都为贾谊年轻而喧腾的血液所席卷。壮丽而雄健的汉廷台阶不歇一口气一直将未

央宫推入天宇。在大殿上，一位只有二十余岁的青年，峨冠博带，气宇轩昂，面对满朝王公亲贵，慨然以对。他言辞激切，辞采飞扬，字字句句仿佛都是从思考的深谷与情感的大海中撷取熔铸提炼而出的。他年青的眉骨，高迈峭拔而稚气仍未脱尽；他犀利的目光，持重而光彩四溢，可在如炬的放射中，你依然可以看到他心灵深处泛起的纯稚的涟漪。

他，就是贾谊！

高三时，讲现代文阅读，我曾动情地对学生说："现在，大家能够读懂、把握高考现代文阅读要求的1 200字，将来还要读懂世界上人类最优美、最深奥的思想。当年，徐志摩来到剑桥，当他走进剑桥浩如烟海的图书馆时，曾深情地倾吐：'我就像一条小鱼，游归了大海！'"在高三紧张的复习过程中，当我讲这番话时，课堂上闪现出无数晶亮的眼睛，它们一起射向我。在同学的注视中，我看到了"人"的高贵，我甚至看到了整个人类的希望。

课堂在不断雕塑学生的过程中，亦会不断雕塑教师；换言之，课堂在不断雕塑教师的同时，才会不断雕塑学生。课堂让我们教师暂时挣脱了多少"现实"的名缰利锁，让我们暂时脱离眼前的"万丈红尘"，以一颗纯净美妙的心与学生一起虔诚地面对"世界"，面对"人"，面对"人"无限深广的"内在"。

课堂让我们师生一起走过多少"纯粹时光"！作为一位语文老师，我想说，是课堂让我们更像"人"，并进而无限度地贴近"神"。

因此，我感恩课堂，感恩课堂赐予我的"万丈光芒"。

因此，我期待课堂，期待那一节节从我窄小的身体里冲决而出的大大的"宇宙"。

这届学生临走的时候，送给我一个大大的"祖"字，这个大"祖"笔画间是由无数个小"祖"组成的。我想"祖"是回顾，是感恩，是根源，是孕育，是依傍，是精神回归，是情之所系，是万事之始……我深深地感激于学生送给我的这个"祖"字，它凝粹地表达出学生对老师的那种核心期望。

造就我们自己的语文天空

记得作家筱敏在《鸟儿中的理想主义》的结尾深情地写道：

> 但在看到那只在笼中以残酷的方式练飞的鸟之后，我明白，天空的辽阔与否，是由你自己造就的，这种事情上帝根本无能为力。上帝只是说，天空和飞翔是鸟类的生命形式。而灾难和厄运也是世界存在的另一种形式。

至于在灾难和厄运中你是否放弃，那完全是你自己的事情。

我的语文，我做主！

走，老师们，上语文课去！

真想永远上下去，永不下课！

让写在思中飞行

——高考"语言表达运用"备考策略及试题预测

"语言表达运用"是整个高考试卷中时代感最强、变化最繁妙、样式最灵活的一片风景。把握好语言表达运用题,对于高考整体的成功具有重要意义。

(一) 训练价值

"读"与"写"是高考考查的重中之重,如何有效地促进"读"与"写"的提升,一直是高考语文备考的重点与难点。语言表达运用题其实是"读"与"写"具体而微的操作,可以将语言表达运用看成是突破高考"读"与"写"重要的局部操作与分解动作,它是高考大段地"读"与大段地"写"的基础。因此,操作好语言表达运用题,对于高考整体突破具有重要价值。

(二) 备考方略

语言表达运用题考查的是"写","写"的内核却是"思"。

让"写"在"思"中飞行，是高考语言表达运用题成功备考的一条重要方略。具体而言，应深入把握"思清""理明""写准"三个关键词。此外，在平时训练中，还应强调"求佳"。下面就"思清""理明""写准"与"求佳"涉及的具体问题分别言之。

一、有关"思清""理明""写准"

"思清""理明""写准"强调的是"写"与"思"的和谐并生发展，在思处写，在写处思。语言表达运用题如一味只顾逞其言语，仅在"话语"层面反复训练，便是步入了备考的歧途。纵观历年语言表达运用题之状况，将具体备考方略梳理于下。

（一）厘清句段关系

1. 句间关系

［示例1］

　　下面是一段介绍王羲之书法的文字，请用比较工整的语句（如排比）概括王羲之在书法史上的主要贡献。要求：①符合原意。②不超过30字。

　　①在书法史上，王羲之是一位富有革新精神的大书法

家。②他早年从卫夫人学书，后改变初学，草书学张芝，楷书学钟繇，在书法上达到了"贵越群品，古今莫二"的高度。③中晚年时，他不满当时用笔滞重、结体稚拙的局面，锐意改革，书风大变。④他对楷书的结构、点画等加以变革，使楷书趋于匀称俊俏，挺拔多姿。⑤他开创了今草，其草书用笔多变，流畅而富有韵致，比起前人有了质的飞跃。⑥他的行书婉转灵动，俊逸妍美，从此行书取得了与篆隶楷草并列的地位。（段内各句"①②……"为笔者所加）

[备考指要]

要成功地依据提干要求概括，必须厘清句间关系。①②两句讲的是王羲之博采众家，不是贡献，因此这两句意思不取。③句是总括，引出书风的具体变化，因此也不取。④句重在楷书之变，⑤句重在草书之变，⑥句重在行书之变，是进行压缩概括的3个重点。

[答案示例]

王羲之变革了楷书，发展了草书，确立了行书的地位。

2. 段间关系

[示例2]

概括下面一则消息的主要信息，不超过35字。

　　《人民日报》巴厘岛5月3日电，东盟10国与中日韩财长会议在印度尼西亚巴厘岛发表联合公报宣布，亚洲区域外汇储备库将在今年年底前正式成立并运行，以解决区域内的短期资金流动困难，并作为现有国际金融机构的补充。

　　根据公报提供的数据，在规模为1 200亿美元的亚洲区域外汇储备库中，中日韩3国出资80％，东盟10国出资20％。其中，中国、日本各占32％，韩国占16％。具体金额为中国384亿美元、日本384亿美元、韩国192亿美元。

[备考指要]

1段"亚洲区域外汇储备库将在今年年底前正式成立并运行"是主句，后面"以解决区域内的短期资金流动困难，并作为现有国际金融机构的补充"侧重讲的是目的、状况，是辅句。1段重在讲亚洲区域外汇储备库成立并运行，是主段。2段具体介绍资金构成——中日韩最多，是辅段。概括此则消息的主要信息，就是以1段信息为主，兼有2段信息。

[答案示例]

　　亚洲区域外汇储备库将在年底前成立，中日韩出资最多（或"中日韩出资比例最大"）。

（二）捕捉关键词语

[示例3]

从下列材料中选取必要的信息，为"心理咨询"下定义。

①心理咨询是给咨询对象以帮助、启发和教育的 [活动]

②这种 [活动] 必须 [运用] 心理学的理论、知识和方法来妥善处理各种心理问题

③这种 [活动] [通过] 言语、文字或其他信息传播媒介来达到咨询目的

（题目中" [　] "" [　　] "为笔者所加）

[备考指要]

①句指出心理咨询是"活动"。②③句分别就"运用"与"通过"两方面对"活动"进行具体展开。因此通过捕捉关键词语"活动"就可知道①句是主句，只要将②句"运用"与③句"通过"嵌入到①句中，有关"心理咨询"的定义就告成功。

[答案示例]

心理咨询是 [运用] 心理学的理论、知识和方法， [通过] 言语、文字或其他信息传播媒介，给咨询对象以帮助、启发和教育的 [活动] 。（或：运用心理学的理论、知识和方

法，通过言语、文字或其他信息传播媒介，给咨询对象以帮助、启发和教育的活动叫做心理咨询。)

(三) 调动相关储备

[示例4]

仿照下面的事例，自选话题，写出三个句子，要求所写句子形成排比，句式与示例相同。

金钱 不必车载斗量，够用就好；友谊 不必甜言蜜语，真诚就好；人生 不必惊天动地，踏实就好。

(题目中"□□□"为笔者所加)

[备考指要]

题干中"金钱""友谊""人生"是在"人生状态"这个专题下引出的。此题若想在考场上迅速展开思路，就要注意调动相关储备。比如就"写作"专题，可展开"句式""语言""主旨"三个句子；就"书法"专题，可展开"运笔""间架""气韵"三个句子；就"苏轼"专题，可展开"俸禄""官职""生命"三个句子……储备一开，笔底生辉。

[答案示例]

俸禄不必堆积盈山，养家就好；官职不必成王为侯，有为就好；生命不必跋扈飞扬，自适就好(就苏轼专题写出)。

（四）借助语法分析

［示例 5］

　　用"帕格尼尼"作为首句的开头，将下列长句改成由4个短句组成的句子。要求：保持原意，语句通顺，语意连贯，可适当增减个别词语。

　　【世界级小提琴家帕格尼尼】【是】［（一位从上帝那里同时接受天赋和苦难两项馈赠：＊）而又（善于用苦难的琴弦把天赋演绎到极致：＊）］的【奇人】。

（题目中标注为笔者所加）

［备考指要］

依据题目标注，借助语法分析，不难看出这个长句主要讲了三方面的信息：①世界级小提琴家帕格尼尼是一位奇人；②他从上帝那里同时接受天赋和苦难两项馈赠；③他善于用苦难的琴弦把天赋演绎到极致。②③两句以"而又"衔接，表递进关系，所以信息②须在信息③之前。题干要求用"帕格尼尼"作为首句的开头，改写为4个短句，因此，可将信息①一分为二——世界级小提琴家、奇人。

［答案示例］

　　①帕格尼尼是一位世界级小提琴家，②也是一位奇人，③他从上帝那里同时接受天赋和苦难两项馈赠，④而又善于用苦难的琴弦把天赋演绎到极致。

（五）强调严整周全

[示例 6]

　　下面是"沈阳全民读书月"活动的标识，请从构形角度说明标识的创意，要求语意简明，句子通顺，不超过65字。

沈阳全民读书月
SHENYANG READING MONTH

[备考指要]

"阐释标识"是近年"语言表达运用"十分抢眼、十分流行的题型。解答这一类题目时一定要注意多角度、严整周全地思考问题，切不可稍有发现便匆然落笔，答题时应多问自己几个"还有吗"。此题标识有 4 个看点，依据思维难度依次为：①展开的书点明读书月活动；②两书相夹构成的弧度和中间的圆点正好构成一只眼睛，暗示读书的主题；③两本展开的书左边弧度连缀起来，恰好构成一个"S"，代表"沈"；④上面一本书的左边线条与下面一本书左上线条，又恰好构成一个"Y"（中间的"眼睛"亦可看成一个"日"字，"日"便是"阳"），代表"阳"。四个信息点全部看出，不遗漏，才能保证此题的理想分数。

（六）注意信息整合

示例同上。

［备考指要］

提干要求对此标识的阐释在 65 个字以内，这就要求考生必须要对所得 4 点信息加以整合，在整合的基础上再对语句加以压缩，进而达到题目对字数的要求。4 点信息整合后，涉及三个方面：构图设计、地域特征、主题揭示。

［答案示例］

该标识以"书"和"沈阳"的首写拼音字母为设计元素，体现活动的主题与地域；翻开的书和两书交汇处的眼睛，对"开卷有益"作出微妙表达。

（七）把握句式特点

［示例 7］

下面是甲、乙两位同学关于"自主学习"的问答。请仿照乙同学对"能学"所作解释的句子的形式，在横线上填入恰当的解释文字。

甲同学：你能告诉我"自主学习"有哪些要点吗？

乙同学：好的。我认为自主学习有四个要点，就是能学、想学、会学、坚持学。"能学"是指学习者有一定的知识基础，并且具备基本的学习能力；"想学"是指_____；"会学"是指_____；"坚持学"是指_____。

（题目中"□□"为笔者所加）

[备考指要]

后面3个分句的写作，需对"能学"句中隐含的句式特点有准确认知。"能学"句以"并且"来连接前后两个有递进关系的分句，把握了句式上这一特点，后面3个句子的写作便有了重要依据。再照应"想""会""坚持"3个关键词，答案便不难得出。

[答案示例]

学习者主观上有学习动机，并且愿意付之行动；学习者具备一定的学习方法，并且不断总结学习经验；学习者有较强的学习意志，并且能持之以恒。

（八）拿捏身份语气

[示例8]

今年10月1日，北京将举行盛大的阅兵式和群众聚会游行，隆重庆祝中华人民共和国建国 60 周年。有市民建议，受阅部队中应有"抢险抗灾部队方阵"和"维和部队方阵"，群众游行队伍中应有"志愿者队伍"和"城市外来务工者队伍"。

请从上述"方阵"或"队伍"中选择一个，拟写一段现场解说词。

要求：突出该方阵或队伍的特征，赞誉其风貌；语言简洁得体；不少于 100 字。

[备考指要]

拟写现场解说词，是近年语言表达运用热点题型。在写作中一定要拿捏好说话人的身份及语气。此题考场失误亦多由忽视身份、语气不当而生：①解说的口吻不对，如"我们的×××方阵或队伍"；②不是现场解说，只是纯客观地描述，或者使用的时态不对；③不是面向听众解说，只是书面描写；④语气不庄重，不严肃。

[答案示例]

这边向我们走来的是"抢险救灾部队方阵"，他们身穿迷彩服，衣服上还写着"积极营救受难群众"的标语。他们昂首挺胸，整齐而又庄严地走来。他们是我们这次救灾前线的英雄，他们牺牲自我、挽救大家的精神值得我们学习。你们都是最可爱的人，我们永远都会记住你们。

（九）扣住题目要求

示例同上。

[备考指要]

题干中的"要求"，实际上包含 4 个答题要点：突出特征、表现风貌、语言得体、语言简洁。前两项是"硬"条件，后两项是"软"条件，此题理想分数的取得与对这 4 点的关注密不可分。考生此题失分，一般都是由忽视部分"要求"而造成的。

（十）综合画面信息

[示例 9]

请说明下面漫画的画面内容，并揭示其中的寓意，不超过 55 字。

［备考指要］

此图寓意，考生易误解为指斥女子滴漏水滴，不走水表，贪占便宜的投机行为。这样的误读，实际上是没能综合画面其他重要信息。一个信息是下跌的水滴连缀成呼救信号"SOS"状，这表明水滴在向人类呼救；第二个信息是画面女子面露焦灼，如果是投机行为，那面部表情应该为满足或窃喜。将这两个信息考虑进去，误判断便不易产生。

［答案示例］

画面内容：一女子正在接水，水龙头开到最大，流出的几滴水成"SOS"状。

寓意：水在呼救，警示我们要节约用水。

二、有关"求佳"

在实际答题中，如依据备考策略，能够做到"思清""理明""写准"三个关键词，那就已经可以获得较为理想的分数了。但诚如笔者前文所言，语言表达运用题实际上是促成高考"读"与"写"有效提升重要的训练题目，此种题型在锤炼语言的同时，亦在锤炼思维。基于这样的认识，笔者建议教师在平时的训练中多鼓励学生在"思清""理明""写准"的基础上，进而还要"求佳"。"求佳"很重要的一个方面就是强调

"一题多解"。在"一题多解"的过程中,活跃学生思维,丰富学生表达,锻打学生语言,最终以求学生的思维能力与语言素养得到双向提升。

[示例10]

按照要求,把下面的三句话改写成一句话,并保留原有信息(可酌情增减词语)。

《红楼梦》是我国古代最伟大的长篇小说。

曹雪芹是长篇小说《红楼梦》的作者。

封建制度的黑暗腐朽和没落被《红楼梦》揭露了。

①以《红楼梦》为主语

②以曹雪芹为主语

[备考指要]

(1) 改用被动句式,使前后主语一致。例如:

曹雪芹创作的《红楼梦》揭露了封建制度黑暗腐朽和没落,被称为我国古代最伟大的长篇小说。

(2) 利用复句形式,后面分句的主语承前省。例如:

曹雪芹创作的《红楼梦》是我国古代最伟大的长篇小说,揭露了封建制度的黑暗腐朽和没落。

(3) 巧借关联词,使前后主语一致。例如:

曹雪芹是我国古代小说家,在世著有最伟大的长篇小说《红楼梦》，并借《红楼梦》揭露了封建制度的黑暗腐朽和没落。

（4）通过指代词，使前后主语一致。例如：

曹雪芹创作的《红楼梦》是我国古代最伟大的长篇小说，它揭露了封建制度的黑暗腐朽和没落。

曹雪芹是我国古代最伟大的长篇小说《红楼梦》的作者，他通过《红楼梦》揭露了封建制度的黑暗腐朽和没落。

（示例中"＿＿＿＿""□""＿＿＿＿"为笔者所加）

综上所述，让学生的"写"在"思"中飞行，是"语言表达运用"备考的重要方略。作为一线教师，其实也不必一味沉浸在对试题样式丰富变化的忧虑与追逐上。我们也许永远无法追及命题者对试题的种种创新，但只要我们的学生的思维和语言提升发展了，兵来，就将挡；水来，便土屯。

关照能力，强调思维，建设生命
——现代文阅读试题走向蠡测

随着社会的发展与高考命题的不断变革，现代文阅读将会呈现出哪些新的走向与特点，是同学、老师关心的问题之一。我们纵观历年高考试题，可以得出如下五方面的基本推断。

持续关注：工具性

阅读能力的养成，首先有它很强的实用性价值，是学生日后进一步学习以及参加工作之后必不可少的实用能力之一。高考现代文阅读测试，一直关注学生依据实际需要，在文本内提取信息、辨识信息、整合信息三种能力的检测与考查。

[示例]

下列理解和分析，不符合原文意思的一项是（　　）

A. 宋国人民讥笑败军之将华元的诗歌，也是用来作为表情达意的工具，所以从性质上说，跟卿士的"献诗陈志"没有什么不同。

　　B. 古人在"赋诗言志"时所言的志，往往不为原诗所具有，而是赋诗者采用断章取义的办法，寄托在诗中某些句子之上的。

　　C. 子展借用《诗经·郑风·将仲子》"人之多言，亦可畏也"一句话，他的意思是叛臣的一面之词令人担心，请晋侯不要听信。

　　D. 到孔子时代，新音乐逐渐兴起，古乐逐渐失传，由此造成诗与乐分家，《诗经》也就变成纯粹的语言文学作品，而与音乐无关了。

此题考查的实际是：需要考生在提取原文信息的基础上与题干的表述信息之间，进行对比、辨识、确认。原文中子展的意思是晋侯纵然有理由，但"人言可畏"，别人看来总是为了一个叛臣，与题干中 C 项的表述"子展借用《诗经·郑风·将仲子》'人之多言，亦可畏也'一句话，他的意思是叛臣的一面之词令人担心，请晋侯不要听信"，是存在一定差距的。

读懂文本，很重要的一个考查维度便是"读准"，即可以准确把握、提取文中信息，并且在自我转化的表述过程中，能够确保信息"不走样"。这是阅读能力基本也是重要的标准。在"读准"的基础上，对原文信息依据实际需要进行必要的整合，更是阅读工具性的一个重要体现。合格过关的阅读能力是考生将来工作、研究必要的前提与保障。

更加完善：逻辑性

命题的成功很重要的一个指标便是：题目的设计与安排要契合考生实际的阅读习惯与阅读需要。高考试题一直以来都很追求这样的命题品质，近些年高考现代文阅读试题的命制与安排很好地体现了这一点，例如高考题《血的故事》与《下笔不觉师造化》都是自觉依循了这样的命题原则的。以《血的故事》为例，试题的第一大题"下列对小说有关内容的分析和概括，最恰当的两项是"，这样的命题关注的是阅读的准确性与整体性。第二大题"小说一开始就写乘凉会上'南腔北调'，这样写有什么作用？请简要分析"以及第三大题"'外省郎'彭先生有哪些性格特点？请简要分析"分别关注了此篇小说中重要的两个局部，一个局部是小说的成功技法，另一个局部是小说的人物刻画。第四大题"小说的题目是'血的故事'，但主要内容是围绕血型而展开的，如果以'血型的故事'为题，你认为是否合适？请谈谈你的观点和具体理由"，这个命题已然要求考生由"局部"再次走回"整体"，不过此时的整体关照已经更为高级了，考查的不再是整体上对原文准确信息的辨识与判断，而是在阅读中融入个性阅读体验，在整体把握的基础上发表个人言之成理的独立见解。

由此看来，一套试题整体呈现了：由整体到局部，再由局部回归整体的螺旋式点面结合、曲径通幽、渐入佳处的思维模式。这样的思维模式既是逻辑的，又是艺术的，启示考生要养成良好的文本阅读探触习惯，"顺"了，也就是"对"了。

答题关键：周严性

高考现代文阅读题一直以来非常重视对考生思维周严性的考查。周严性强调考生在阅读与答题的过程中，思维要呈现多角度、多层次的扇形结构，要避免与校正简单、平面、直线式的思维局限。

例如高考题《下笔不觉师造化》中的第二大题：

黄宾虹一生绘画艺术的大进展，多发生在他的隐居时期。这是什么原因？请简要分析。

面对文本的相关记述，考生当分门别类地理出个"头绪"，用思维的周严驾驭语言的纷繁与多变，这样才能确保必要的信息不遗失。从时间多寡变化的角度上考虑：①减少应酬杂务，生活清净，便于深思内省和作画。从绘画的内容改变的角度上考虑：②对江湖水光天色的写生使他的画风发生了突变。从由技到道的飞跃的角度考虑：③安定生活使他眼明心清，能够悟出知白守黑的道理，画艺猛进。

从以上三个层面上把握原文的表述，便养成了思维的周严性。分条列项，扇形展开，严谨周全，不遗信息；与此同时，也避免了拉拉杂杂、混沌而下的答题方式。

深度强化：思辨性

随着高考现代文阅读命题的不断深化，将进一步关注学生个性化的发展，进一步注重对考生思辨性的考查。我们期盼的是，考生在与文本交融碰撞的过程中，激活与诞生自我个性化的看法与见解。依据这样的命题理念，以高考试题为例说明如下：

> 小说的题目是"血的故事"，但主要内容是围绕血型而展开的，如果以"血型的故事"为题，你认为是否合适？请谈谈你的观点和具体理由。（8分）（《血的故事》（4）题）

> 尽管黄宾虹和张大千都是一代宗师，但二人的人生态度、对金钱的看法以及艺道旨趣却大相径庭。这给你什么样的启示？请结合全文，谈谈你的看法。（8分）（《下笔不觉师造化》（4）题）

这些问题都没有标准答案，考生既可赞同原文的观点亦可反对，关键需要考生在读懂原文的基础上，读出一个"自己"；有了自己的观点之后，还要注意言之成理、言之有序。从这一个意义上讲，阅读也是在不断地建设与完善一个生命。在备考的过程中，在阅读的过程中，考生当勤思多问，形成思维上独立自主的个性特征。

高度彰显：人文性

高考现代文阅读中的人文性特征将会越来越显著。我们纵观这些题目便可知晓：《诗与歌词》《孕妇和牛》《寻找教育的曙光》《金石书画漫谈》《保护人》《杂交水稻之父》《血的故事》《下笔不觉师造化》《白鹿原奏响一支老腔》《寻找属于自己的句子》……这些文本的选用，除了文本本身具有很好的测试性要求之外，还因为这些文本的内容涉及诗歌、书画、教育、人性、创新、意志、创造、求索、文化的碰撞与融合等多重人文内容。

阅读中有许多方法，但这些方法中最关键、最有效的一个便是尽可能地读懂原文。读懂原文，一个重要的前提和基础便是考生有一定人文素养的积累和准备，这样当文本与考生相遇的时候，考生才能感觉到不陌生、很亲切、较融合。人与文的契合，实在是答好题目的关键。

现代文阅读的测试具有极强的人文性，这就要求我们在整个忙碌紧张的备考中敞开心灵，不断吸纳新鲜材料，张开耳目，打开身心，用心体悟。我们应该将一颗颗处在高三沉睡的心灵"唤醒"，将学生由一个只知埋头做练习、两耳不闻窗外事的"考生"还原塑造成昂首向前、心灵活跃、思维敏捷、灵动鲜活的"人"。

综上所述，提醒考生朋友们重视 12 个字：关照能力，强调思维，建设生命。

让那缕生命的光焰把你照亮

——让语文的学习与备考走出"记"与"练"的局狭

北京模考中，曾出现过这样一道文学常识选择题：

下列有关作家作品的表述，不正确的一项是（　　）

A. 曹操，诗作有《短歌行》《观沧海》《白马篇》等，人称"幽燕老将，气韵沉雄"。

B. 蒲松龄，其作品《聊斋志异》被人赞为"写鬼写妖高人一等，刺贪刺虐入木三分"。

C. 老舍，其小说《骆驼祥子》以及话剧《茶馆》《龙须沟》等，具有浓郁的北京风情。

D. 巴尔扎克，其作品《人间喜剧》系列，是十九世纪批判现实主义的杰出代表之一。

此题的答案为 A，因为《白马篇》是曹植的作品，而非曹操的。这样的文化常识选择题在高三的复习备考中得分率并不高。究学生产生错误的原因，既有的答案是：学生基础不牢，加之高三课业负担加重，学生识记量加大，要记住的东西太多，复习不充分、不全面，自然便容易出错。解决的办法，就是加强练习的频率与强度，督促与检查学生的记忆。这样的认识与处理方法，便将当前语文学习与复习备考中最重要的两个字——记、练——引带出来。这两个要诀目前正纵横天下，成为学习与备考中解决语文问题的万法之法。

现实中，教师教，学生学，在很大的程度上，我们是将语文仅仅视为一个知识系统。"知识"是可以简单交付的。我送给你，你接住了，便是你的了。对付"知识"最有效的方法便是"记"！"记"的对立面是"忘"，有"记"便有"忘"，可以说"记忆"存在的地方就是"遗忘"存在的地方。所以说巩固记忆成果最有效的方法，便是重复性的不断的"练"！"记"与"练"是目前语文学习的现状。

我曾和学生戏言，如果让我做此题，即使抓住我的头发在墙上撞数十下，在不加复习的情况下，我依然可以选出正确的答案 A；若将我化为纷纷碎片，我的每一片依然可以作出正确的选择，答案是 A。道理何在？因为我不是"记"住的，所以"忘"对我无能为力。

《白马篇》是曹植的代表作，是洋溢着曹子建浪漫潇洒、酷极帅毙的青春气息的作品。读曹子建的《白马篇》，我立刻就会为他生命的光华所笼，为他的每一个句子所漂浮、震荡。

篇中为我们刻画的白马少年其实就是洋溢着青春光华的曹子建的精神偶像与精神崇拜。所以只要你刚一展卷，就立刻会被他的青朗刚健的少年情怀所吸引、所震慑。此少年在广袤阔大得犹如电影中的长镜头一般的背景中，纵翩翩白马驰入我们眼中。这个俊美潇洒的形象不仅是古典的，也是现代的。你看他有多酷："宿昔秉良弓，楛矢何参差。"他平日里总是身悬宝弓，箭囊里的箭长短不齐，参差错落。这样的装束，不觉让人想到了美国西部的牛仔，他们的佐罗枪不也总是斜斜地有一搭没一搭地坠在胯间吗？哪有一个牛仔是笔直地插在腰际呢？此少年不但潇洒，而且炫酷。接下来，一连串的骑射动作如果在同学眼前展开，不知要出现多少声大呼小叫！特别是那些小女生们，她们一定会因这"炫酷"的帅哥而发出连连的"惊叫"：控弦破左的，右发摧月支；仰手接飞猱，俯身散马蹄。是啊，左右上下，无处不是他的"旋影"。这不是街舞，但胜似街舞！这不是灌篮高手，却胜似灌篮高手！而这位游侠，就是曹子建的精神化身。这位游侠其实就是洋溢着青春渴望的炫丽非常的曹子建。后人评曹子建曰：骨气奇高，辞采华茂。确实是中肯之语。

　　现实生活中，有那么多为歌星影星而炫目倾倒的男孩、女孩，他们会唱许多这些歌星的拿手歌曲，甚至知道歌星影星们的血型与爱好。谁也没有要求他们记，他们都记住了；谁也没有要求他们醉，他们醉倒了。他们觉得这些歌、这些唱歌的人将他们的生命照亮了，变得有光彩了，他们与歌曲与歌星的生命意念交换了。故此，不记也是记，不练也是练。其实，曹子建的生命风华，又怎低过这些人！在现实生活中，之所以没有产生那样的轰动效应、粉丝效应，是我们许多学生为文字所蔽。读此篇的时候，看到的都是字与字下面的注释，想到的都是“记”与“练”。我们做老师的，就是要帮孩子打通文字之“蔽”，让曹子建的生命华彩透过来、照进来，辉煌而炫目地洒在少男少女的心中，构成他们新的生命崇拜。

作为老师，我多么希望所有的女孩子都爱上曹子建。曹子建健朗帅气，英姿勃发，刚健奔放，气势如虹。更为现在一般的男孩子所欠缺的是，他身上洋溢着一股渴望为国为民奋发有为、视死如归、光芒四射的可贵的精神力量。他卓异秀岸的风骨值得女孩去爱。作为老师，我多么盼望每一个男孩子的精神视野里都可以走进曹子建挺拔倜傥的身影。让我们所有男孩子的精神生命中都能够融入曹子建奔逸有力、飞矢扬鞭的生命姿影，这样，他们就会朗朗如峰、浩浩似河了。是啊，曹子建酷毙帅呆的外在特征里喷薄而出的是青春的力量与生命的华彩，自古至今不知照耀过多少人，又有多少人曾为他所震动。而教育，说到底就是给生命以生命，给人以人！就是给人以梦，给人以爱，给人以敬仰，给人以风范。就是用一个生命照亮另一个生命，就是让一个生命在另一个生命中重新复活，并且永远不死，就是帮学生攒积放射出生命华彩。当我们帮助引导学生深入文字内里，两个相隔千年之久的生命就此相遇。

教育，可贵于这种“相遇”。

　　一旦当我们面对文字，将自我的生命与曹子建的生命交换之后，曹子建就变成了我们的朋友、亲人、偶像。至此，我们就是生命中有联系的人了！有谁会忘记了自己的朋友、亲人、偶像呢？一生中，为我们的灵魂投射灯光焕发瑞彩的人，我们怎能将他忘记？一道文学常识的选择题至此怎可将我们阻挡。

　　改变了语文简单重复的"记"与"练"，有关"人"的语文就算真正开始了。在学习语文的整个过程中，我们获得的不仅仅是一个好看有用的分数，与此同时，我们整个的人都相应地发生了变化。

　　课本里的文字开始灼烫、深情起来，我们的生命亦开始正式觉醒。

生命，因阅读而尴尬

——为我们当前的教育反思提供一点参照

一

教育，是推动"人"的；"题"，是用来检测"人"的。理应如是。

教育，如若仅仅在"就题论题"的层面上打磨磨，我以为不但对得分没有大益，对教育而言，更是一种严重的误读与伤害。

语文要增分，阅读于是热了起来。

在不少中小学，阅读常常是阅读题。那我们就从阅读题说起。

讲阅读题，我最腻烦讲答题方法，主要原因是我觉得除了读懂这个方法之外，就没什么其他方法值得一讲了。看到别人"方法"讲得既系统又多样，真是又羡慕又惭愧。

当老师这么多年，为大型考试命现代文阅读试题，也非少数了。在内心深处，我也一直拒绝那些在名词术语或习惯性放之四海而皆准的套路性内容上命题。那些蜻蜓点水浮光掠影的"答案"，甚至糊里八涂根本理不清道不明的"答案"，误"人"深矣，将"人"问成了"木头"。我非常不愿意将那些我自以为无用的内容与一个个可以影响学生状态的分数相关联。在命题的过程中没有中间地带，如若我们不能通过试题的正误得分来引导鼓舞启发学生，进而帮助学生获得发展，那么，代之而来的必定是对学生的抑制打击甚至是瓦解。上高中以后，不少学生学习热情消顿，这和他们的"做题命运"大有关系。

我愿意学生去阅读让我们遭遇生命尴尬的文字，我愿意去命制让我们遭遇生命尴尬的试题。

二

高一期末考试需要命制现代文阅读题，在文海里，我读到王开岭先生的《权利的傲慢》，当时我像是被击碎了，碎片落得满地都是，无法拾取。我从自以为是的"有"一下子变成了清醒理性、实际上的"无"，心中好不尴尬。文章讲耶路撒冷有一间名叫"芬克斯"的酒吧，一次，正在中东访问的美国国务卿基辛格来到耶路撒冷，公务之余想去这间酒吧。第一次，出于安全的考虑，要求酒吧谢绝其他客人到场，结果遭到了店主的婉言拒绝。第二次，减少同去人数，不必谢绝其他客人，但因为基辛格后天便要离开此地，所以请求第二天（礼拜六）前往。没想到店主说：“作为犹太人后裔，您该知道，礼拜六是个神圣的日子，礼拜六营业，是对神的亵渎。”基辛格由此再次遭到拒绝。“人人生而平等，人最重要的权利即拒绝权力的权利。”文中写道：“后来，我竟莫名地打量起它的真实性来，会有这等傲慢发生吗？”“一件小事，仔细品味却那样陌生，那般难以企及。从开始到完成，它需要一个人‘公民’意识的长期储备，需要一种对尊严和规则牢固的持有决心，需要一个允许这种人、这种性格、这种人生——安全、自由、稳定生长的环境……”

隐去了文末最后一句作者书写自我态度的句子，以选择探究的方式，我想激起学生对文章内容的进一步理解，甚至想激发出一点学生自我的想法。为此，我命制了这样一道试题：

　　这篇文章的结尾或许是“我向往，但我不是”；也可能会是“我不是，于是我不再向往”；还可能是“然而我向往，并为之努力”。不同的文字表达不同的情感态度。你会更倾向于选择哪一种？请结合自己的阅读或生活经历，谈谈你的理由。文字不少于150字。

试题之所以这样命制，当然不是去检测哪位同学选的答案恰好与作者一样。这三个说法学生选择哪一个都不直接影响他的分数，关键还在学生是如何阐释自己选择的理由，这个题的关键在"阐释"，而非"选择"。这个阐释，要在基本掌握文意的基础上，结合自己的经历和体验再展开。当然，读罢全篇，细品这三种答语，还是有差别的。第一种"我向往，但我不是"，这是一个中年人的感喟，带着现实的沉重与深入的反思，不会把事情想得轻而易举，但并不意味着不去做。第二种"然而我向往，并为之努力"则是青年人喜欢的表态——积极明快。其实，文化基因的改变谈何容易！记得一个敏感多思的学生曾问过我："老师，你说世间什么事情最难？"他这一问，还真把我问住了。想了一段时间，我才对他说："我觉得最难做的事情是，管理自己与改变国家。"他听后，使劲地点了点头。第二种"我不是，于是我不再向往"，好像是赌着一口气在说。因为在前文，作者分明先讲了我"向往"，然后才说"我不是"，在"我不是"里也充满了"向往"。

阅卷的时候，相当多的学生的答案还是"震"到我了。因为此篇属于那种作者已经讲得"很清楚"的文章，高中的学生应该多少会有所感受，如若说"不深刻"，那还是在我料算之中的。然而，全年级近五百名学生，答案涉及的内容与原文真正产生关联的，可谓凤毛麟角。有关这道题的答案，给人的一个主要感觉就是，学生似乎并没有读过此文，或者是你说你的，我说我的，作者读者两无碍。

下面摘录几则学生的答案，代表了绝大多数学生的状况。

● 我更倾向于选择"我向往，但我不是"。我从小便从书上看到"头悬梁，锥刺股"的故事。书中主人公刻苦学习的态度值得我们学习，我很向往自己具有他们这种执着的精神，却并不希望自己真的将头发吊起，用锥子扎腿，这不利于身体健康。生命中没有人是十全十美的，店主的做法有利有弊，我们要向往他的精神，同时又要保留自己的个性。

● 我选择"然而我向往，并为之努力"。"我不是"体现出一种不自信和悲观，只有向往并为之努力才能真正改变。我曾经害怕并逃避演讲，在同学的鼓励下不断地尝试才发现自己在不断提升，只有抱着积极的心态并不断尝试才有可能改变自己。文中也是只有怀着那种向往不断向这个方向努力，才有可能让周围环境更好，而不是忍着这不让自己满意的现状。

学生的这种"不触及""无动于衷"，一下子"电"到我了！让我由现实甚至一下子走进了历史。在历史残酷的演进过程中，中国人尸横遍野，血流成河，哀号辗转，付出的代价不可谓不深重，却始终不能摆脱我们的"局限"，在思想观念上始终在做着周而复始的简单轮回。这个历史魔咒，是谁发出的，由谁来控制？何时才能突破与改进？今天，我们坐在教室里的学生，将来会有多少人成为社会的精英，将会怎样影响今后的社会发展与制度变革？我一遍遍问自己。

类似于下面这样的答案，在全年级灿若星辰，寥寥无几。

● 我倾向于"然而我向往，并为之努力"。文章中作者深刻的思考，向我们揭示了社会制度、意识形态对于公民意识的影响。社会是需要进步的，现在的问题不能作为拒绝前进的理由或借口，正是因为存在这样那样的问题，我们更应该去反思去改变。前一段时间，习近平主席前往庆丰包子铺用餐，可用餐过后，主席坐过的桌椅被供奉，主席点过的菜品被疯传。这一事件和"芬克斯"形成了鲜明的对比，试想若是基辛格不去"芬克斯"而来"庆丰"，又会有怎样的变化呢？中国梦，或者"中华民族的伟大复兴"不仅仅是航母下水了、飞机上天了、嫦娥登月了；中国人民站起来，不仅仅是条约被废除了、人人变富翁了，更需要民族素质、公民意识的屹立，只有当我们能用权利傲慢地拒绝权力时，我们才站起来了。所谓能力越大，责任越大，认识到问题所在的人，同样肩负着努力改正问题的使命。

全年级像这样为数甚少的几个答案，均出自我的门下，为此我骄傲极了，像获得了来自教育行政部门一种最高级的荣誉！我骄傲的是我的学生"懂事"，而非一般意义上所说的阅读能力强！用一般意义上的阅读能力来评价这几位学生，我认为对他们而言是不公平的，甚至是侮辱性的。因为他们这样的答案，显示出了"人"的真正发展。

在讲评试题期间，一天中午，一位成绩还很不错的学生来到办公室，向教他的语文老师，我的一位同事"讨公道"。先开始是他们师生两位谈，因为谈话很艰难，所以在场的老师们也一起投入到这场讨论中。

这位学生申辩道：拒绝了就拒绝了，有什么好讲！

我们说，这个拒绝可不一样！

他说：怎么个不一样，我在家里还经常拒绝我妈呢！

我们说：家庭可不是国家，注意基辛格是美国国务卿！

他说：家庭是国家的微缩状态。看来是无法沟通了！

孩子好像有点生气了，为此我们都挺尴尬。我想学生如此，他一定是受过坏题严重的侮辱与伤害。

这件事，真实地发生在我们中间。

三

我们命题，做题，练题，答题，讲题，总结题……我们一直可以做到"就题说题"，而不和复杂丰富的"人"发生关联，这样的教育不容易。据说语文高考，要从 150 分提升至 180 分，最后还要提升至 300 分，这样无关于"人"的状况，还要继续吗，甚至进一步增强力度？

这次因为这道题，我们师生都遭遇了尴尬。因为尴尬，见出我们的虚空与不足；因为尴尬，证出我们的浑茫与懵懂；因为尴尬，鼓起我们前行的愿望与勇气。

读，总是应该改变与树立一点什么吧！孩子们阅读，更真实更具体的意义是"人"可以由此而获得发展，而非只是在答题技巧与答题规范上不断积累经验与总结成败。今年初春，多地降下第一场大雪。浑茫的、拥有一些空泛知识的、今日的学生未来的社会成员，若是从这样的阅读中泅泅走出，将来由他们构建而成的社会，其实也便不难想象。近来，国内又有新闻：准女婿因为不会打牌遭老丈人奚落，称其没有男人味。现实简单而沉重。学生是否可以写出呼应题目、深化题旨、比喻修辞等这样的答案，对他们的"人"而言价值甚微。

生命，因阅读而尴尬。我们期待的阅读状态与答题状况，就在于我们让学生读了些什么，我们"如何问"，以及我们究竟想要问出些什么。

上学，只做题。教育，就是做些题。

人，在阅读里生成。

教育，在寂寞里前行。

笔下的跃然生姿源自师生内心不断的"出发"

——再谈高三作文的提升策略

一

开篇即言"再说",原因是众所周知的。我们年年都有大量谈高考作文突破的文章,高考前夕尤烈。一个普遍的事实是,那些越是声言操作性突出、能够立竿见影者,越会遭到普遍的围观。一位从事语文教育的资深编辑曾对我言:学生如此,教师群体亦然。他说,自己有时不免觉得心寒。

二

讲一个真实的故事。

青黛同学是我的学生,高一的时候我教她。开学不久,我就发现她听课时有一个独特的表现。她准备了一个精致的笔记本,放在课桌一隅。上课的时候,常会迅捷地打开那个笔记本，写上几笔，然后再快速合起来，回转课堂。时间久了，我也渐渐猜到了七八分个中缘由。因为她提笔之时，往往便是课堂的紧要之处。课堂的紧要处，一般不是百度里可以一下子便查到的内容，这一点对于语文课堂而言尤显重要。语文课，一流的价值似乎不在静静躺着的那些"知识"里。诚然，我们不是说百度不好。课堂的紧要处，应该在闪现着师生心灵光泽、矗立着师生思考青峰的地方。课堂的紧要处，往往在师生心魂出"窍"的地方，往往在可以帮助"人"发现那个潜在的美好的自我的地方，在解除了"人"日日携带的"硬茧"与"庸常"的地方。课堂上，她常常于此处动笔。

一次课下，我和她聊起了此事，问她为什么要写，都写了些什么。她笑着回答说，听到老师的妙处，心有所感，就快速记下来，害怕时间久了，自己会忘记。征得她的同意后，我借过来一看，果然如此。不过，有的是我的原话，有的是她在我或同学表述的基础之上，自我的体验、印证以及由此而起的一些触发。

我为能有青黛这样的学生而感到由衷的骄傲！我特别喜欢和学生强调的是：一节课，最重要的不只是掌握了什么，而是经由"掌握"而"出发"了什么，为此，我特别在意于课堂里"制造"这些"出发"。当我们的心灵与思想能够不断触探延伸出去的时候，我们便获得了活泼的性灵与内在的思考。这些内容鲜活地滋润生命，也帮助我们仔细地"斟酌生命"。这些从课堂里、从我们日日忽视的岁月里"迸溅""跳荡"出来的东西，从某种意义上讲，才真正属于我们自己，是构建我们那个"自己"最重要的"材料"。如果仅仅从作文提升的角度而言，这些内容本身便构成了无穷无尽的写作内容与表达依托。例如我在北京四月里的雾霾天曾经讲过贺知章笔下的春天——《咏柳》。青黛在本上是这样记录的：

> 　　老师说，在雾霾天读青春的唐诗，也可算成是为自己买了一个洁白的有九重防护的高级口罩。清新雀跃的诗句应该华诞于一个亲切活泼、心光闪耀、厌倦沉闷的生命里。老师讲《新唐书·贺知章传》里对贺知章有这样的一段记载：（贺知章）性旷夷，善谭说，与族姑子陆象先善。象先尝谓人曰："季真（贺知章的字）清谭风流，吾一日不见，则鄙吝生矣。"陆象先的说法，果然验证了《咏柳》一诗跳荡轻灵的才思与"人"之间的关系。贺知章是一个很明媚、很春天的人。

　　青黛的作文立意高致、文思玲珑，能见一般学生所未见，在整个年级中算来，也堪称佼佼者。高一的时候有一篇考场作文，要求写"声音"。青黛的文章虽是考场急就章，但别具一格，颖透且有深度。她写的是通过写作来倾听自己内心的声音。她有一段是这样写的：

> 　　我开始喜欢每天写一点东西给自己。有时候挤在地铁

上用手机写，有时候独自在深夜的台灯下写。小的想法可能只是两三行的笔记，有感而发处也许是长篇大论。可无论是在嘈杂的人群，还是在寂静的黑夜，那短短的时间里周围的环境仿佛与我无关了。我用文字和自己对话，而文字那端也会有一个自己来回应我。

为了激励与改变更多的同学，在各种场合，我都不断提到青黛的那个小本。这是因为青黛的小本不仅仅是一种学习方法，更是一种生命方式，是师生相携的"游学"：我们兴奋于可以到达一个陌生的地方，我们可以枕着遥遥的铁轨到远方去，我们可以行走在陌生而又亲切的一方"小镇"里……笔下的丰沛与圆润，得自于我们师生日日不断的"出发"。与之相反，当我们的生命里缺少流动、徜徉、柔软和那些撼动人心、抵达心肺的内容时，我们的笔该将是何等的无聊与虚无啊！笔下是活泼泼的一湾清漪，还是尘飞土扬的一场躲避与忍耐，这一切都与我们的生命风景相关。当然，笔下愤然的沉重也是另一番"风景"，乌云蔽日、乱浪滔天，我们的悲怆与呼喊在天地间灼亮如劈天的闪电。

是的，也许正是平日里的那些"出发"，为她营造了许多开阔而美好的诗意与远方，让她的笔下有了出自自我生命里的活力与生机。

三

高二一开学，由于工作上有了新的安排，我不教青黛了。一年多的时光转眼即逝，今年春节刚过，一天，我收到了青黛发来的一则短信：

> 连老师，有个问题想求助您。我进入高三以后，作文一直都表现很差，不知道该怎么写，总感觉没什么材料；而且现在时间紧，阅读量几乎都没有了……经常看着一个题目无从说起。而且这次全区期末统考，我的作文只得了36分。老师您觉得现阶段我应该怎么补救一下啊？

看到青黛的短信，说实在话，我特别吃惊。这是昔日那个才思泉涌、笔底缤纷的青黛发给我的短信吗？更让我吃惊的一个重要依据是青黛提到的全区统考的期末作文题。全区统考作文是二选一，题目如下：

> 从下面两个题目中任选一题，按要求作答。不少于700字。
>
> ①刚刚过去的一年，无论世界、国家，还是家庭、个人，都经历了各自路途中的阴晴雨雪。过去这一年中的喜怒哀乐，哪些是值得你回味的？
>
> 请以"2015，值得回味的日子"为题，写一篇记叙文。将题目抄写在答题纸上。

②《那里的世界只剩下一种人》中有一句话："如果有一天没有了纸质书……不，我相信我不会见到这一天。"作者借此表达了自己对纸质书以及阅读生活的热爱。飞速向前的生活中，很多事物都在发展变化着，很多东西都有可能逝去。

请以"如果有一天没有了_____"为题作文。将题目抄写在答题纸上。

要求：自选一物填在横线上（书籍除外）。可议论，可叙述，可抒情，文体不限。

让我惊讶的一个重要理由，是区统考的第二个作文题"如果有一天没有了_____"其实就是本学年北京市高考作文②题另外的一个说法，写作的实质完全不变。我们回顾一下这道高考作文题：

《说起梅花》表达了作者对梅花"深入灵魂的热爱"。在你的生活中，哪一种物使你产生了"深入灵魂的热爱"，这样的爱为什么能深入灵魂？

请以"深入灵魂的热爱"为题作文。

要求：自选一物（植物、动物或器物。梅花除外），可议论，可叙述，可抒情，文体不限。将题目抄写在答题卡上。

"深入灵魂的热爱"是要求学生先择一"物"，阐释其精神

价值，并进而谈谈此物之精神价值对于自我生命之影响与构建。而"如果有一天没有了_____"则是从一"物"消失之后，必将造成其蕴造的精神价值衰亡的角度，言其"物"之重要，特别是会对人类精神构建造成的遗憾与损失。这两个作文题题面的表述看似完全不同，实则是一正一反，是一个手掌的两面。6月高考，9月迎来高三新学年，区统考是前半学期即将结束的时候，对高三学生进行的一次检测。其间经由了半年的时光，我们不应该对当年的高考题毫无觉识，特别是针对青黛这样的同学而言，不能不说是一种遗憾。而且，依托于青黛同学日常里养成的所思所感，面对这样的题目——如果仅从应试的角度而言——对于像她这样的学生而言，其实是不应该也不可能造成难度的。套用《水浒传》中称赞智多星吴用的一句话："略施小计鬼神惊"。

我将我的疑问传递给了电话那头的青黛。她嗫嚅着，说见到区统考的第二个题目，当时脑中毫无材料，不知道该说什么好。在迫不得已的情况下，只能选择题目①。写记叙文本非自己擅长，实是无奈之举。青黛请我帮她看看所写的记叙文，她发过来后，我一看，确如青黛自己所言，不太像记叙文，情节打不开，其实写得更像是有触发的散文，只是若从散文的角度而言，感触的部分又写得浮泛，缺乏个性特征。我不由得一下子想到了青黛的那个小本。我半开玩笑半好奇地问她："青黛的小本呢？"她当然知道这个典故，不好意思地说："老师，其实，自您离开后，我就没有记了……也觉得没有什么可记的了……"然后，是电话里我们俩一起献出的沉默。我鼓励青黛说："其实恐怕问题就出在这里，我们的心波思潮停下来的时候，笔下也便是一片沉寂了。即便靠我们较好的语言能力勉力为之，但内里的贫乏与虚弱是掩盖不了的。或许我们力图想从几个'方法'里短平快地解决这个问题，但无心源活水，再好的'方法'其实也只能是一种勉强的'补救'。要写下去、记下去，特别是高三的时候，我们的心中更需要有跃然生姿。"青黛听了，激动地说："真的特别感谢您！那个小本子我一定要重新翻看，觉得那时候的自己还挺让人感动的！我一定努力，老师！"

四

青黛的故事给了我很大的震动。斟酌一下，高一的时候，贺知章的春柳不就是一物之于生命的意义吗？不就是贺知章深入灵魂的一场爱吗？如若遗落了春柳，贺知章的心魄中会丧失多少活泼精致的生姿啊！如果我们能够源自于内心深处诞生写作的力量，高考作文也并非绝对的难事。

在这个世界上有太多虚假的"指引"；真正的指引，我想是能够让你渐渐看到自身内在的美好与力量的。师生皆如此。

当我们师生的内心停止了"出发",作文的窘迫便随即而来。高三犹如是!

学生出发之前,老师就要出发,一同不停出发的师生是快乐而幸福的一群人。成全了自我的生命,也便成全了自我的作文。高分作文又何足道哉!

让我们既有深情的眷恋又有深峻的思索

——由高考作文引发的思考

高考过后，接受一位记者对我的采访。记者问："高考是指挥棒，老师，您觉得今年的试题会对今后产生怎样的影响?"记者的问题其实也是我们一直以来关注的问题。如若我们不加深思细研，高考这根指挥棒似乎只能指出两个方向：一曰补课，二曰做题。看看目前一些情状，似乎大体如是。我们不能靠不断损毁自己、埋头题海、不顾未来来博取分数。我们知道并且有自信的是，通过师生共同成长，在学习过程中诞生我们师生发自心头的眷恋与思考，是获取分数的捷径与妙境。高考得分之后，留在我们师生生命里的这些养分还会继续发酵，与我们的一生美好相伴。如若我们带着这样的理念，去看作文命题，便会有更内在的发现。

25．微写作（10分）

从下面三个题目中任选一题，按要求作答。

①高中阶段的学习最需要注意什么？请给即将进入高中学习的同学提一两条建议，要求条理清楚，言之有物。

150 字左右。

②很多家长在微信或 QQ 等媒体上建立了所谓"家长群",请对这种现象发现评论。要求言之成理,自圆其说。150 字左右。

③请以"荷"为题,写一首诗或一段抒情文字。不超过 150 字。

26. 作文(50 分)

从下面两个题目中任选一个,按要求作答,不少于700 字,将题目抄在答题卡上。

①《白鹿原上奏响一支老腔》记述老腔的演出每每"撼人肺腑",令人有一种"酣畅淋漓"的感觉,某种意义上,可以说"老腔"已超越其艺术形式本身,成为了一种象征。

请以"'老腔'何以令人震撼"为题,写一篇议论文。

要求:以老腔的魅力说开去,不要局限于陈忠实散文的内容,观点明确,证据充分,论证合理。

②书签,与书相伴,形式多样,设想你有这样一枚神奇的书签,它能与你交流,还能助你实现读书的愿望……你与它之间会发生什么故事呢?

请展开想象,以"神奇的书签"为题,写一篇记叙文。

要求:表现爱读书,读好书的主题;有细节,有描写。

微写作，提醒我们在匆忙的生活行进中不能忽视必要的清点

首先说微写作，涉及了三个题目，要求考生三选一。这三个题目，无论是给高一的学弟学妹提建议，还是对家长 QQ 群发表看法，抑或是对"荷"描摹感悟，都密切地与学生的现实生活高度相关。以第一个题目为例："高中阶段的学习最需要注意什么？请给即将进入高中学习的同学提一两条建议，要求条理清楚，言之有物。"题目看似平易，却又不失必要的陡峭。考生如若没有深度思考与自身内在体会，空洞浮泛地随口说说，恐怕也难以获得理想分数。仔细想一想，我们是否可以说出下面的这些建议：

①进入高中后，你和老师学，不是学百度知道里的那些东西，而是通过体悟师生生命里的徘徊与绽放，最终发现自己。

②亲爱的学弟学妹，我想对你们说，我想让我们一起说：在高中的学习中，我们不是不断靠坚定的意志去抗拒厌倦与无聊，而是通过学习，帮助我们真正走向成熟与再次天真。在学习中，我们将永远热爱天空和大海，我们将永远热爱世间那些站在黑暗里高贵而庄严的灵魂。我们无论走多远，心中永远有大地和河流！有苍生，有世界！

老腔唱过，寻找的是我们精神的眷恋与乡土

在试题上，一曲"老腔"深情演绎。陈忠实用自己汹涌澎湃的情脉与深峻严正的思考，告诉我们：

> 一种发自久远时空的绝响，又饱含着关中大地深厚的神韵，把当代人潜存在心灵底层的那一根尚未被各种或高雅或通俗的音律所淹没的神经撞响了，这几乎是本能地呼应着这种堪为大美的民间原生形态的心灵旋律。

题干中突出强调了两点：（1）"可以说'老腔'已超越其艺术形式本身，成为了一种象征"；②"以老腔的魅力说开去，不要局限于陈忠实散文的内容，观点明确，证据充分，论证合理"。文学作品阅读以两千字的篇幅，引发了我们精神上的探寻与回归。民族文化里，深埋着我们精神的深度眷恋。探寻民族文化的深层意蕴，便是帮助我们寻找并确认精神的乡土。一方地域养一方人，民族文化丰富的内涵与层次，帮助每一位考生由自身的文化体验出发。受陈忠实先生激越昂扬的"老腔"启发，我们自我的精神寻找似乎也在阅读展开的同时开始了。那牵动我们灵魂的、撼动我们肺腑的、徘徊不去、密密萦绕在我们灵魂深处的，或许是一个个依旧带着祖先情思的方块字，或许是那古朴稚拙的一页红扑扑的剪纸，或许是悲情而深沉的唢呐，或许是白墙黛瓦、线条流畅的徽派建筑，或许是震动天地的安塞腰鼓，或许是一唱便让人迷醉的京腔京韵，或许是从

一角飞檐中扑棱棱抖出的辽远而又空灵的鸽鸣……我们每个人的精神经历不同，在多样的、不限定的文化寻找中，去确认我们自己的精神归属。

我想这样的寻找不是很容易，但却有意义。2010 年高考北京卷当时的命题是"仰望星空与脚踏实地"，我的学生贺亦敏写的却是黄土高原。当时此篇给人们留下了深刻而美好的影响。贺亦敏是北京人，却来自黄土高原。我想在紧张的考场内，她决定写下"黄土高原"的时刻，是她身上文化的基因发生了深挚而重要的作用。北京是个"移民"城市，因此我们有信心期待更多元、更深情也更理性的精神乡土的寻找。

神奇的书签，让古雅的阅读有了个性的趣味与俏皮

经典文学作品阅读量不够、作文教学程式化一直是语文教学中亟待改进的深层次问题。"神奇的书签"在一定的程度上试图深层次地触及这两个问题。

首先命题将写作的内容指向了阅读。题目明确要求"表现爱读书，读好书的主题"。但如若从命题的角度而言，考"阅读"，学生又很容易宿构。因此，命题者加了一层限定，这便是要求写"书签"。书签，自然与阅读有内在而密切的联系，但如若我们的考生简单机械、生搬硬套、不加转化，就会出现只见阅读不见书签的笑话。这是第一层难度，当然，也可以说

是第一层趣味。因为，书签与"书"之间的这个多元性不稳定结构，可以激活许多意想不到的故事。

阅读是古雅的，在有些人眼中，甚至是沉闷的、单调的。命题的第二层限定，也可以说是第二层趣味，是"神奇"。"神奇的书签"让"我"与书之间、让"我"与阅读之间，产生了离奇丰富的种种可能性。题干提示说："书签，与书相伴，形式多样，设想你有这样一枚神奇的书签，它能与你交流，还能助你实现读书的愿望……你与它之间会发生什么故事呢？""神奇的书签"或许可以帮助我们一目十行，"神奇的书签"或许可以帮助我们更内在地进入书中的精神高地，"神奇的书签"或许可以帮助我们改变书中重要的情节，"神奇的书签"或许可以帮助我们与久违的作者展开丰富而内在的对话，"神奇的书签"或许可以帮助我们续写那些作者未能最终完成的名著……

就命题的角度而言，"神奇的书签"的神奇之处在于既将考生的写作内容指向了真正的阅读（要求有细节），又较为有效地避免了宿构与套作，进而利用想象与叙事，为考生展现在阅读中个性化的趣味与俏皮提供了足够的空间。

由以上的评析，我们可以获得高考作文命题带来的一个深度启示：在日常的学习生活过程中，让我们师生一起诞生深情的眷恋与深峻的思索；活过，读过，写过，爱过，留恋过，感喟过，思考过……这些美好美妙的状态离我们的考试似乎并不遥远。

高考百日冲刺必须处理好的8大矛盾

其实，尽量不做或少做错误的事，就是最大限度地提高了学习效率。

高考冲刺已经临近百日，考生们正处在紧张而繁忙的最后几个月的黄金备考期，家长们也繁忙起来。为了让同学们少走弯路，下面总结了历年来这一时期的宝贵经验，特此提出必须处理好的8个矛盾，供同学参考借鉴，以期明确与改进。

一、渴求提升，但却封闭虚荣

经过高三上半学期的拼搏与测试，有些同学的语文成绩显现出明显的弱点。成绩尴尬，会使不少同学内心变得急躁不安，这些同学在内心深处渴求成绩的提升与改变。这个时候，有两方面的问题特别值得关注。一方面，今日成绩危机，其实是自己两年来、甚至是多年来"种"下来的，成绩的低，绝非一两日便酿成，在此基础上，我们首先该正视自己的不足。另一方面，我们只有开始正视自己的不足，才会"谦卑"下来，而"谦卑"是一切前行的基础，盲目自尊或者拒不承认，都不可能很好很快地解决问题。我们不能一方面内心焦躁，渴求改变，但另一方面却又"极度维护"我们目前的现状。这样，即便老师对你提出多么中肯而有效的建议，你都不可能充分吸收。"承认"恐怕是改变最重要的前提。

二、家长关注，但却无视弱点

孩子成绩不佳，家长自然是十分关注。但在这最后阶段，家长应该注意的是：热情鼓励与诚挚指出是帮助孩子有效改善非常重要的两方面，要相互配合起来。没有诚挚指出，热情鼓励便是廉价与无效的，最后可能只能落得在原地踏步。一味地鼓励甚至可能会成为伤害孩子更尖锐的利剑。帮助孩子，家长首先应该能够正视孩子的弱点。"看不透"自己的孩子，或者还是一如既往地"关爱"下去，其实最终失利的恐怕还不仅仅是高考。

三、在意分数，但却草率过程

这一时期，考生自然十分在意自己的分数，但是容易犯的一个错误是草率过程。草率过程，具体指的是：草率规划过程，每每被动做事；草率课堂过程，自己躲在自我的小圈子里自搞一套；草率反思过程，只做不想；草率思维过程，过分关注结果与最终……

可以这样讲，当我们草率了过程的时候，我们渴盼已久的分数便只能与我们擦肩而过。

四、着眼数量，但却轻视思考

一位令我敬佩的数学老师曾和我说这样的一句话："现如今，我们不少的孩子将学习当成了纯粹的体力活！"老师的意味深长，值得我们每位考生关注与思索。具体到语文而言，语文的答题过程不是仅仅凭借一种"感觉"，其内部常常有一个细致深入的思考过程与逻辑过程。

例如北京卷曾考过的作文题：仰望星空与脚踏实地。"仰望星空"与"脚踏实地"，两幅图景，命题者以"与"将二者关联。"与"一般联系的是并列关系，但"仰望星空"与"脚踏实地"之间又何止一个并列关系可以了得。"与"字看似界定的是一元关系，其实于两者内里间却存有多元的不稳定关系。而且，对"仰望星空""脚踏实地"这两个形象，赋予不同的含义，又会让这二者的关系更加复杂。如：要"仰望星空"更需"脚踏实地"、要"脚踏实地"更需"仰望星空"；只有"仰望星空"才能"脚踏实地"、只有"脚踏实地"才能"仰望星空"；"仰望星空"之后方可"脚踏实地"、"脚踏实地"之后方可"仰望星空"；拒绝"仰望星空"才可"脚踏实地"、拒绝"脚踏实地"才可"仰望星空";"仰望星空"时岂可"脚踏实地"、"脚踏实地"时岂可"仰望星空";既要"仰望星空"又要"脚踏实地"、既不可"仰望星空"也无须"脚踏实地"……我们在此以有限的举例来呈现其关系之多元,真可谓一个"与"字,气象万千。应该说命题者以"与"构建的"仰望星空""脚踏实地"二者关系是动态的、活跃的、不稳定的,是期待考生个性化把握与建构的。如此复杂辩证的关系,为优秀考生的表现提供了广阔的思维舞台。

五、一眼看过,但却浑茫一片

这一点是专门针对考生朋友的现代文阅读而言。我们不少同学在读文本时,习惯于不用心地浏览,习惯于关注文后的试题怎么做。所谓阅读,不是用眼睛简单浏览一遍。读,从来就是与"思"结伴而行的。这个"思",是积极的,是紧张的,是调控的,是整合的,是提问的,是书写的,是鉴赏的,是品味的,是记忆的,是有心的……

阅读,如果仅仅是看,是浏览,最终的结果只能是混茫一片,这是一味求"快"的简单草率的代价。

我们试举一小例,2014年全国新课标卷二,现代文阅读是刘庆邦先生的名篇《鞋》。篇中有这样一段话:

守明开始做鞋的筹备工作了。她到集上买来了乌黑的鞋面布和雪白的鞋底布，一切都要全新的，连袼褙和垫底的碎布都是新的，一点旧的都不许混进来。她的表情突然变得严肃起来。

"乌黑的鞋面布""雪白的鞋底布""一切都要全新的""连袼褙和垫底的碎布都是新的"：鞋，虽是我们一般人眼中的寻常物，但对守明姑娘而言，是生命的全新阶段，是生活的一种仪式，是自己命运的一个全新的开始。"一点旧的都不许混进来"，你看，守明姑娘是多么挑剔，这种挑剔里是她全新的期待与一腔常人不易查知的心灵期待与寄托。"她的表情突然变得严肃起来"，"严肃"一词用得真好，它把守明姑娘的内心世界一下子把握拿捏住了，真是让人惊叹！语言只要恰到好处，一个再普通不过的词语也会散射出灼亮的光芒。

六、追求方法，但却忽视理解

这学期北京开学前突降大雪，于是网上流行起这样的段子。为什么开学前会突降大雪？

(1) 揭示了故事发生的背景；

(2) 渲染了凄凉的气氛；

(3) 暗示了主人公悲惨的命运；

（4）揭露了凄惨的社会环境；

（5）为即将开始的悲惨故事埋伏笔 ……

同学们看到这里一定会会心一笑，高三的我们懂得。

在我们日常的学习中，不少同学简单片面地追求答题方法。我们对文意不太关注，寄答题希望于有效的"方法"。

例如所谓的"沙里淘金法"。此法强调解题时就应在指定的段落中筛选信息，进行"沙里淘金"，即排除多余的无用信息，"淘"出包含有用信息的语句。只要无明文规定，答题时要尽可能利用或摘录原文中的词语和句子作答。方法不错，但仅仅这样记住方法还不够，要在具体题目的实践中加深理解与体会。名将不是仅仅靠别人的"方法总结"成长的。

我们关注这样一个语段：

①技术是艺术生产的组成部分，艺术的创作与传播从来没有离开技术的支持。但即便如此，技术也从未扮演过艺术的主人。《史记》《窦娥冤》《红楼梦》……这些之所以成为经典，是因为它们的思想光芒与艺术魅力，而不是因为书写于竹简，上演于舞台，或者印刷在书本里。然而，在现代社会，技术的日新月异造就了人们对技术的盲目崇拜，以至于许多人没有察觉艺术生产正在出现一个颠倒：许多时候，技术植入艺术的真正原因其实是工业社会的技术消费，而不是艺术演变的内在冲动。换言之，这时

的技术无形中晋升为领跑者，艺术更像是技术发明力图开拓的市场。

②中国艺术的"简约"传统隐含了对于"炫技"的不屑。古代思想家认为，繁杂的技术具有炫目的迷惑性，目迷五色可能干扰人们对于"道"的持续注视。他们众口一词地告诫"文胜质"可能导致的危险，这是古代思想家的人文情怀。当然，这并非号召艺术拒绝技术，而是敦促文化生产审慎地考虑技术的意义：如果不存在震撼人心的主题，繁杂的技术只能沦为虚有其表的形式。

③这种虚有其表的形式在当下并不少见，光怪陆离的外观往往掩盖了内容的苍白。譬如众多文艺晚会和其他娱乐节目。大额资金慷慨赞助，大牌演员频频现身，大众传媒提供各种空间……形形色色的文艺晚会如此密集，以至于人们不得不怀疑：这个社会真的需要那么多奢华呈现吗？除了晚会还是晚会，如此贫乏的文化想象通常预示了主题的贫乏——这种贫乏多半与技术制造的华丽风格形成了鲜明的对比。此时的技术业已游离了艺术的初衷，众多的娱乐节目——而不是艺术——充当了技术的受惠者。

有同学认为③段与①②两段形成递进关系，先指出光怪陆离的外观往往掩盖了内容的苍白，接着通过一些娱乐现象表明由技术主打的娱乐节目主题贫乏，技术游离了艺术的初衷。

这样的看法是有误的，问题在于我们要分析文章结构，把握文章思路。"③段与①②两段形成递进关系"属于分析错误，从第②段最后一句话"如果不存在震撼人心的主题，繁杂的技术只能沦为虚有其表的形式"和第③段开头第一句话"这种虚有其表的形式在当下并不少见"可以看出，第③段是承接上文；再从第①段中的"这些之所以成为经典，是因为它们的思想光芒与艺术魅力"一句，第②段的"他们众口一词地告诫'文胜质'可能导致的危险""如果不存在震撼人心的主题"等句，可以知道，它们和第③段一样，都是议论艺术的内容与形式之间的关系，所以段落之间应该是并列关系。

七、看重辞采，但却不重内涵

对于作文的提升，我们不少同学特别看重辞采，但往往轻视了自己文章的真正所指。我们简单地以为，只要辞采绚丽、五光十色，便可获取高分。所以我们不少考生比较追求文章外在的形式，这些同学既不重视深入的积累，也不重视自己真实意义上的提升，往往希图用一两个办法、窍门来解决全部问题。这样一种备考思路是亟须调整与改变的。

我们关注一下下面这个题目：

　　阅读下面的材料，根据要求写一篇不少于 800 字的文

章。（60分）

不少人因为喜欢动物而给它们喂食，某自然保护区的公路边却有如下警示：给野生动物喂食，易使它们丧失觅食能力。不听警告执意喂食者，将依法惩处。

要求：选好角度，确定立意，明确文体，自拟标题；不要脱离材料内容及含义的范围作文，不要套作，不得抄袭。

一位同学这样写道：

法国教育家卢梭曾说过："你知道运用什么方法，一定可以使你的孩子成为不幸的人吗？这个方法就是对他百依百顺。"许多的父母就是在对孩子的过度保护中失了职。

这位同学的话，看似也无惊人之处，语言平实朴素，但卢梭话语的引入，不仅拓展了我们的视野，更重要的是对自己确立的论题论证有力，读后使人警醒。

八、关注时事，但却缺乏灼见

每年的高考作文备考，都要引发一系列的时事关注。关注时事，自然是好事情，但目前的高考作文已然不是时事的简单翻版，更不需要时事的简单堆砌。于纷繁时事中，我们更应该养成深入思考的习惯。有时，即便使用"陈旧"的材料，照样可以写出好文章。

我们关注这样一个题目：

> 新年伊始，各媒体纷纷盘点 2014 年网络流行语，"有钱就是任性"高居榜首。这句话当初一经传播，网友们便掀起了一波造句热潮："有貌就是任性""有才就是任性""有闲就是任性"……这些流行语反映的人生态度、价值追求、社会心理引起了人们的广泛关注。

> 上面的文字引发了你怎样的联想和思考？请自选角度，自拟题目，自定文体（诗歌除外），写一篇文章，不少于 700 字。

"命题"很时鲜，我们来看一位同学对于"小中有大"的妙解：

> "方寸"一词，极写事物范围之小。然而在词义之间，却似颇有玄机。记得《西游记》里悟空拜师学艺一段，他历经艰难所到达的地方，名为灵台方寸山斜月三星洞，此间有游于佛道之外的大神通者菩提老祖，更有无限玄妙神奇之境，可当悟空被逐出师门之后，却再也找不到此处，我当时对此疑惑难解，直到听到评论解说才恍然大悟。

> 评论说："斜月三星"其实是字谜，谜底是"心"字，所谓"灵台方寸"，亦指心灵。孙悟空的天地钟灵，号称心猿，神通由心而发，心缘一过，自然再不可得。

原来如此，所谓玄妙神奇，皆在一颗方寸心间。

时鲜的命题下，作者使用的却是《西游记》中的材料，看似"陈旧"，但用在这里却倍感"新鲜"。更重要的是作者对"小大之辩"有着自我独立的思考与判断，这便使得本文立论深刻，见解不凡，堪称奇妙。这段文字读后，希望能够引发我们同学更多、更深的思考。

上了一节课，
幸福的潜流在
我身上欢快如
春天的小溪

上了一节课，幸福的潜流在我身上欢快如春天的小溪，我恍恍惚惚犹如航行于"日月之行，若出其里；星汉灿烂，若出其中"的海里。粲然满身。

对明亮光鲜与恢宏博大的不懈追求

——《梦游天姥吟留别》教学案例

[教学目的]

（1）品味语言，对李白天马行空的想象以及诗中瑰丽奇伟的艺术境界进行体认。

（2）感触李白的魅力，加深对李白的理解。

[教学重难点]

品味语言，对李白天马行空的想象以及诗中瑰丽奇伟的艺术境界进行体认。

[教学方法]

诵读，谈话，讨论。

课堂实录

（一）导入文本，明确要求

师：今天非常高兴与大家一起来学习李白的诗——《梦游

天姥吟留别》，特别是在这样一个宁和的早晨，我们一定会将这节课上得非常成功。

对于李白的名篇《梦游天姥吟留别》，有人这样评价：（出示幻灯片）

> 李白，中国诗坛上最为辉煌的一座雕像。他的浪漫主义情怀在五彩缤纷的诗篇中闪烁着奇异的灵光。在不朽名篇《梦游天姥吟留别》中，他天马行空般的驰骋想象，以超凡脱俗的生花妙笔，向世人诠释了瑰丽奇伟的艺术境界的最高层次！

大家要注意这样的评价，同学们要用心去想，将李白说成是一座辉煌的雕像合适吗？"天马行空般的驰骋想象"这样的话合适吗？特别是"向世人诠释了瑰丽奇伟的艺术境界的最高层次"，这样的评价有什么依据吗？如果我不认可，你们可以说服我吗？

（预设话题明确简洁，没有更多的束围，给学生以极为广阔的阅读空间，可以使学生的解读走向多元。）

现在，我们大家品味语言，挑大家最感性味的话、最有深刻体悟的诗句，用诗句来证明这样的评价是正确的，在范围上没有限定，希望大家可以纵横才情，任意弛纵，你们来弛纵，老师来帮助大家。

（教师明确自己是学生课堂学习的伙伴。）

大家对这个问题一定要开动脑筋，积极思考。

在讨论、交流的过程中大家要注意以下三个问题：

第一，要倾听，要听来自于 1 300 年前作品当中的声音，要听老师的声音、同学之间的声音。

第二，要致意，要向诗人李白致意，向作品致意，向同学致意，向老师致意，当然老师也会向你们致意。我们会把我们读到的东西，向大家不断地展示出来。

第三，要交流，我们要把我们自己的所感所得说出来，说出来的目的是希望让我们的信息场与李白的信息场不断地发生作用，然后产生一个由旧我到新我的转化过程。（老师板书）

下面再回到我们的问题上，你们有什么看法可以随便发表意见，挑选你最有感触的部分，在品味语言的基础上来谈谈本诗是否瑰丽奇伟，他的天马行空般弛纵想象表现在何处？

（二）师生交流，互动生成

生 1： 我选的是"天姥连天向天横，势拔五岳掩赤城"这一句，因为这是一首记梦诗，记叙了梦中所想象的景物，我们都知道五岳是高耸入云的山，他梦中的天姥山要比五岳还高，这就是他运用了天马行空般的想象，突出自己梦中的山的高。

师： 这位同学讲得很好，有谁就这几句还想发表自己的看法，或对他的发言作一点适当的补充。

生 2： 我想的和他的差不多，但我想联系下文谈谈下面的一句"天台一万八千丈，对此欲倒东南倾"，这一句也是比较

突出天姥山它连天向天横，天台山"一万八千丈"已经很高
了，但对于天姥山来说，它还像是拜倒在天姥山前一样，从侧
面烘托出了"向天横"三个字。然后还有"势拔五岳掩赤城"
中的"拔"和"掩"也非常具有表现力，"拔"在这里是"超
出"的意思，但我觉得在这里它不仅仅是"超出"的意思，还
超越了五岳一大截的感觉，就是从地底下冒出来的那种感觉。
"掩赤城"中的"掩"字也非常好，很能体现出那种感觉，是
一种雄伟的特色。

师：这位同学对这几句作了必要的补充，讲得非常好。我
们现在来看一下这几句，其实这几句应该是一个小整体。"天
姥连天向天横"，一般人在写到这几个句子时，笔力已尽，气
力已衰，但是中国历史上有这么几个人，一个是太史公，一个
是曹子建，还有一个是李太白，诗人李白写到这里，意兴方
生，笔欲飞，墨将舞，意兴遄飞，直达极致。所以下面"势拔
五岳掩赤城"，这是再逗一笔。一笔开来以后，"天台一万八千
丈，对此欲倒东南倾"，是再逗一笔，三次驰纵笔力，达到了
奇伟瑰丽的艺术境界，它是这样一个过程。

（教师的激情、教师的语言不仅起了很好的示范作用，而
且促进了学生与文本的深层次对话。）

为了加深体会，我们请这位同学朗读一下这几句。

（生2朗读。）

师评价：我们给她鼓鼓掌（鼓掌声），但是我觉得她的朗

读中也有不足，有些地方重音强调得不够，我们应该在哪些地方强调重音呢？请这位同学回答一下。

生2：掩赤城。

师：哪一个字？

生齐答：掩。

师：对，动词一定要着力。还有吗？

生2："对此欲倒东南倾"。

师：这一句中哪一个字要着力一点？

生2："倒"和"倾"。

师：很好，你现在对这两个句子体味得很好。能否再给大家朗读一遍？按照现在的体悟。

（生2朗读。）

师：比上一次有进步，其实还可以在这几个句子上着力一点，现在大家跟着老师一起来朗读一下，老师读一句，大家跟着读一句。我们通过朗读来体味。

（老师范读，学生跟读。）

现在大家再齐读一遍这几句。

（学生齐读。）

（在对话的过程中，教师不忘朗读，学生的几次朗读和教师的范读使学生对文本有了更深的体悟。）

师总结：从这几句我们看出，李白通过自己健笔的勾勒，为我们描摹出一个霓光霞影的天姥山，它奇绝云端，矫首天外，巍峨磅礴，这样的气势我们已经充分地感受到了。

师提问：在诗篇中还有其他部分，也让我们感觉到了瑰丽奇伟的艺术境界，谁来谈一下？

生3：我倒是想到了"天马行空"。在第二段的第一句"我欲因之梦吴越，一夜飞渡镜湖月，湖月照我影，送我至剡溪"，在现实中我们总不可能飞起来，然后呢，飞过镜湖月，最后又送到了剡溪，这完全是在李白梦中的想象，所以我就觉得这是天马行空般的想象。

师：现在我们就几个问题交流一下，这位同学讲到了"湖月照我影，送我至剡溪"，老师希望大家着重去想这样几个问题："飞"，你们能够想象诗人当时是怎样的状态？何为"度"？"镜湖月"，什么是镜湖？它和月又构成了哪种关系？它能开启我们怎样的想象？

生4：我觉得是这样一个意境，在月光的笼罩下，诗人飘飘欲仙，然后就飞过了像镜面一样美丽光亮的湖面，我觉得这句话是这个意思。

师：很好，讲得很好。这位同学把握了几个关键点，一个就是"飞"，飞字让我们想象出了诗人衣袂飘举、轻盈飘逸之姿。一个就是"度"字，"度"字除了讲姿态的轻盈之外，它还特别强调一个由此及彼的完整过程，比如佛家讲"度人"，就是将他由此岸世界度到彼岸世界。那么我们带着这样的想象，就不难看到诗人轻逸的姿态从明光如鉴的湖上、皎白圆满的月前拂掠而过，这样"度"字就变得非常饱满了。

师提问：我们再来看"镜湖月"，镜湖就是水光如镜，水波不兴，那镜湖月构成了怎样的一种意境？

生5：镜湖月的意境，得再回到前面的一段，天姥山在云霞明灭之间，就是说李白一夜飞渡镜湖月，他是从月中穿过的，古人不是相信月中有宫殿吗？后面不是说"湖月照我影"，就好像是月亮把他送过去的，他觉得在冥冥之中好像有仙人在为他指路，在云霓明灭之后他就像仙人一样飘过去了。

师：如果镜湖月合在一起的话，那么还会有云霓感吗？

（生5迟疑。）

师：镜在古代是光与亮最充分的体现，特别是新镜磨出后，会闪着光亮。如果是镜湖月合在一起的话，那么还会有云霓感吗？

生5：但是那个镜子一亮一灭，云霓虽然没有，明灭还是有的。

师：明灭在前面的一段，并不是在此处，是不是？

生5：是。

师评价：这位同学解析得很好，实际上她看到了一个多维空间，上面是皎皎的明月，下面是平静如鉴的湖面，然后诗人在此之间。我们可以想象到，湖光月色，银光万里，天地之间，一片通明，万物交相辉映，一片盈然世界，生在此中不知是人还是仙，更何况现在还是"飞"，还是"度"呢！这就是诗人为我们打开的一个基本的想象空间。后面那位同学刚才讲到"湖月照我影",我的影子好像画在湖面上,我的影子好像画在月亮里,月中画我湖中的影,湖中画我月中的影,所以是湖、月、影几度成像,清纱神妙之至,一片离奇的景象。而且还送我至剡溪,情意款款,依依不舍。

(在对话中教师时时注意引导,体现了教师的主导作用,把对话引向深刻、本质,提升了学生的认知。)

师:其他同学有没有你最感性味的诗句,谈谈你的认识。

生6:我想说从"洞天石扉,訇然中开"一直到"虎鼓瑟兮鸾回车,仙之人兮列如麻"这几句。从"洞天石扉,訇然中开"这里开始,诗人好像看到非凡的另外一个世界突然就在他的眼前展开了,在这个世界中,日月照耀金银台,日光、月光还有金色、银色交相辉映的那个高台上,是非常美妙的景色。而且在这个世界中,虎为他鼓瑟,鸾驾着车,神仙排起队迎接他。在天姥山下,一个另外的世界在他的眼中突然展现出来,迎接他,就好像是一个神仙的聚会。

师:请大家一起来探讨,这一部分有一个前奏,"列缺霹雳,丘峦崩摧,洞天石扉,訇然中开",这是一部分,为什么我们要把它看成是一个独立的小部分呢?

生7:就因为当时闪电好像把那个山突然给劈开了,然后才出现了那些景象。

师:对,然后那个世界才真正打开。这一部分在句式上同前面相比发生了哪些变化?

生 7：变成了短句。

师：这就是和缓处则按辔徐行，紧急时又短兵相接，请你再朗读一下这几个短句，读出效果。

（生 7 朗读。）

师：朗读中如果能再急、再紧凑一些会更好，请你再朗读。

（生 7 再读。）

师：这个时候这个神奇的世界就要打开了，你要用自己的声音告诉大家，表现出这个时候正在发生着急剧的变化。好，再来一遍。

（生 7 再读。）

师：这回朗读的就更好了，但是我想再请男同学朗读一下。哪一个男同学再表现一下，哪个男同学愿意承担这个重任?

（男生读。）

师指导朗读：我们在朗读诗文时不只是读读而已，我们在读的过程中，要感觉到自己在变化，觉得自己确实是从一个旧我在向新我转化，因为当你放开心灵去真实地感悟、体会，你的信息场就会不断地与李白的信息场发生交融，交融之后你会发现你有点像李白了，因为在你的生命系统中，确实参与进来李白的成分。刚才那个同学的朗读焕发了老师，我也想把我对李白的一种感觉表现一下，我渴望朗读一下。

（师朗读。）

师提问：老师为什么这样读？老师有几个问题需要同大家交流，第一个：注解上明确标释着列缺就是闪电，我个人认为"列缺"并不完全等于闪电，我为什么会这样说？

生8：我觉得或许"列缺"不单单指的是闪电，因为我看见后面的"丘峦崩摧"，不是说神仙出来了吗？这是说山峦突然劈开了，所以说"列缺"就是指裂开的那种感觉，虽然不是同一个字，我是这么理解的。

师：你讲得非常好，"列"和"裂"可以理解成通假字。"列缺"为什么不能简单理解为闪电，主要原因是"列缺"描摹出电光从云霄中决裂而出的样子，"列缺"实际上是将云层整个撕开（老师动作表现）的感觉。它不是一个概念，它实际上形象生动具体地描摹出闪电在一刹那间的形状，包括色彩，然后紧接着才是霹雳，就是雷声，一座座高山险峰不断地崩塌开裂，乱石横走，地陷天塌，发生着急剧的变化，所以这几个句子就叫做"出乎意表，倏尔万变"。"洞天石扉"神仙的府第，高大的石门打开了，这时你仰头去看，会发现呈现在你眼前的是一个神仙的世界。

（教师注重实效，不以自己的分析解释感悟去替代学生的独立阅读，鼓励学生有个性的阅读感受，而是将自己的阅读感悟转化为学生的内化体会。）

师提问："青冥浩荡不见底"，老师个人认为"青冥"也不等同于天空，为什么？

生9：我觉得青冥要比天空显得深远些，它强调的是一种空灵的感觉，怎么说呢，整体的感觉仿佛跟穹庐一样，它是有一个弯度的，不是一个平面的。

师：你觉得哪些字触发了你的联想？

生9：浩荡。

师：浩荡讲出了其开阔之势，还有吗？

生9：不见底。

师：其实"青冥"两个字对你的想象产生了最大的帮助，为什么？

生9：首先它告诉了你它的颜色是青色的。

师：青色是一种什么颜色？

生9：它是介于蓝绿之间，很高深、很高远的样子，而且是能够引发人联想的一种颜色。

师：那"冥"呢？

生9：就是稍微感觉到有一点昏暗，又不是完全的暗，有一点点微弱的光。

师：其实有一个成语可以帮助你，叫"苦思冥想"，苦思冥想中的"冥"是什么意思？

生10：思考得很深的意思。

师：那"青冥"是一种什么样的状态？

生 10：就是一种非常深远，非常辽阔，高深悠远的样子。

师：讲得非常好。"青"在古代可以表示很多颜色，可以指黑色，可以指绿色，也可以指蓝色，"青冥"实际上写出了天色瓦蓝无限深远之状，当然刚才那位同学对"青"加了她自己个性化的理解，这样的理解也是能够讲得通的。"浩荡"写出了开阔，"不见底"正是突出无限深远，而且是日月同辉，天地无限辉煌，奇光万道，瑞彩千条，光耀无比，天地一片灿然。金光银辉，上下激射，呈现出一片辉煌。这是一个声的世界，也是一个光的世界。

师提问："霓为衣兮风为马"写得更为绝妙，如果用霓为你做一身衣服，你会有怎样的感觉？这得问一个女生。

生 11：很舒适。

师：为什么会舒适？

生 11：因为它很轻盈、轻美。

师：你穿着这样的一身衣服，走在同学面前，大家会怎样看你？

生 11：大家会很惊讶！

师：惊讶到什么程度？

生 11：瞪大了眼睛，发出赞叹。

师：怎样的赞叹？

生 11：啊！

（学生笑。）

师：为什么呢？如果霓真的可以舒卷为衣的话，那你穿着之后不仅光鲜，而且飘逸。

"风为马"想象更为奇特，风如何为马？风是凝而为马，然后化而为风，奇幻无比，神骏异常。这是李白在 1 300 年前的想象，读至此我就颇有感触，我们大家都知道美国有一个大片《魔戒》，其中有一个经典镜头：流水奔涌，镜头一转，却幻化为千万匹马在奔腾，让观众充分感知到了流水的气势。我们不能说是李白抄袭了《魔戒》，只能说《魔戒》抄袭了李白，所以《魔戒》的制作人员的想象才如此不可束缚，如此地天马行空。（众生会心笑。）

（教师的巧妙设计和机智，使教学过程呈现出一种轻松和快乐，有利于个性思维和创新思维的产生。）

师：大家再看下一句"虎鼓瑟兮鸾回车"，虎乃震慑百兽、啸踞山林的兽王，这时候它在鼓瑟，它的脸上应该是怎样的表情？大家想象一下。

生 12：嗯……

师引导：老虎在鼓瑟，它是什么表情？老虎为什么要鼓瑟，老虎鼓瑟的目的和原因是什么？

生 12：……我再看看，还没想好。

生 13：我认为老虎鼓瑟是因为老虎害怕了，老虎本来是兽中之王，它都怕了，所以鸾驾着车也怕得跑了。

（学生大笑。）

师：大家都笑了，鸾害怕得逃跑，为什么要驾着车跑呢？不驾车不是跑得更快吗？

生13：因为仙人来了吗？

师：我们可以弛纵想象，语文有很大的空间，但是这个空间并不是无限的，我们去想、去创造，并不是随便去想，也不是没有正误之分，如果虎要逃，为何还要鼓瑟？如果鸾要跑，为何还要驾车？所以这样的想象不合常理，没有办法同整个诗句融为一体。所以一定要调整你的思维，一定要校正你的思维，要让它和全诗融为一体。

老虎当时应该是什么表情呢？

生14：我觉得当时应该是比较神圣、比较严肃的表情，因为是在和神仙在一起，所以比较神圣庄严。

师：想象得非常好，因为老虎在迎接神仙的到来，所以一改老虎往日之形象。实际上虎掌威猛凌厉如何鼓瑟，鸾鸟高大华美何以驾车，所以李白的想象好像从天外飞来，匪夷所思，不得索解，大家还可以进一步想象。

（教师及时巧妙地拨正导航对话中的错误，起到了正确导向和开启思维的积极作用。）

师问："仙之人兮列如麻"，你想象都有哪些神仙？他们都是什么样子？是怎样的状态？

生15：我觉得仙人都很高兴，因为这好像是一个盛会。

师：一个仙人的盛会，仙人们是怎样的状态？仙人都一样吗？比如他们要着白衣就都着白衣，是这样的吗？

　　生 16：就好像是一个生活中的宴会，每一个人都不一样。

　　师：怎么不一样的？希望你具体想象一下如何不一样。

　　生：他们穿得都很华丽。

　　师：有破衣拉撒的吗？

　　生 16：没有。

　　师：你想象的是没有破衣拉撒的，除了色彩上的不同，身高呢？都一样的标准吗？

　　生 16：不会的。

　　师：就是有高有低，胖瘦上呢？

　　生 16：有胖有瘦。

　　师：容貌上呢？

　　生：有美有丑。

　　师：有清秀的，有狰狞的。那么状态上呢？有跛足的吗？

　　生：铁拐李！

　　师：有没有眼瞎的？

　　生齐答：有。

　　师：有渺目的。这是李白 1 300 年前的想象，我们大家都难望其项背，但我们可以靠近他，接近他。

　　有没有从眼中伸出小手，以手为目的？是不是也有背上伸出双翅，鼓翼而飞的？有身形潇洒的，有没有龌龊的、委琐的？

生：有，济公。

师：有坐蒲团的，有踏莲花的，有拿宝剑的，有没有持青蛇的？

生：有。

师：有冥思的，也有放浪形骸的，对不对？

生：是的。

师：所以这个句子可以说是仙非一仙，器非一器，好一个神仙的世界，场面宏大，声势夺人。现在我们从"列缺霹雳"到此处，仔细想，可以说是诸般妙想，齐聚笔端。如果诗人李白此时就在旁边，他会是一个怎样的表情呢？

生：我觉得会是一个比较惊叹的表情，突然就看到了一个神仙的聚会，各式各样的表情，各种各样的神态，但是惊叹之后他又非常高兴地想融入这个聚会当中去。

师：想象得非常好，诗人李白真是目瞪神痴，渴望融入这个聚会当中。

（在生成的过程中，教师没有拘泥于预设的教学目标，不忘学生的个体阅读体验，不忘诗歌鉴赏本身的特点。）

师：我们刚才讲到了这些句子都可以体现瑰丽奇伟，但我以为通篇最瑰丽奇伟还没有讲出，我个人以为有一句话堪称通篇的极致，大家认为是哪一句？为什么？要论瑰丽奇伟，这一句才是最瑰丽奇伟的。

生 17：我认为全篇最瑰丽奇伟的句子是最后一句"安能摧

眉折腰事权贵，使我不得开心颜"。

师：为什么？

生17：因为诗篇的前半部分描述的全部是景物，虽然有作者的想象，但是最后一句抒发的是作者内心的感慨，借助梦境的感慨，来把自己内心的这种不被赏识的怨气一吐为快，因为有一句话说"日有所思，夜有所梦"，他之所以能够在梦中游天姥山，并且在梦中把天姥山想象得瑰丽奇伟，可在普通人的心目中天姥山是比不上五岳的，但是诗人在此处把天姥山形容成"势拔五岳掩赤城"，让天台山都为此倾倒，因此在某些方面李白是以天姥山自比，自己是像天姥山一样有才华，但是在权贵们、显贵们的心中，他没有得到重视。我觉得最后一句话也表达了自己甘愿像天姥山一样，只保持我自己的这种状态就好了，不必理睬别人的眼光，这也是他的中心思想。

师：这样说来，李白的眉应该是怎样的？李白的腰是怎样的一种状态？

生17：我觉得他的眉应该是往上挑的那种，因为他有才，是傲视一切的那种。他的腰应该是很直的，是不为任何事物折腰的那种。

师：很好，结合这位同学所说的，我们再来看这一句。李白的眉确实如这位同学所言，它们应该是高昂的（教师做动作），他的腰是挺立的，因为眉和腰是李白心性和气骨的代表，但是世间的权贵不容你这样，他们要摧尽你的眉，他们要打断你的腰。

在森严的等级制度下，一个人的尊严会饱受屈辱。李白这一句穿透千古时空的伟力便在于：在人格尊严喑哑死寂的漫漫岁月里，李白的这一句是一道宏丽的呐喊；在人格尊严几近于无的强权社会中，李白的这一句是一座伟岸的矗立。它撞开死寂，冲开沉积的"秩序"，灼然一道，刺破苍穹，照亮黑沉的历史！时至今日，当我们的人格尊严受到轻慢的时候，吟诵李白，仍然感到气为之舒，眉为之扬，骨为之立。

太白风骨，千古不朽！

（教师从文本中发掘出了最能激发学生情感体验、生活体验的因素，并用之指导教学，使得学生在课堂上获得了对知识、智慧、生活、生命的感悟。）

师：我们一齐来读一下这两句。

（生齐读。）

（三）全篇总结，提升精神

师：在这节课中，我们不断验证，与李白一道天马行空地驰纵想象，在李白所创设的瑰丽奇伟的艺术境界中流连、赞叹。李白之所以做到这一点，是因为在李白身上，充溢着三股气：孟子的英气，庄子的逸气，天地的大气。奔越的英气、舒展的逸气与苍茫的大气凝为一体，通过李白赤子般的心胸，化为他一生对明亮光鲜与恢宏博大的不懈追求。

我热爱李白，也希望大家都能热爱李白！希望大家在诵读李白的过程中，心胸变得开朗，热爱大自然，热爱高贵的人格。

非常感谢大家。

（生鼓掌，听课教师鼓掌。）

让课堂焕发勃勃生机与无限创意

——《梦游天姥吟留别》一课带给我的思考

一、有关对话及对话过程中教师作用的思考

新课标强调"阅读教学是学生、教师、编者、文本之间的多重对话，是思想碰撞和心灵交流的动态过程"。

对话，就是敞开心扉，用丰富的情感活动伴随着积极的思维创造性活动展开，与文本坦诚交流的过程。在学生与文本对话的过程中，学生不仅认识了作者描绘的客观世界，也丰富和发展了自己的主观世界。"动态过程"强调不在预先将教学过程完全设计好，一步步诱导学生来"入瓮"。为此，在《梦游天姥吟留别》一课的设计上，没有采用以问题带动问题、调动学生、由浅入深、渐入佳境这样的教学模式，而是化繁为简，整节课只设计了一个核心问题，此外没有给学生再增加更多包括范围上的束围。将李白的整个华章全部让位给学生，就是希望学生有更广阔的思维与情感的驰纵空间，也希望每一位学生

都充分展现自己的阅读个性，从自己体悟最深的句子入手，向文本"致意"。有充分的空间，才能有效进行对话；有学生的主动性与创造性的积极参与，才能有效进行对话。基于这些认识，本课的另一个主要特点便是：在研讨过程中，是以学生对问题真实的感触体悟为主线展开的。这条主线是动态的，是充分把握在学生手中的，教师自己也是这条主线的建设者。尊重学生的主动性与创造性，教师与学生、文本平等对话，并不是要削减教师在课堂上应起的价值与作用。教师一定是学生阅读最有效的帮助者。钱梦龙先生说："如果没有教师的指导，要求学生自己去'创造'作品，'发现'意义，就像要他们抓住自己的头发离开地球一样，结果只能是乱了套！"（钱梦龙：《招语文教学之魂》）教师要对学生进行点拨，但不应以此取代学生独立的阅读。

二、有关品味语言的思考

语文课堂教学是教师、学生、作者、编者多重对话的过程。学生要想从作者的写作意图中感悟到什么、体验到什么，一定要认真阅读文本，认真理解语言，认真思考，也就是要认真与作者对话。阅读中应该紧扣教材，以文本为依据。如果文本的内涵还未掌握就延伸、就拓展，远离文本去过度发挥，语文课就会打水漂，就会浮泛，语文的个性就淡化了。

文本内容当然要探究，但内容是借助语言来表达的，因而，在探讨内容的同时，必须咀嚼语言，推敲语言，品味语言，让学生在学习过程中有自己独特的体验。课文的内容和课文的语言不是两张皮，而是一个不可分割的整体。文中深邃的思想、精辟的见解、丰富的感情，是借助精当、精彩、精妙的语言文字来表达的；也只有真正体会到文中语言文字的精湛，体会到它表现的魅力与魔力，感受到它站立在纸上与你交谈，才会真正触摸到作者思想的深处、感情的深处，跨越时空，与他们进行心灵的交流，乃至产生思想的碰撞。语文课就是语文课，不是思想品德课，不是某种文化、某种艺术的课。文本中人文内涵对学生的熏陶感染与学生语文能力的提高是融为一体、相互渗透的。

本课是在品味语言的基础上，促进学生多重对话展开的。学生只有在语言的深处和语言发生生生不息的对话，才能不断使自己的语感深化、美化、敏锐化，也才能凸显自己作为语言学习主体的创造性，在每一个词语上开出自己的"花"。

三、有关"生成"的思考

教学的本质是体认和探究，是师、生、本三者的对话、协商、开掘、重组。因此，面对已有的、既定的文本，作为学习主体的师生完全可以从容面对，多元解读。"一千个读者有一千个哈姆雷特"，一千名师生就可以对教材有一千种解读、一千种建构，只有这样，教材才能为我所用，教育才能充满挑战，课堂才能焕发勃勃生机和无限创意。新课程铺就了一条格外"宽容"的新跑道，它热情邀请每一个学习主体主动参与、灵动发挥，在"跑"的过程中，一起达成文本与人本的交流，一起完成解读与建构的交融，在"尊重"与"超越"间，建设新教材，生成新课堂。本课第三个追求，就是希望整个教学过程不是完全预设的，不是彻底把控在教师手中的，而是根据学生的体悟与创造，不断自然生成。

一曲唱在秋天的劲歌

——《沁园春·长沙》教学设计

文本探究

《沁园春·长沙》是人教社《语文》第一册一单元中的一篇课文。本单元是个诗歌单元，包括中国现当代诗歌、外国诗歌。《沁园春·长沙》全词分上下两阕，上阕从不同的视角（远、近、仰、俯），着斑斓绚丽之色彩（红遍、碧透），点面结合，尽态极妍地描绘了一幅勃勃生机的湘江秋景图。整幅画面凝重浓烈，充满强劲的搏击力度。雄丽的大自然猛烈叩击着诗人的心胸，诗人不仅浮想联翩，而且眼前飞舞出一幅幅难忘的战斗生活画面，由此自然过渡到下阕。在下阕词中，诗人极力写出年青的革命同学一同读书、一同探索，年富力强、朝气蓬勃的年华之美，极力地写出了革命同学奋发向上、陈词慷慨、气宇轩昂的才情之美。最后将所有的回忆凝结在"曾记否，到中流击水，浪遏飞舟"之上，艺术地回答了上阕中提出的问题。

教学设想

（1）全词前后两幅画面，都写得雄阔壮丽、气韵飞动。全篇一问一答，在问答之间充分抒发了革命者战天斗地、飞扬慷慨、包举宇内的壮志与豪情。教师应该引领学生充分感知并进入这样的艺术境界。学生在课堂上领悟全词，情绪应该始终是高昂的。词中洋溢的精神，应该深化到学生的血液中，形成他们今后人生的力量。

（2）提高学生读词的素养，要求学生反复品味语言。这首词可谓字字传神，步步有景。要以反复品味语言为路径，引领学生充分领略词中作者饱满激越的情感与博大浩瀚的艺术境界。

教学过程

（一）导入：整体感知

1. 导入：激发兴趣

毛泽东（1893—1976），作为诗人，是政治家诗人；作为政治家，是诗人政治家。

正是毛泽东那不平凡的人生经历和丰富的人格素养，造就了别具一格的诗风，使典雅高古的旧体诗词和中国革命的历史风云紧紧地融合在了一起。

毛泽东的每一首诗，似乎都洞开着一扇窗，往里看，那里有风骚独具的个性情怀。

如果读懂了他，似乎便读懂了这片古老土地上堆积的沧海桑田。

如果读懂了他，似乎便读懂了20世纪中国历史舞台上上演的悲欢离合。

如果读懂了他，似乎便读懂了中国的过去，并加深着对现在和未来的理解。

（从更宏观的角度，概括毛泽东的诗词创作，勾连诗人与作品的关系，剖析读主席词的现实意义，引带学生的认知，激发学生的兴趣。）

2. 诵读：投入身心

（"读"的环节很重要，关系到这节课的成败。在我们的读中，实际上已经包孕着我们对全词的准确理解。在这个环节，教师的领诵至关重要，教师要用自己的"火"点燃学生的"火"，要用学生彼此之间的"火"，将他们相互点燃。）

3. 结构：初步把握

帮助学生理清全词结构。

独立寒秋

湘江北去　　　　　　　人物、时令、地点

橘子洲头

看万山红遍

层林尽染

漫江碧透

百舸争流　　　　　　　描绘湘江秋景图

鹰击长空

鱼翔浅底

万类霜天竞自由

怅寥廓

问苍茫大地　　　　　　小结与过渡

谁主沉浮

携来百侣曾游

忆往昔峥嵘岁月稠

恰同学少年

风华正茂

书生意气   描
                               绘
挥斥方遒   少
                               年
指点江山   才
                               情
激扬文字   图

粪土当年万户侯

曾记否

到中流击水

浪遏飞舟

（二）探究：品读欣赏

1. 了解背景

长沙是毛泽东早期求学和从事革命活动的地方。1925 年秋，毛泽东离开故乡韶山，去广州主持农民运动讲习所，途经长沙，重游橘子洲，感慨万千，写下了这首词。

（学生精要了解背景即可，不必作长篇的赘述。介绍得太多，会分散学生的注意力，削弱语文课的性质。）

2. 明确方法

诗歌的创作与欣赏都离不开想象，诗人创造诗的形象要靠想象，读者正确地把握诗人的艺术构思并且丰富地再现诗人创造的形象也要靠想象。想象得以恰切丰富地展开，依托的是一些关键词。

（依托重点词语进行想象，是诗歌鉴赏最基本也最重要的方法。）

3. 品赏上阕

（1）在上阕前三节中，哪个字启发了你的联想，启发了你怎样的联想？

［明确］"立"既有"站立"之意，又有"挺立""肃立""特立"甚至"耸立""壁立""屹立""矗立"之意，作者将这一形象放在诗篇之首，突出了作者卓尔不群的个性以及勇于承担革命重任、壮志在酬的革命气度与革命豪情。

（学生的能力要在实际的语言操作中培养。对关键词语的品评，要结合诗歌创作的背景展开。"独""寒""去"都起到了作用，但最主要的是"立"，这一点要在学生的讨论中得到确认。）

（2）阅读"看"字所领起的诗句，谈谈作者笔下的秋天具有怎样的特点，你是如何看出来的？

［明确］概貌：万山，写山势之绵延；层林，写树木之深茂；漫江，写河水之充盈；百舸，写船只之众多；长空，写秋

空之开阔；浅底，写江水之明澈。通过这些景物突出了秋之概貌——壮阔、深广、明丽。

色彩：红遍、尽染、碧透，写出了秋之色彩的绚丽浓重。

力量：争、击、翔，写出秋之力量强健自由。

通过概貌、色彩、力量三方面的描绘，我们可知诗人笔下的秋天是壮阔深广明丽的，它的色彩是绚丽浓重的，它的力量是强健自由的。

（学生此部分的回答是零星的，是片断式的，要在学生讨论的基础上引导学生进行整合，得出综合性的认识。整合的方式要依据学生的实际情况，是多种多样的。这一教学环节旨在让学生抓住关键词语，进入诗歌意境。在鉴赏的过程中，进一步培养学生归纳、整合、概括、提升的综合能力。）

（3）如果用诗中的一个字概括秋，该是哪个字，秋天的整体特点是什么？

［明确］是那个"竞"字，它不仅是秋貌，更显出了秋神。秋的精神生机勃勃，洋溢着广阔的生命力，有着强健有力的精神状态与生命状态。

（关于上阕的三问力求简洁明快，切入实质，环环相扣，一气呵成。力求通过切实有效的方法进入诗歌的意境，深切体会诗歌所传递的感情。）

（4）过渡衔接。

面对如此的秋景、秋神，作者想到自己即将去完成的革命任务，不禁感慨万千，面对着苍茫广远的大地，发出天地一问："谁主沉浮"，谁是这世界的主宰啊，很自然地带出下阕。

4. 品赏下阕

(1) 重点阅读"忆"所领起的几句诗，抓住诗句中的关键字，分析一下，在峥嵘的岁月中"百侣"具有怎样的特点？

［明确］"恰""正""方"极写了他们的年华之美；"茂"与"遒"极写了他们的才情之美。

(2) 在最后的三句中，你认为哪些字最富联想，它使你想到了什么？

［明确］"击"与"遏"是两个充满力度的词语，吟咏这三句，我们不难感觉到一股强劲健硕的力量从纸底迸裂而出，扑面而来。这种力量不仅是来自身体的，更是来自精神的。

(抓住关键词，学生的讨论、认知就不会空泛。鼓励学生的创见，教师在学生讨论的过程中，要注意引发、整合、提炼学生的观点。)

(三) 总结：统观全篇

上阕描绘湘江秋景，即景抒情，提出苍茫大地应由谁来主宰的问题。下阕通过回忆形象地概括了早期共产主义战士的战斗风貌和豪迈气概，艺术地回答了谁主沉浮的问题。

全词境界开阔雄浑，下阕中写出了好一番少年的心事——少年的心事可拿云。

教学追求

一节好课的一个基本标准就是实实在在。本课所追求并期望的正是以下几个"实实在在"：

第一个"实在"，就是要切实地发挥学生的主体性。整节课要围绕学生的学习过程来展开，要努力促成学生精彩的"生成"。

第二个"实在"，就是要为学生的学习提供一个切实的"抓手"。有了这个抓手，学生的学习才能有效地展开，才能创造出我们期待的精彩。

第三个"实在"，就是要让学生切实地走近诗歌创设的艺术境界。让这个强大的磁场感染他们，潜移默化地影响他们。"以情动人"应是语文课追求的境界。

第四个"实在"，就是切实发挥教师的专业素养。教师的专业素养既体现在对整节课的设计中，也体现在学习过程展开后，对学生无形而切实的帮助中。

教育究其根本就是自我灵魂参与唤醒智慧的过程

——《向日葵》课堂实录

一、导入，明确阅读的三建议

师：一节真正的好课，不仅是教师在创造，学生亦是创造者。师生一起合作，创设出师生彼此崇拜的活人。老师在创造学生，学生也会创造老师。（这些理念应该一点点地透视给学生，课堂是什么，人为什么需要学习，这些问题我们回答不好，师生的状况便都不会太好。）

今天我们交流一篇高考现代文阅读——"《向日葵》，现代文阅读突破"——这个题目看起来考试味很浓，其实大家把心态放平和了，放自然了，真正走进文本，分数自然就有了。怎么才能得分呢？现在我先给大家三条现代文阅读的建议。（教师播放投影。）

第一，既要有理智的判断，也要有情感的判断。一方面要充分利用在科学文阅读中培养起来的对信息的辨识、筛选、整合的能力，加强对文章的确认；另一方面又要注意披文以入情。

在这里特别强调什么是批文以入情，说得形象一点就是我们大家都是小蚂蚁，要用自己的身心体验、感受，完全进入到文字的草丛中，去感受那一片绿，去体会露水的坠落，去倾听草儿生长的声音，这种阅读体验是极为重要的，这种体验是大家的读写获得飞升最为重要的基础。阅读就是要让自己的心长出触角，去敏锐地探触文字，要让自己的心化作小舟，在文字的波峰浪谷之间穿梭行驶，出没浮沉。

第二，要把文章"读"出来，而非凭以往的阅读经验"猜"出来、"想"出来。好文如人，皆有个性。现代文阅读的难点便是要求考生读出文章的个性。

好文如人，好的作家都讲究个性，高考现代文最大的难点在于要求考生把作家的个性读出来。

第三，整体把握与局部确认要相互校正，相互作用。在正式答题前，一定要养成画全篇结构图的习惯。胸有全局，才能看得透、吃得准，才能有效地各个击破。

人对一件事情形成最后的、正确的、合理的、有高度的看法，其实是一个复杂的思维过程，这个过程得益于两大方面，一方面是局部确认，另一方面是整体把握。局部确认有时会出现问题，会有不足，所以这就要求局部确认与整体把握要相互作用，相互参照，相互补充。这里要给大家一个建议，大家在阅读的时候要养成画全文结构图的习惯，这样才能做到胸有全局，才能看得透、吃得准，才可以有效地各个击破。

二、依据学生的意愿阅读，体会"文革"十年中作者的生命感受。感触文字，深化细节

师：读罢全篇（冯亦代《向日葵》，文题附后），暂时忘却题目，请你在这篇文章撼动人心与饶有兴味处，说说自己的体认。（高三阅读备考，不应该只有"方法"，在学生阅读的情味里，帮助学生深化阅读体验，积累生活感受，是学生应对读与写最主要的"武器"。）

生：我最感动的文字是第四段在"十年动乱中，我被谪放到劳改农场，每天做着我力所不及的劳役"，每天都要到这里来兜个圈，看一眼向日葵，"重温一些旧时的欢乐"。

师：那"旧时的欢乐"打动你了？

生：我能感觉到他"旧时的快乐"。

师：你文字的感觉真好，你表述的时候特别重读了一个词"力所不及"。

生：是的，我觉得这个词可以看出这十年不仅时间长，而且作者还身心疲惫。

师：是啊！时间长、强度大，带给作者的影响极为深远，

文中哪里还可以看出来？

生："心情惨淡"。

师：作者把这个过程写为"劳役"。请这位同学讲讲"劳役"和"劳动"有何不同？

生：劳动是人主动地工作，去创造成果，是受人尊敬的。劳役是被别人轻视的，是被迫的。（阅读，就是帮助学生确认文字对于自我的意义，就是帮助学生发现文字的气质与精神，就是要求学生在对文字敏感的把握中渐渐形成对全篇的准确认识。）

师：回答非常准确、形象、生动。老师要给你鞠个躬。（鞠躬，众生笑。因为是视导课，听课人很多，"场面"很大，学生难免紧张。课堂，从某种意义上讲，就是激发的艺术。）因为通过你出色的品评，让我们一下子感受到了这场浩劫带给作者苦涩的深重的影响，同时在分析时你抓住了作者对"文革"十年苦楚的感受是一直伴随着对往昔生活美好的回忆展开的。这一点对于阅读与得分都起到了功不可没的作用。（①学生的发言，涉及本文最大的一个特色，教师点拨出来，为学生铺路架桥。学生如若沿着这个思路发展，自然更好；如若学生不按照这个思路发展，就"顺着"学生，教师如若读得透，在哪里都可以引导学生体认文章核心特色。从下边课堂情况看，学生并没有沿着这个思路发展，那就因势利导，在学生的发现与体认里开出花朵。②再次强化学生认真阅读、有效阅读就是得分的备考意识。）

三、依据学生的意愿阅读，作者在《向日葵》中读懂 了梵高。感触文字，拓展内涵

生：老师我更想谈谈这篇文章最撼动我心灵的文字。我特别喜欢第二段中作者对《向日葵》这幅画的理解，我可以读一下这一段吗？

师：太好了！

生读："我特别喜欢这幅《向日葵》，朵朵将凋的黄花有如明亮的珍珠，耀人眼目，孤零零地插在花瓶里，配着耀眼的黄色背景，给人的是种凄凉的感觉，似乎是盛宴散后，灯烛未灭的那种空荡荡光景，令人为之心沉。"

生：我特别喜欢这一段，作者在欣赏这幅画时看到了画的色彩美、形态美，还看到了画中向日葵孤零零地插在花瓶里寂寞之感，作者感受到了许多人没有感受到的两面性，可见当时作者的内心是复杂的、愁郁的。

师：哪两面呢？

生：明亮的色彩和孤零零、凄凉之感。

师：文心缜密，在本段中这是作者第几次看《向日葵》这幅画？

生：这是第二次，他将这幅画挂在了餐厅里。

师：那么，第三次作者是在怎样的情境下欣赏这幅画的？

生：作者后来看这幅画时，是在读了一本书之后来谈这幅

画的。

师：一本什么书？

生：欧文·斯通的《生活的渴望》，是一本梵高的传记。

师：那第三次看与前两次看有什么不同吗？（积极利用学生的发现与感受，在学生的发现与感受里结出阅读之花。）

生：那是不是可以说，他第三次看这幅画时，是通过梵高的一生来看这幅画的？

师：当然可以，那作者看出了什么？

生：作者看出了梵高在艺术上既有自己独到见解的欢欣，同时也看到了梵高在这个世界中的寂寞。

师：好，作者说自己看出了梵高的欢欣，也看出了梵高的寂寞，并因此感动，请问作者因何感动？（在师生自然的对话里，将问题导向深入。其实，这也是突破文本的关键问题之一。课堂是随着学生的认识与感受相沉浮的，但更宏大的彼岸世界，教师要心中有数。到达彼岸的航线不止一条。在阅读中，要帮助学生成就阅读发现与分享阅读快乐，教师是海面的风，看似随意无心、飘忽不定，但风要有风的方向。教师的阅读失了水准，师生的对话可能看似热闹，实则必然无效。）

生：可能是作者被梵高对艺术的执着追求所感动了，因为梵高在活着的时候，他的所作所为不被世人认可。

师：在艺术上不被人认可，这是作者交代给我们的重要信息。在这里我要补充一点，梵高一生只卖出过一幅画，这幅画还是他的弟弟提奥买走的。他的弟弟提奥特别理解梵高，一生都在支持他。梵高有一幅名画《一双鞋》，画的是一双经历了凄风苦雨、又破又旧的大皮靴，它们亲密地依偎在一起，互相取暖。梵高在艺术上不被人承认，尽管他那样执着于艺术，疯狂地迷恋着色彩，那么梵高在生活上过得好吗？

生：不好，他不善谋生。

师：对词语真够敏感——不善谋生！我建议大家用你们最喜欢的方式鼓励鼓励这位同学，愿意拍桌子的就拍拍桌子，愿意跺脚的就跺跺脚，愿意用赞赏的眼光看他就多看他几眼。（语文课堂"闲"下来，阅读就更容易发生在每个学生的心里，学生的真知灼见就便于诞生了。）

（众生乐，用各自的方式对该生进行鼓励。）

师：一个人不善谋生，他生活的幸福从何而来！一个人生前不被认可，他艺术上的苦闷可想而知。在生活上、艺术上，梵高都是凄风苦雨；在深广的孤清的寂寞当中，梵高生发出了什么？

（生思考。）

师：我现在带大家看两幅梵高的画作。这一幅叫做《两朵被剪下的向日葵》，这一幅叫做《四朵被剪下的向日葵》（教师播放梵高画作）。大家仔细观察，看看梵高对向日葵的枯叶是如何处理的？（阅读，让生命更宽广、更浑厚、更深远。"人"的切实发展，是成就高分的重要凭借。）

生：那些枯叶像火一样。

师：是啊，这些被剪下的向日葵被从生命的母体中生生地割裂下来，大家看它们与母体连接的生命管道被斩断之后的痛苦和抽搐似乎还在，然后被遗弃在角落里，但是你看这些向日葵，它们的叶虽是枯干的，被丢弃了，远离了阳光，但是它们的叶却扑腾如焰，闪耀着燃烧着生命之火，这才是梵高真正撼动人心之处，这也是梵高之所以为梵高之处。在生活的窘困当中，在艺术不被人认可的艰难处境当中，梵高却从心头生出亮丽的、炽烈的金黄和生命的火焰，老师在看的时候不得不动容。（教师在阅读中自然深切地流露感情，这样便可以渐渐让学生感受到优质的文字、美好的情感，高贵的精神在教师这个具体的"人"身上发生了什么。这对于教学，对于学生而言，都是很重要的事情，因为教师本身便是重要的课堂资源。）

四、依据学生的意愿阅读，体会"文革"十年中，作者在惨淡中回忆欢欣。感触文字，深化细节

师：在这一段里我们发现作者已深深地体味到梵高的生命状态，可是文章并没有至此结束，此后作者又展现了什么？

生：新中国成立初期和"文革"十年的感受。

师：好，回到"文革"十年中。"文革"十年，对作者而言，是一场力所不及的劳役，心情惨淡得自己都难以忍受。那

么文章是直接而单纯地描绘了这种苦涩吗？

　　生：不是，是伴随着对美好生活的体验和回忆一起完成的。

　　师：有哪些美好的回忆？

　　生：和自己女儿相处的时光。

　　生：如果我是父亲，看到"三岁的女儿，嘻嘻笑了起来，爬上桌子"会觉得很欣慰。

　　师：具体说说。

　　生：小孩笨笨地、非常用力地、使劲地爬，尤其是一个三岁的小孩，会很可爱。

　　师："三岁的女儿在学着大人腔说话"，越学童稚之趣越显——一份可爱，一份乖巧，"她也发觉自己学得不像，便嘻嘻笑了起来"（心中的"目标"暴露了，小秘密被识破了，小孩的不好意思，小孩的自我解嘲，可爱之态愈显。一休的小秘密被小叶子或师父看穿时，也常常这样笑）。"爬上桌子"，果然是个孩子，原形毕露，在攀爬的笨拙中愈见可爱。孩子的可爱是在笨拙和费力当中诞生的，你看刚学会走路的小孩摇摇摆摆、晃晃悠悠，但是我们不会觉得他走得慢，只觉得可爱。大人健步如飞，没人会觉得可爱，没人会看到一个年轻的小伙子快步前行时说：那个年轻人走得太可爱了！（众生笑。）"指着我在念的书，说'等我大了，我也要念这个'"，女儿可爱乖巧的样子，父女相聚的天伦之乐，一幅幅生活的场景如在目前。特别是女儿爬上桌子的这句话"等我大了，我也要念这个"，读书是为人多么天性地向往，女儿对生活的憧憬是多么纯挚美好，女儿说这话的时候，我也不觉欢欣地憧憬着，但我如今遭罪如此，女儿先前的那份憧憬恐怕早已零落成泥了，我在回忆的欢欣中满含着生活酸涩苦楚的深味。（帮助学生深化文字的细节与生活的细节。在语言细节中积累能力，在语言细节中获得体验，在语言里成长生命，是语文学习之于"人"的重大价值。）

在阅读时希望大家将这段情境带入大家生命的体验中来谈，不要仅仅停留在这几句话中。

生：老师，如果我是那个父亲，我在劳改农场过着辛酸疲惫的生活，看到农场的孩子们快乐地玩耍，这让"我"想到了自己的孩子当年也是如此的可爱、快乐！可是看看自己现在衣衫褴褛，推着粪车，这让我想到了秦朝的宰相李斯同他的儿子一同被处斩的时候，和他的儿子说起了昔日父子两个与大黄狗一起快乐玩耍的事。可见在苦难的时候，人们往往会回忆美好的经历与时光，回忆越是美好，证明现实所经历的苦难越是深重。

师：这位同学回答得非常好，他还帮助我们一起回顾了当年李斯临死前对儿子说的一段话："我多想同你一起牵着黄狗再出老家的东门一起打猎，这还有可能吗？"往昔的美好、父子的相得、生活的宁和溢于言表，李斯说完后，他与儿子都泪如雨下。外在的困境与内在涌起的对往昔美好的体验和感受构成强烈的冲击和对比，所以这样的泪水是被撞出来的。

五、梳理全篇，读出全篇主旨。在多重对话中，建设生命

师：感受到此，我们回过头来梳理一下这篇文章，看看它的结构。文章第一段是个引子，由照片引出记忆，第二部分作者写了新中国成立前，我从《向日葵》中体味出的半是欢欣半是寂寞的意味。再往下是新中国成立初，再往后是"文革"十年。在这篇文章中，大家特别应该注意的是作者对《向日葵》呈现了一个渐进式的"深看"过程。

生：解放初，特别是"文革"十年，对《向日葵》的理解，作者有了自己的生命、生活体验。

师：对，作者将这些体验介入到《向日葵》中，因而我们可以这样说，整篇文章就是不断地将《向日葵》我化和深化的过程，也就是说我崇仰梵高的生命态度和艺术追求，让我感动，后来经过新中国成立初和"文革"十年，此时作者再看《向日葵》，表达出来的就不仅仅是梵高的生命状态了，他还表达了——

生（抢）："我"的。

师：《向日葵》渐渐地变成了"我"的，"我"的体验是随着作者的生命内化逐渐加深的。这里还要说一句特别的话，在

我们这个年龄千万不要闭塞，许多东西是要在生命过程中慢慢体会到的，生命的难度就是不少东西我们看似知道而实际上并不知道，要几经体认我们才能渐渐地、更为深入地把握住它的内涵和要谛。（美好的教育，总是自然而然得以完成的。）那么大家能不能讲一讲，作者于文末所说的"我未能一表的心思"是什么？

生：新中国成立初，特别是在十年动乱中，作者体会到无论是在画作中，还是在现实的世界里，向日葵并不都是生长在非常适宜的环境中，而是生长在较为恶劣的环境中，但依然是蓬勃向上的。就像是《向日葵》的画者梵高，当时他的艺术观点不被人理解，生活凄凉，本文作者当时也处在人生的低谷，但他心中对美好生活的渴望仍在。所以我觉得《向日葵》可以代表作者的心思。（有了前面阅读细节上的积累，学生对全篇的核心理解就基本准确了。）

师：依我看，这位同学呈现的不仅仅是一个答案，更是我们每一个人应该感知的一种生命状态。梵高和作者皆是如此，在生活的苦涩中，在自我的价值不被认定的过程中，无论是梵高，还是作者，他们看到的依然是阳光的金色。所以文章的结尾说"阳光的金黄色不断出现在我的眼前"。对于金色阳光的确认和坚信，深深地打动着我们！这道阳光的金色照亮过梵高的生命历程，照亮了作者的生命历程，此时它也从纸页背后凸显出来，照亮了我们每一个在座的同学和老师，并进入到我们每一个人的生命骨骼中。看看我们手中的这几页纸，或许此时它们已不是几页文字，而是阳光的金色，我们愿这阳光的金色永远照耀在我们的生命里。（阅读如若不能对生命担负起自然建设的使命，这样的阅读便意义寥寥。做题，不能只是答题经验与答题方法的积累，缺乏生命进步的经验与方法，乃花拳绣腿。）

所以这"心思"，概括一点说就是在生命的孤寂与酸楚中，让我们眼含热泪真切地拥抱生活的那份温暖。这份热爱诞生得极为可贵，因为它不是诞生在不谙世事当中。不谙世事容易产生热爱，但是不稳固、靠不住，比如问一个两岁的小孩，将来在苦难的生活中你还会热爱生活吗？小孩会甜甜地回答——爱（众生笑）。第二个可贵是因为它不是诞生在事事顺达中，事事顺达说热爱容易，震撼人心之处在于当你身处人生的凄风苦雨、万般艰涩的深广寂寞与孤清当中，能不能生出一份爱来。这才是生命的艰辛与伟大！（人在阅读中发现别人，认识并建设自己。阅读，就是为了遇到更好的自己。）

师：我们现在还要来讲题吗？

生：老师您不是已经把题聊完了吗？

师：我们把题目及答案已经基本讨论交流过了。我特别希望深入理解"好题会在题外，高分会在分外"的道理，希望大家在不断的生命成长的过程中，获取我们渴盼、追求的分数。

今天我们交流得很尽兴，谢谢大家！

[执教感言]

做题，也可以是一场阅读；阅读，让人成为完整的"人"。

披文以入情，体味文章深层意蕴，这是本课的重点，也是本课的难点。选用的阅读文章，情感深致含蓄，文字朴厚隽永，全篇文字散发着人生持久永恒的思考与品咂不尽的深广意味。特别是文章中一些生活细节的铺染，更是有着隽永绵长的滋味。学生把握起这些文字来，尚且有些困难。现代文阅读的备考，切不可只教学生一些所谓的答题技巧，应该培养的正是这种让学生沉静下来，披文入情，认真阅读，将自己的生活积累与文字有效地结合起来，深入探究，积极思考，能够将文字背后的深层意蕴准确有效地把握出来的阅读能力。这才是阅读的真功夫。

要落实学生"读"的过程，帮助学生养成"读"的习惯。

要以现代文阅读为纽带，带动学生素养的全面提升。不仅学生的文字功底得到深化，生命状态也应在阅读中得到改善与提升。

真正的有价值的阅读方法就是：增强学生语言的敏感，掂量出词语的分量与力量；披文以入，与文字相沉浮；师生一起探触生命与价值。

帮助学生获得真实的不断发展，是促进学生读与写重要的方法，是真正的亦是强大的谋分之道。

附：《向日葵》原文及题目

向日葵（有改动）

冯亦代

①在外国报纸上看到梵高的一幅《向日葵》被高价拍卖，还登载了该画的照片。这久已不见的画面，唤起了我心底的许多记忆。

②我曾有过这幅画的复制品，是抗战胜利后花了四分之一的月薪在上海买的。我特别喜欢这幅《向日葵》，朵朵将凋的黄花有如明亮的珍珠，耀人眼目，孤零零地插在花瓶里，配着耀眼的黄色背景，给人的是种凄凉的感觉，似乎是盛宴散后，灯烛未灭的那种空荡荡光景，令人为之心沉。我把它装上镜框，挂在寓所餐室里。向日葵衬在一片明亮亮的黄色阳光里，挂在墨绿色的墙壁上，宛如婷婷伫立在一望无际的原野中，特别怡目，但又显得孤清。每天我就这样坐在这幅画的对面，看到了欢欣，也感到了寂寞。以后我读了欧文·斯通的《生活的渴望》，是关于梵高短暂一生的传记。他只活了三十七岁，半生在探索色彩的癫狂中生活，最后自杀了。他不善谋生，但在艺术上却走出了自己的道路，虽然到死后很久，才为人们所承认。我读了这本书，为他执著的生涯所感动，因此更珍视他那画得含蓄多姿的向日葵。我似乎懂得了他的画为什么一半欢欣，一半寂寞的道理。

③解放了，我到北京工作，这幅画却没有带来；总觉得这幅画与当时四周的气氛不相合拍似的。因为解放了，周围已没有落寞之感，一切都沉浸在节日的欢乐之中。但是曾几何时，我又怀恋起这幅画来了。似乎人就像这束向日葵，即使在落日的余晖里，都拼命要抓住这逐渐远去的夕阳。

④十年动乱中，我被谪放到劳改农场，每天做着我力所不及的劳役，心情惨淡得自己也害怕。有一天我推着粪车，走过一家农民的茅屋，从篱笆里探出头来的是几朵嫩黄的向日葵，衬托在一抹碧蓝的天色里。我突然想起了上海寓所那面墨绿色墙上挂着的梵高的《向日葵》。我忆起那时家庭的欢欣：三岁的女儿在学着大人腔说话，她也发觉自己学得不像，便嘻嘻笑了起来，爬上桌子指着我在念的书，说"等我大了，我也要念这个"。而现在眼前只有几朵向日葵招呼着我，我的心不住沉落又飘浮，没个去处。以后每天拾粪，即使要多走不少路，也宁愿到这里来兜个圈。我只是想看一眼那几朵慢慢变成灰黄色的向日葵，重温一些旧时的欢乐，一直到有一天农民把熟透了的果实收藏了进去。我记得那一天我走过这户农家时，篱笆里孩子们正在争夺丰收的果实，一片笑声里夹着尖叫；我想到了远在北国的我的女儿，她现在如果就夹杂在这群喧哗的孩子中，该多幸福！可如果她看见自己父亲，衣衫褴褛，推着沉重的粪车，她又会作何感想？我噙着眼里的泪水往回走。我又想起了梵高那幅《向日葵》，他在画这画时，心头也许正经历着

比我更大的人世孤凄。

⑤梵高的《向日葵》已经卖入富人之家，可那幅复制品，却永远陪伴着我的记忆，让我想起作画者对生活的疯狂渴望。阳光的金黄色不断出现在我的眼前，梵高的《向日葵》说出了我未能一表的心思。

1. 下列对文本的赏析，正确的两项是（　　）

A. 本文采用以小见大的写法，通过个人的经历，表现了十年"文革"给中国百姓造成的深重灾难。

B. 本文基调略显伤感；特别是十年"文革"一段，以两组对比表现作者的孤凄，字里行间流露着悲哀。

C. 本文以"向日葵"为线索，串联了自己一生中几个孤凄的阶段，勾勒了中外两个人物的悲惨命运。

D. 本文委婉含蓄地表现了一个知识分子对历史的反思及历经磨难之后仍未泯灭的积极的生活态度。

E. 梵高画中背景的黄色，代表的是阳光；结尾处作者眼前的"阳光的金黄色"象征的是"文革"后中国的希望。

2. 作者说"我似乎懂得了他的画为什么一半欢欣，一半寂寞的道理"，从文中看，

①《向日葵》的"欢欣"与"寂寞"在画面中是怎样表现出来的？

②梵高的画"一半欢欣，一半寂寞"的原因是什么？

3. ①第三段中"但是曾几何时，我又怀恋起这幅画来了"一句的含义是什么？

②叙写"文革"十年的一段中，回忆过去家庭的欢乐时，为什么要写女儿"爬上桌子指着我在念的书，说'等我大了，我也要念这个'"这一细节？

4. 结尾处作者说"梵高的《向日葵》说出了我未能一表的心思"，从全文看，作者的"心思"是什么？

教师自己要
有生命之想

　　教师其实是在用自我的生命形式，呼唤另一个生命渐渐醒来并最终形成在这世间自己独一无二的生命样式。教师自己要写，特别是应该写一写和自己的工作、名利无关的东西。教师自己要有生命之想，美好可爱的生命里似乎都要保持一点这样的特质——高贵的"消极"与不着调的"距离"。生命是影响出来的，不是"说"出来、"教育"出来的。你看，我们的生命正翩如白鹤，划过课堂与生活广阔的湖面呢。

我的前世是一方蔚蓝的海峡

我的前世是一方蔚蓝的海峡，

我有我，一座海的——芬芳，

我的心尖抵着山的臂膀。

我的心思，俏峻成峡，

那优雅的环绕，宁息着我的情怀。

我的心，直达远方。

晚霓或是朝霞，

远空或是流云，

读着我的诗，归家。

我的前世是一方蔚蓝的海峡，

幽静，但不寂寞，

我用我的语言，吟诵飞鸟旋来的天空。

我想着我的前世，

我的前世是一方亮亮的海峡，

我绵细的波，都是我听涛的耳朵；

我用我所有的水珠铺路，

我等不了多久了，

风波里净洗的帆舟——天涯，

我听得到你的航线，

你的舟头，正破我的心花。

我的前世，是我今生一方美丽的海峡。

我用我的蔚蓝，静静地涌动我的岛屿和沿岸金黄
的花。

夏日里的西湖

　　我不知这是第几次来到杭州，但我依然很兴奋。我直到现在也无法忘记第一次带全家在冰封的隆冬来杭州的情况。空气清爽，绿树如墨，破开白雪一路行来，心灵也活泼而跃动。杭州对我来说是个常读常新的城市，西湖萌动了我几多绮梦与遐思，我至今心里的湖光山色有西湖几多氤氲。

　　金秋的金黄里我来过，佳人着俏丽紧身的衣裙，轻施粉黛，在秋风里轻轻走过；春花的灼然里我来过，二八女郎，华枝颤颤，朱唇开启，艳艳的丽歌在浮荡的春的绮梦里开落。细雨中面对苏堤，雨丝飞闪，湖水千点万漪，丽人手曳长裙，鬓云欲度，临镜梳妆，弄簪高髻，飞鸟扯断雨烟，惹得乌眸扑闪。

　　我还从未一览西湖夏日的芳姿。冬日的西湖清丽而不失妖冶。雷峰塔在他金色的光晕里清减了许多。保俶的芳姿在落了木叶清白的树影的衬托下高挑绰约。这夏日呢，她用她怎样的秀容芳泽接纳我呢？梗梗风荷，菡萏香飘，明光秀波，曼纱雨泽……那水汽波光中的六桥，又迤逦地绣出怎样的身段姿容。西湖，你的包容汇铸与千古秀丽，深深地泊在我的心里，我的生命不竭，你的风雅便千古不减。

夏日溽热，美人慵懒。苏堤散着长发，似在午睡。湖光千褶百折将寂寂长夏舒漾开来。

夕阳西下，美人避开了一天的暑气，她晚妆才罢。孤山上的林木梳妆描鬓，柳丝枝叶披拂蒙茸，翠成一山的深碧。白日里收下了无数个骄阳射下的光与热的箭头的水波，此时一天的热气似乎全已散尽，水理细腻，滑润如肌，仿佛自白色的玉石中雕出的美人的香肩一般。啊，这夏日暮色里的西子湖，她披一袭绿玉般的晚装，高挑着身子，步态款款，飘着发丝，散着香泽，一肩斜露，顾盼生姿，窈窕而来。我感谢这生命中的机缘，它让我有幸一睹这出落得犹如古希腊女神一般的西子湖。

葛岭上的保俶塔也于满山阑珊的灯火里走进了这天宇下暮色里的夜会。她披一身熠熠的灯火，身形俏丽，明眸漪漪，我站在白堤上，身心俱忘，我痴痴地久久地望着她。望着望着，她眼中的光似乎与我心中的光一下子连同起来。我噼啪一声，碎了，亮了，托化成一道薄薄的光晕飘在西湖的氛晕里。我回首看向雷峰塔，雷峰塔一带黑魆魆的，而保俶的光华愈显娇娆了。隔了一段，忽一回头，一下子望见雷峰塔华影灼灼，神采奕奕，仿佛自湖水中涌出一般。双塔遥遥争辉，整个西湖华光叠彩，一片朗润的粲然。

冬日太湖

即便是冬天

太湖也拿得出

足够的光、足够的波涌，犒飨时光

一大把、一大把的星星

在湖面钻来钻去

挤在涛的指缝

把湖面镶成一枚光的钻戒

铺万顷蓝色的大丝绒

湖底的大鼋，浮水，探头，矫首

金光浮耀，刺大鼋的眼

就此呆成了岸边亘古的一堆吃惊的石头

湖面的鸥，啄自己的影，啄光

用自己翼底的白，牵——

湿漉漉的浪

枫林如醉，冬日的太湖镶嵌进了

秋，大半个身影

冻住了，抽不出身

冬的风，却是秋的长臂

冬的水，却是秋的晖影

剪醒黎明
——致兆申①

我守着一窗的黑暗，

等在熹微的晨光里

迎面扑来的江南

江南，披她的长发在雾里？

江南，转她的秋波在那片最薄最薄的光里？

江南，蹙她的眉聚成峰？

江南，支她的颐倚成林？

江南，俏俏的脚步亮在我遐思的边上

亮亮地将我剪醒于

我一个人的黎明

---

① 兆申是 2010 届我的学生。

打量苏州

　　苏州的巷子太深了，折扇太媚了，话语太软了（以至于电影、电视上所有的三姨太所操的几乎全部是吴越软语），小吃太腻了，茶肆太密了，园林太精巧了，桃花太香艳了，姑娘太俏丽了。这里似乎容不得太多的兵戈悍厉之气，吴越苦苦地相斗，最终也要把个绝世的美女西施掺杂进来，将被复仇的烈焰锻打而出的刻毒的苦胆与草薪化为波光流转、可漾轻舟的一汪碧烟。千年的风烟，转瞬即逝，苏州一直悠闲地度着自己的日月。是的，苏州喜欢休闲，倾城阖户，雁落平沙，霞铺江上，那万历年间的雷辊电霍至今犹悬耳上；几乎所有的人来苏州也都是为了休闲。明代可流芳以为吴中第一名胜——虎丘，有九宜："宜月，宜雪，宜雨，宜烟，宜春晓，宜夏，宜秋爽，宜落木，宜夕阳"。可见无论春夏秋冬、阴晴雨雪，苏州都是各有致趣。苏州没必要着急，她有赏玩不尽的四季、景象，还有情趣。

　　历史是无心的，它常常让奸佞的小人、暴戾的悍夫窃取高位；历史又是有意的，中国历史上最黑暗、最腐朽、最畸形的一段阉宦的历史竟然是一向喜休闲、平和安心的苏州人率先发

难。"嗟夫！大阉之乱，缙绅而能不易其志者，四海之大，有
几人欤？而五人生于编伍之间，素不闻诗书之训，激昂大义，
蹈死不顾，亦曷故哉？"果真是柔弱中才真正孕积着玉石一般
光洁的坚强吗？至今，虎丘前的五座坟茔，仍然直逼日月。这
种坚强不仅仅对峙于历史，更多的还是对峙于文化。唐伯虎、
袁中郎，还有金圣叹，中国文化似乎太稳重了，太朴厚了，太
老迈了，于是历史就将这种对峙，就将一种活活泼泼，就将一
种褪去凡尘的鲜润与灵动，安排给了一贯喜欢生活的苏州。这
里特别要提的是袁中郎，他不是真正的苏州人，所以历史才让
他管苏州，让他看护苏州（中郎在此颇有政绩）。历史眷顾
着苏州，偏爱着苏州。

西施是历史的小女儿，苏州是中国文化的小女儿；小女儿
办的事多少会有些"不求上进"，小女儿办的事多少会有些让
人"提心吊胆"：

前后七子，遂以仿汉摹唐，转移一代之风气，迨其末
流，渐成伪体，涂泽字句，钩棘篇章，万喙一音，陈因生
厌。于是公安"三袁"，又乘其弊而排抵之。三袁者……
一即宏道也。其诗文变板重为轻巧，变粉饰为本色，致天
下耳目一新，又复靡然而从之。然七子犹根于学问，三
袁则惟恃聪明；学七子者不过膺古，学三袁者乃至矜其小
慧，破律而坏度。名为救七子之弊，而弊又甚焉。观於是

集，亦是见文体迁流之故矣。(《四库全书总目提要》卷一百七十九)

这是纪昀对小女儿的担心。其实这种担心是没有太多必要的，因为小女儿靠的就是机敏，靠的就是别人难以企及的那种冰雪般的聪明，她是栖息的一抹绿，她是流逸的一道烟，一切只要她喜欢。哎，女儿家的意态男人怎能搞得清、猜得准？无法重复自然便会落回到法度与学问。现在回头看，也确实如此。

打量你，喜爱生活的苏州，柔婉而坚强的苏州，女儿般聪慧的苏州。

记：在备《虎丘记》的时候，我深切地感到苏州以及袁中郎深具的魔力。2016 年 4 月 1 日凌晨再稿，临窗遥望，残月在天。我真切地感觉到中国文化的因子在我身上正汇聚成湖。多想登上虎丘，多想端详一下姑苏城内的每一株小草，它们也许浸润过唐解元的枯涩的才思呢，它们也许被袁中郎飘逸的衣襟轻轻拂拭过呢，金圣叹临刑前的潇洒也许受过它葱葱茏茏的鼓舞呢(圣叹将死，大叹诧曰："断头，至痛也。籍家，至惨也。而圣叹以不意得之，大奇!"于是一笑受刑)。

人在天涯海水边

——台湾纪行

一

飞机飞过苍寥的大陆与浩渺的碧涛，降落在台北机场。空气甜润，机场的高速与路两边的椰林都像刚刚被擦拭过一般，一切都青黛如画，果然不同于北方的大陆。在意念里，按古人的说法，我已是天涯万里人了：海峡茫茫，大陆遥遥。人被四周不远处的海水围着，人在天涯海水边了。而在我意念的另一层次里，身后的大陆在不知觉中，竟然巍然耸起，轮廓反愈加清晰了，依依地靠在了我身后，当然，这一切是我在事后才充分感知到的。

二

我们一路走访了几个学校，"建国"中学、北一女中、明道中学等，这些都是台湾最好的中学校。在此期间，发现台湾的青少年同大陆的青少年一样，现如今都面临着"世界化"的问题。两岸都有为数不少的青年学生迫切地希望尽早冲出家乡，走向世界，年龄越来越小，准备得越来越早。北京四中每年都有不少这样的学生，他们一手捧着中文的课本，一手拿着托福、SAT 的考试用书。他们左手挥戈，在繁重的课业压力下，谋求名次；另外，他们还伸出右手与那些英语国家搏杀周旋，按时寄出它们需要的材料，并接受它们一次又一次的检测。

国际化并非美国化，因为国际化不是单一化，而是世界的丰富化。国际化就是获取并掌握一种让世界有效了解自己的方式，从而促进国家民族间的不断交融，并使世界不断丰富，进而使人类不断辉煌的过程。带着孔子与算盘，带着开封与清明上河图，带着中秋节与茶叶，带着天桥的吆喝与全聚德的烤鸭，带着傲岸的李白与美丽的中文走向世界，世界才会认可你，世界才会对你发生兴趣，世界才愿意与你进行多方面的交流与合作，你——才会为世界做出贡献！世界需要一道又一道新鲜的、彼此有差异的、富于民族生机的激情的水流的注入与交换。在这种注入与交换中，世界个性而丰富地存在着。每一个国家、民族，丰富自身的过程也必然会丰富世界，丰富世界的过程也必然丰富了自身。

当今，世界化的趋势，让每一个国家、民族开始前所未有地关注自身的传统，其中理由有二。首先，不重自身传统的世界化，很容易使自己的国家与民族陷入不男不女、不中不外的尴尬的"太监"地位。传统是苍郁而浩大、枝盘叶绕的老树，它扎根在历史与文化厚黑黝深的大地之上，不是你想移植便移植得了的。彻底变成另外一个民族，不仅需要脱胎换骨，更需要重走他的历史之路。这显然是无法办到的。其次，自身的贫乏，是无助于世界化的进程的。世界因"交换"而丰富，每一个国家与民族，乃至个人，在"交换"中获得发展并受到对方的尊重。一个舍弃自己的民族与文化的国家、民族、个人，一味地、彻底地、只想一丝不留地"化"过去，一句话，美国不稀罕，世界也不稀罕。

再说说什么是现代化。现代化就是物质的高度丰富化吗？我以为，简单说，现代化就是和谐号动车一族高速行驶在《诗经》的原野里。不仅自然有《诗经》葱郁青葱的样式，人类的精神境界也有着《诗经》透明的高贵纯度。人类在科技、物质高速发展的进程中，"日之夕矣"的时候，还有一群群的"牛羊下来"，一只只牛羊神气地走在闪耀着夕阳金色的土气里，身上散布着乡野粗大清新的令人雀跃的气息；还能有"蒹葭苍苍，白露为霜"的秋天让人苍远，让人缥缈；姑娘们还能为"青青子衿"（只是个儒雅的学生啊）而"悠悠我心"；小伙子爱的是"窈窕淑女"，"寤寐思服"求而不得之后，还能"辗转反侧"，一日不见，还能"如三秋兮"，不计效率与时间，为了这真挚的爱情，而在心灵上消损枯萎自己；每个人的心灵中都有"所谓伊人"，大家都虔诚地"溯洄从之"般地去追寻。物质、科技高度的发达与自然、心灵的纯净构成了现代化可贵的两极。

三

在台湾，我还深度感到了与我们的祖先智慧与敏感相通的汉语的美妙。这一点比在大陆还强烈。台湾的地铁不叫地铁，而叫"捷运"。疾驰狂奔的速度，转瞬即到的便利，风驰电掣的感受，现代交通立体而深刻地诠释了古人在这个"捷"上全部的梦想。《诗经·大雅·烝民》中仲山甫携带王命，筑城于齐，四匹大马矫健雄逸，"征夫捷捷"渴求的便是这样驰啸的速度与足底让野草向两边纷纷仰卧的呼呼的风声吧。台湾管村长叫"里长"，在明道中学米勒画展的开幕式上，我就有幸与附近的一位里长坐在了一起。坐在他身边，我想起了《管子·小匡》里说："择其贤民，使为里君。"又想到《公羊传·宣公十五年》里有"一里八十户"的说法。坐在这位里长身边，虽没有跟他说上一句话，我却仿佛回到了那鸡犬相闻的古村落里。于是在我缥缈悠长的思绪里，又飘进来东晋暖暖的一缕炊烟——暖暖远人村，依依墟里烟。在台湾，在各处都能看到我在中国文化里早已熟知的那些人。汉字胖了些，复杂了些，似乎没有不认识的，很亲切。不像在大陆，又很像在大陆，在家中的那种陌生感，让人一直很兴奋。

在各校，我真诚地邀请台湾师生来大陆参加我们的文化综合实践活动，我希望他们到文化现场来看看，看老杜的新燕，看诗仙的醉月，看孟浩然的落花，看杨万里的蜻蜓……不从书里走出来，不到文化现场，许多事、许多理解是会有隔膜的。我第一次去官渡，看到辽阔的中原大地，在官渡一地居然修了并列的十个车道，车道的两边连着开阔的平原，这一切，把我从儿童时代便存于心中的"群雄逐鹿"四个汉字一下子激活了，让我对"鏖兵"两个汉字里的凶猛与惨烈以及旷日持久日月无光有了深深的体认。一个台湾人，读着祖先留下的汉字，不来大陆怎么行呢？来大陆，汉字重新呼吸到诞生它时的山谷旷野，便一个个站起来了，变成了系统。历史改变了许多，但总有一些神秘的东西是任谁也改变不了的。

一种语言够不够得上伟大，检测的标准很多，但有两点简明易测。一是看这种语言是否出过大师，是否有过伟大的作品；二是看此种语言在表达的时候是否提供了丰富的选择性。英语无疑是伟大的，诞生了莎士比亚的语言不容小觑。英语的动词同义词很多，常常让非母语的学习者晕头转向。有着太史公与曹雪芹的汉语同样是伟大的，汉语中悠久的"推敲"二字充分地证明了它丰富的选择性。我祝愿每一个优秀的中国学子，带着美丽的汉语走向世界。让世界再丰富些吧！

四

在台北故宫，一位台湾籍的女孩问我们的学生是否是大陆来的，她又问我们的学生是否去过北京故宫，那里怎么样？最后她说要是什么时候将台北故宫的文物与北京故宫的文物放在一起展，那该多好。是啊，台湾女孩的话深深地触动了我。放在一起，那是整个中华民族的瑰奇与雄厚，那是我们祖先的世界级实力。无论北京故宫的文物还是台北故宫的文物，它事关祖先，事关我们的文化，是我们伟岸的祖先留给我们的丰厚馈遗，和让他的子孙不断反思的参证。

谁有权利隔离它！

五

远离大陆，隔了海峡，而又深浸在中国文化的氛围里，于是我身后的大陆在不知觉中，竟然巍然耸起，轮廓反而愈加清晰了，依依地靠在了我身后。这是我在此时才感觉到的。

六

中华文化这株巨树，年轮千转，盘根遒劲，枝叶蓊蓊，她苍劲宽阔的枝叶间一片青碧的调皮的叶子飘然落海，他就是台湾。他小小的，伏在浩瀚无边的大海边，叶脉青青，水汽粼粼。他有些叛逆，又始终充满归依，失去老树慈爱宽厚的濡养与注视，在连天的咸涩的海水之间，一岛孤悬，硬礁无语，这将是怎样的空旷与孤独啊！

一树绯寒樱

——再访台湾

一

车子驶离桃园市。街道窄小，房屋逼仄，街旁的招牌上耸着平易而从容的繁体字。一看就是台湾。不久以后，车子就行驶在高速公路上了。经了一夜，天依旧是阴沉沉的，天似穹庐，有时会有乌黑的云匆匆走过。路旁草木葱茏，草叶青碧。即便是隔着车窗，那种潮湿湿的感觉还是可以透过来。难怪余光中先生的《听听那冷雨》文字里漾着水汽，一片淋漓潮润。在车上，听着蒋勋先生的讲话，我不知不觉地睡着了。等我醒来的时候，已然快到台中了。天空中，厚实的乌云不见了，云间已显出白色，在四周远山的簇拥下，这些云已然散为邾邾层层。明亮的天光在间隙间透射出来，看了让人心生愉悦。

上午 10：30 分，到达台中的明道中学，明道鼓乐队相迎，学生列于两厢。在明道的小报告厅，举行了欢迎仪式，我代表出访的全体师生致辞。我重点讲了两点。一是，我上次来恰逢明道举办米勒画展，我在这里认识了米勒，也静心体味到了米勒与中国的陶渊明在精神谱系方面深度的关涉之处。二是，明道的四位学生为大家演奏了胡琴《赛马》，我邀请这四位同学有机会去天高云远、草长鹰击的塞外草原去看看，特别是在那样的环境下，再一次演奏这样的乐曲，会有新的理解与感受。

午餐后，在林文琦副校长的办公室里，与明道的家长会成员及会长（家长会的领导）进行了交流。这里的家长会是要充分参与学校决策的。另外，在明道大楼的入口处，有一副钢铁侠的铠甲。据明道的人介绍，此铠甲是即将毕业的学生利用纸片进行设计制作的。他们预计在毕业典礼那天让校长穿上。先开始不合校长身量，后来学生又进行了修改。毕业典礼那天，汪大久校长穿上后，出现在学生面前时，学生自然狂呼大叫。午餐后，去参观了距明道不远的老树根魔幻木工坊。他们经过创意，力图做出台湾人的木偶，让这些木偶在世界木偶面前有自己的一席之地。执行长姓汪，是个精明的五十开外的人。在他的讲话中，提到了与世界接轨的四种方式：语言、资讯、专业、文化。参观完毕后，在原先的报告厅内举行了欢送仪式。王大久校长又邀请我作总结。我表达了如下几点看法：（1）在展室里，明道将自己的校园与周围的山势田畴做了一个沙盘，在这个沙盘上，可以清晰地看到明道是自然的一部分，得自然之濡养与庇佑。这个沙盘充分体现了明道的环境观。（2）明道人细致的垃圾分类，看了让我们既震惊又感动。（3）台湾与大陆的学生一样，都面临着一个"世界化"的问题。由刚才参观的"老树根"木工坊想开去，我们似乎进一步明朗了我们与世界接轨的方式。

离开明道中学后，我们前往集集小镇，在途中看了一个沙丘博物馆。沙丘倒不值得看，却关注到了一畦小花，在风中妖娆而立，煞是喜人。此时天蓝云白，四周都是不高的建筑，眼触与矮矮的远山相接，再加之夕阳将金色从云层后面透过来，这一切看了令人愉快。

晚上住在集集小镇的民宿中。虽称民宿，其实已是四星级的标准。特别是外面有一个阳台，阳台上有桌椅，夜色下灯光莹然，两个好友确可于此产生一番怡人身心的对晤。

23：51，我在灯光下写下这些话，身后，睡下的李明赞老师传来轻微的鼾声。我心澄澈。

二

早晨起床，站在外面的是一片槟榔树林。槟榔身姿亭亭，将顶上婆娑的枝叶饰为倭堕的鬓髻。今晨，最令人欣喜的是，我邂逅了一方幽草。清幽的小草一枝枝擎起圆圆团团的小叶，叶叶相依相连相偎。清幽得你似乎可以听得见它们的声音，恍若静默的空谷中忽然落下的一碧轻枝；又似一曲度了寂寂的如醪的夜色而荡出的夜曲，轻柔地四下漫开。

早晨离开民宿宾馆，将要出发的时候，集集镇的镇长前来问候我们大家。后来台湾的导游说，为了争取选民的支持，选民的贵客自然也是镇长的贵客。我们来到集集镇的一所小学参观，入门的墙报上粘贴的是《宿建德江》："移舟泊烟渚，日暮客愁新……"那熟悉的笔画与韵味，跨过了海峡的距离，染了千山万水的烟岚雾气，显于眼前，心中生出的是悠幽的欣喜。而恰值此时，镇长过来与我攀谈。攀谈中他提到了"炎黄子孙"，我也顿时感受到这些诗句文词对我们心灵精神的影响。凡是耳濡目染于这些文字的，总会诞生出相同的感怀与喟叹，诞生出相同的理解与思念。念过这些篇章，我们的生命中便总有一些相同的部分。

上车后，离开集集，前往日月潭。在车上，我悠然睡去，待我醒来的时候，已是满眼波光了。乘船游湖，清澈的水波翻卷。登上潭中最大的一个岛，登上一座高山，隔了绯寒樱红艳的枝头，眺望湖面，湖面润泽的水汽与枝上的花香扑面而至。潭中有台湾最小的岛，远望犹如盆景。

值得一提的是伴我们游船的小伙，姓郑。在整个游湖的过程中，他始终在热情诚挚地为大家作景观介绍。下船的时候，他站在门侧不断地鞠躬与大家道别。在台湾旅行，不仅要关注它的自然景观，其实更应该关注的还有它的人文景观。例如，我们每到一个地方，当地镇长、乡长的名字总是写在镇口的牌子上。离开日月潭，我们来到了鹿港。我们在银行等待兑换新台币的时候，那里的银行工作人员会主动将茶水端上来，茶桌上还配有各色糖果。

鹿港街道上间隔不远便有一座寺庙，祭祀各种神灵。据说这与鹿港是台湾早先重要的海港有关。各色人等汇聚于此，为了满足大家不同的信仰要求，因此诸般神灵便都应运而生。较大的是一座妈祖庙，里面人头攒动，夜幕降临，彩饰煌煌。庙外有一座灯饰妈祖，妈祖着袍戴冕，左右是千里眼和顺风耳，查看人间疾苦。

三

由嘉义出发，行车不久，就进入了阿里山的群山万壑中。更妙的是，自昨天就阴沉的天空出现了粼粼层层的状似鱼鳞的云层，壮丽的阳光从云层后逼射出来，攒成万千的金线，直抵绵绵群山的怀中，天地、山峦为神秘而庄严的光线所笼。浅黑的云镶了道道金边，以奇幻的色彩装饰着开阔的天庭，暗示着一个个刚起头的神话。明暗与深浅、新绿与苍黛、高峰与低谷、凹陷与突起、起伏与延展、现实与幻想，一时间都神秘莫测地赴于眼底。我爱这壮阔，爱这明媚，爱这层叠连绵的山势，爱这奇幻莫测、变幻无穷的光与影的魔术，爱这俯瞰下的巍巍峰峦，我爱这铺展于世间的大块文章，我爱这世间一切巍峨奇崛的生命！看着眼前山回路转、不断呈现给我的明朗、广远、浩大、空阔，我不禁眼含泪水！我快速地在手机上将我胸臆间闪现而出的滔滔意绪记下来，一面不断地将目光投射于窗外，与这天光、与这绵绝到不尽远方的耸矗、与这秀美娉婷的槟榔林对话，与突然转出的一枝红巾翠袖的绯寒樱对话。

　　坐了 8 分钟的小火车进入森林的深处后，踏着木阶道，抬级而上。尽管人头簇簇，还是听得到整个森林的庞大的静寂。空气润泽得恰到好处，我用手不由自主地一触道旁青幽的小草，清凉晶润的几粒水珠便挂在了手指间。那几粒如钻石般的水滴将一丝沁亮浸入心底，心底便好像立即有泉水冒出。渐走渐深，便不时会有千年的古树与你打招呼，它们粗壮的根有的已然咬入地下，不见了丝毫的踪影；有的则还差几步，在做最后奋力的一入；有的大概是几经扑咬，大地始终坚若磐石，它们急躁地向四下扑伸开来，哪里有机会，哪怕有一寸可击，便要一头深扎下去。这样倒好，大地上它们根筋暴露，一片大地被它们弄得盘根错节，短兵相接。有的根在扎入的时候，一部分运气佳，伸下去了；一部分则无力扎下，只得向前一个扑闪，瞅准了，才又狠命地钻了进去。这些千年老桧的干，身威赫赫，气壮山河，枝干异常粗大，需几人合围。它们破地而起，苍劲遒顾，将坚实的令人瞠目结舌的一股粗大旋成一干矫矫的傲人气概，风驰电掣般携着苍碧的青苔直抵霄空，在一空清澄的瓦蓝里，才将气冲霄汉的冲势散为虬枝青叶横斜错落的满天繁茂。

兴尽而返，在离开阿里山的车上，我抬眼望向窗外，青山蓊蓊，绿树郁郁，而白云恰好天造地设般地集中在了远处的山巅之上。千奇百怪的白云联成一线，飞花泻玉般直注天涯。

一路开去，我们在夕阳西下的时候到了高雄。我一直想在海边看一次夕阳，这一次天偿所愿。我们到达的时候，夕阳似苍然老者，醉颜酡酡，它拄杖斜倚于无际的西天，大海则用他千顷波色、万道水光携持抱扶这位倾颓欲卧的醉翁。有趣的是，你稍一错神，醉翁便干脆将自己踉跄的赤红与黄橘一波一波直漾过来，若非堤岸横栏所阻，险些要抢到游人身上呢！待醉阳没入海波不久，银月又乘兴东起，将西天铺排奢华的赤霞霓光幻成如洗的静谧的一片皎白，自苍然深邃的穹顶一泻而下。

每次听导游在岛上说到刘铭传，说到沈保桢，说到苏轼，甚至于说到康熙乾隆……我都会欣然而喜，就像说到了自己家里的事，都让我对我们的优秀的文化满怀信心与愿景。

四

今天上午去台北故宫。进入的时候，已是人头攒动了。1949 年，北京故宫博物院约有 68 万件运至台湾，所以，步入故宫其实就是置身于一个重器国鼎、青铜金玉，琳琅璀璨、珠翠满目之地，件件都是罕世之宝，个个都是价值连城。暂且抛开这些珍宝的文物价值、历史价值、考古价值、艺术价值、工艺价值等不论，如果单单就这些珍宝的财富价值而言，置身台北故宫博物院，便犹如置身于钟鼎萧壶、玉玦美璧的无限物欲之中，这些金石辉映、流光映彩的巨额财富，其实很容易激发出一颗海盗般的觊觎之心与占有之欲。这60万件珍品，你不可能都见到，即便见到了你又能怎样？一件也带不走，一件也拿不去。这里面的任何一件珍宝，都足以改变你的生活，然而你却无能为力。这些珍宝重器足以说明，财富是可以无限增大与占用的，生活是可以无限精美与豪奢的。对照自己，站在台北故宫博物院的展品中，人却很容易虚无与迷失。

在那茫茫的珍宝世界里，在这强大的无比炫目的巨额财富里，那个在现世里无比困惑、无比迷惘的"我"在哪里？你拿什么与这些珍玉重宝"对峙"呢？

这是一件木雕作品。

在这财富的海里，在这无比炫耀与夺目中，这件木雕作品并不是很起眼。其实，看珍宝也是需要缘分的。它们每一件都价格不菲，它们每一件都举足轻重，它们每一件都稀世绝伦，它们每一件都傲岸千古，它们每一件都有一个庞大的故事与传奇，但它们不是件件都与你生命契合，它们与你不是每一件都可以发生一场事件、有一场相遇的。你来，看见或没有看见它们；你走，记几天或早已忘记。其实，用不了多长时间，你，还是你；它，还是它。命运两无挂。

罗汉爷盘趺而坐，赤裸上身，右手持一小枝探入后背，正在搔痒。他一定是搔到了痒处，也一定是终于挠到了妙处，因为此时的罗汉爷眼目彻底舒展，须眉皆笑，面部表情呈现出了奇痒处终于搔到正处而完整彻底的陶然沉醉之态。这尊木雕真是杰作，罗汉爷的面部表情仿佛从一段木头中彻底活转了过来，那惟妙惟肖的表情在放大镜的呈现之下，怡然沉醉的神态仿佛在每一个毛孔中都得到了充分的洋溢与表现。此时的罗汉爷定然是安适极了、幸福极了！他心头漾出的喜悦仿佛被他身边的那只小狗也接收到了，此时，这只小狗耷拉着毛茸茸的两耳，正活蹦乱跳地跃上罗汉爷的膝头，举首仰望着裹着幸福的云朵里的罗汉爷。小狗顽皮的仿佛正在摇荡的尾巴正对着欣赏它的观众，但我十分肯定地猜想：小狗此时黑漆漆的眼睛里，也一定漾满了饱满而蓬勃的盈盈幸福，幸福的光晕将它的黑眸染得越发晶亮透明了。

其实，贵为罗汉，也不一定就有幸福；其实，即便贵为罗汉，也需要寻常普通的幸福。罗汉之躯、罗汉之尊与搔背抓痒，与搔到痒处那种流于肺腑的快意怡然构成了一道强大的逻辑与深厚的哲学。

你的那件能够探触到生命深处的器物究竟在哪里？它，在台北故宫博物院这样的金银堆里，还是在乡间花木草叶那种普通的摇曳里？

五

今天就要离开台湾了。

台北，今天，天色昏暗，细雨霏霏。有时恰巧，转过一隅，一树绯寒樱，沐着星雨，放得正艳。她摇曳清芬，满树灼然，人的心里立即就投下了她暖暖的俏丽的红影，顿感满身秀丽，枝丫横斜。

附录：语文，是个活法儿①

中高考语文大幅加分，"全民阅读"如火如荼，人们对语文教育重视空前——然而，怎样学好语文，怎样在考试中获得一个好分数，仍然困扰着众多家长，他们恨不能把各种得分技巧全数"武装"进孩子的头脑。

而执教班级中曾出现七个高考满分作文的语文老师连中国却认为，得分不是只有针对考试去学习这一条路——"就像我们往往坚定而狭隘地认为，只有适应现实才能生活得好，但其实还有另外一条路。"

我们活着不靠知道比喻句

最近微信里流传一个帖子，叫"那些年，我们也曾经渊博过"，说大家知识储备的巅峰时期就是高考的时候，上知天文下晓地理，很多人看了都感慨岁月的流逝，我想，这件事还可

---

① 本文发表于《北京晚报》（2015－05－26），原题为：《怎样学好语文？语文老师的反思：其实还有另外一条路》。此处有调整。

以启发我们思考什么事忘记了没关系，什么事一辈子也不能忘。

而一辈子不能忘的事，就是我们生命的基础，也是基础教育应该关注的事。

我自己做老师的一个重要的变化，就是从帮助学生得分，到去思考我这门学科在人的发展中，到底能有什么样的作用和价值？语文能对一个人正常地幸福地活着，起到什么作用？

我认为，真正重要的是对一个人"情致"的培养。情致，决定着一个人的基本品味和基本兴趣，也能帮孩子换得分数——如果孩子读一篇跟他情致相投的文章，他就会特别懂。

文章的"懂"，不是想出来的。文章看了不懂，说明读者跟作者不是生活在同一个轨道里，不在同一个轨道，怎么能懂呢？孩子不懂文章，很重要的原因就是他的情致（基本的生命态度、认知状态）跟作者之间相去甚远；离得越远，不懂的就越多，每个字他都认识，放在一起就不懂了。

"情致"是靠很多力量潜移默化形成的，所谓的"自然而然"其实就是受到和谐影响的结果。可以说从小学一年级开始，每一篇文章都是在促进孩子真实的成长。让孩子真实且持续地发展才是硬道理，而不是去记一些概念。

例如，让孩子懂得了妈妈的爱不容易，远远比知道一个句子是不是比喻句要有价值得多。

一个句子是不是比喻句很重要吗？孩子觉得这个句子"太

棒了"就行了。我们活着不靠知道比喻句。

　　回顾我们的语文之路，一个事实是不言而喻：语文的核心基础不是不断的正音正字，不是语法修辞，也不是知识的简单积累，更不是答题方法；语文是语言样式，是思想情感，是生命态度，是活法儿！这才是语文真正之于"人"的基础。在语言细节中积累能力，在语言细节中获得体验，在语言里成长生命，是语文学习之于"人"的重大价值。

让孩子觉得教室里金光万道，阅读课就上好了

　　家长们总是很关注让孩子读什么书，每次和家长对话，他们都会说：连老师，您有书目么？给留个书目吧！

　　"书目"老师们给了很多，网上也有很多；但我觉得书目不重要，有基本文化程度的人，每个人都知道那么一两本名著，重要的是孩子真正的阅读兴趣。很多书都值得看，问题是学生不愿意看，他从小就没有发现读书的快乐。

　　作家的很多东西，孩子由于种种局限不能体会，那么他自己读，笑不出来的地方，你通过讲解和引导让他笑出来，就好了；同样，有时候让孩子读出深沉也是一种快乐。

　　比如电影《狮子王》里小狮子辛巴犯了错，他爸爸去教育他，说：你看见星空了吗？那些星座是过去伟大的王在看着我们……我觉得他爸爸真是个教育家，这句话将孩子的生命勾连

到了一个更开阔和高远的历史时空，让孩子的生命坐标建立在了一个更宽大更广远的坐标系里。

阅读也是如此，我们跟一些人并不生活在同一时空，但你通过阅读能真切地感觉到他的生命，比你楼下的老大爷还熟悉。所以阅读的核心价值，是让孩子读出情趣，读出灵性。阅读课上得好不好，就看学生是不是越读越高兴，越读越有光芒，让孩子觉得因为读书教室里金光万道——那就读得不错了。

我们很少在重大问题上去引发学生思考

今年1月，海淀区高三的期末作文题考的是"任性"，说社会上流行一段话：有钱就任性，有貌就任性……你怎么看？

这个题目认真做起来，就是对学生很好的教育。题目的难点是你怎么理解"任性"——从备考的角度，它的意义在于体现了高考很容易考的一个核心方式：把一个概念非常多元、内涵不稳定的词抛给学生。

因为线索太多，相当多的孩子说着说着就把自己说乱了，就像小猫玩毛线，玩着玩着把自己缠住了。所以我们备考的经验，就是谈论这类话题的时候，第一步先要明确你要说的这件事，它的基本内涵是什么，即"任性"如何界定，你认为的"任性"是什么，你要强调"任性"的哪一方面？如果你认为的任性是小富即安，唯我独尊，任意妄为……那么任性就是贬义，你就朝着贬义的方向去说，一般的学生只能说到这个层面了。

而更深入探讨是这样的：任性能在当下流传，可能有深刻的社会原因。纵观中国数千年的历史，中国人真正的"任性"过吗？在封建社会，都是"微臣"、"奴才"，怎么"任性"？当权力在人们心中占据重要地位的时候，人可以"任性"吗？

从这个意义上，如果你要讲任性褒义的那一面，就是在漫长的历史演进的过程中，受束缚的中国人习惯于谨小慎微的生活，怎么敢"任性"呢？而我们的民族可能正需要这样的变化，中国人应该再少一点精神负担地活着，再自由一点地活着——只有非常优秀的学生才可能会做这种深入的思考。

反映到卷子上，就是大量的文章都是说任性不好，因为这样比较简单。所以我们讲备考，尤其是高考的备考，背后有一个问题：你希望你的学生能思考到什么层面？希望他能够在哪个方向上去思考？

我们现在对孩子的教育，从小到大，很少在重大的问题上去引发学生的思考。我们希望孩子的作文贴近生活，那"贴近生活"怎么理解？孩子说，我今天喝豆浆了很幸福即是贴近生活；如果他能和更广远的时空发生交织碰撞，就不贴近生活了吗？

有时候，我们的"贴近生活"把孩子简单化了。

请允许孩子用不同的方式奔跑

我们千万不要小看孩子，从某种意义上说，越是成年人，精神世界反而越贫乏。相反，有些重大的话题，不要认为孩子小一定不能理解，只要你讲到了，情之所至，话之所致，孩子一定会动容的。

孩子对很多词汇比大人敏感得多，对情境的想象也比大人丰富得多。举个我女儿的例子，她小时候给她奶奶讲老鹰捉小兔子，说老鹰多么多么坏，去捉小兔；她奶奶就随口说了一句："老鹰太坏了，咱们打断它的翅膀！"我女儿听了之后，马上不说话了，眼泪开始蓄积，态度来了个一百八十度的转变，站到老鹰那边儿了："老鹰再坏，咱们也不能打断它的翅膀。"

成年人长时间在语言中，在人世中浸淫，已经有了很厚的茧，当他在说"打断"的时候，对这个词已经不敏感了；但孩子在听到这个词的时候，能真切地感受到这个词的残酷和惨烈，每个孩子都有这样的天性。

可现实的情况是，大家都不去给孩子讲深刻的东西。比如，《一件难忘的事》是个常写不衰的题目，我小学就写过，二三十年过去了，孩子还在写；有些内容高频率出现，比如老师给我补课，二三十年没变化。

从命题上来说，这样的题目容易控制，但老师的想法也会有束缚。比如小学三年级，孩子写一件他在阅读上很难忘的事，是不会被认同的。你读到了一件历史上的事，特别难忘，老师绝对不会让你写，觉得你"跑题"了，不贴近生活，得是下雨天妈妈给你打伞才行。

我们有时候容易把孩子控制在某个区域，或者说，只有我们习惯的东西才会让孩子写。其实应该更放开一点，允许孩子用不同的奔跑方式。要尊重每个孩子的个性，他能干成什么，什么干得好，你就让他干；大人怎么就知道他议论起来不行呢？

你哭得泪流满面，他说你这是"情景交融"

广为流传的一个段子——

问：为什么开学前下了一场雪？

答：

（1）渲染了一种悲凉的气氛。

（2）暗示了人物的悲惨命运。

（3）揭露了凄惨的社会环境。

（4）为去学校被老师批评埋下伏笔。

（5）与美好的寒假形成鲜明的对比。

这是对某些试题莫大的讽刺，很多答案都是模式化的，有时候答题连原文都不用看。可实际上，一篇文章应该问在惊心动魄之处，但有时出题老师也没有体会到作家内在的搏动。

人教版教材有一篇《小狗包弟》，是从巴金的《忏悔录》里选出来的。讲巴金家养了一只小狗叫包弟，小狗对他们全家都很好。"文革"开始后，巴金受了冲击，他特别害怕别人知道他养了一条狗——这是资产阶级的标志。他为了自己的安全，把小狗送到了医院，结果小狗被解剖了……后来，巴金非常痛悔。

这篇文章满含了作者对那个时代深刻的总结和反思，反映了那个时代对人的摧残，在那样的岁月里，一个人连自己的小狗也无法保护——我相信这也是编书的人编选这篇文章的用意。

而我们很多老师在讲这篇文章时，讲的都是写作手法。这就好比你写了一篇哭诉的文章，别人拿到之后评价：这是为了铺垫，这是为了对比……你哭得泪流满面，他说你这是"情景交融"。

何况，忽视孩子真实内在的发展，只片面强调"方法"，对孩子的帮助不大。对于语文而言，真实发展了，方法自在其中。就像走路，大家先是会走，但是现在要总结方法：噢，只要一只脚在前，另一只脚就必须在后，两只脚一起动那叫蹦，很容易摔倒——核心方法就是这个，你没有意识到这个方法不是走得也很好吗？你没长出腿，告诉你这个方法也没用。

我们和鲁迅的区别，不是鲁迅知道文章的主旨要深刻，我们不知道；而是我们没有想法，深刻不了。

当孩子理解了写作的价值，方法会自己生长

一个人说话的核心，就是因为他"有想法"，而不是因为他有说话的技术。

没有任何一个人的写作，是因为他要"借景抒情"，因为他不使用某个写作手法就憋得难受——"借景抒情"用完了，哎哟，我这方法终于使出去了，就舒服了；而一定是因为他有了想法，不吐不快，所以才要说话。

所以教写作的方法，远远不如教写作是什么重要。当孩子了解写作的意义和价值的时候，所有的方法都会自己生长出来。我们写任何文章之前，绝对不会先去列写作方法，列出五条方法来，用一个我勾一个，最后五个都用完了，文章完成了。

对孩子写作能力的培养，更多的是唤醒，让孩子知道，文字是有生命力的。

我们为什么要写议论文？

因为这个世界需要我们的声音：有些事需要说清楚，有些人需要被保护，有些道理需要一辩……所以我们才需要议论文。如果是为了吵架，那不需要议论文，哪怕你就重复一句

话，只要坚持到最后，你就赢了。

孩子只要感觉到写作这件事是有意义的，对自己对别人都有重要作用，方法会无师自通——他写不好就会想招，直到把自己的感受写尽了为止。

人为什么要写作？

对大多数人来说，写作不是培养作家的，是和买车一样，用来提高人生活品质的。有时候写作就是告诉我们，那一刻我们很快乐，让我们永远记住感动过我们的那些细节。

写作，是为了不让自己的生命陷入苍茫的黑暗中。

这些认识有了以后，孩子就会养成写作的习惯；有了这些积累作为高考的资料，试卷上呈现的内容状态就会和一般人有所差异。所以，通过推动人的发展，来获取高考的理想分数，不是一个表面上听起来很辉煌的说法，而是一个很切实的得分规律。

人不行，分数就不行；人行了，什么事儿都行，分数也一定行。这是备考最现实主义的方法，不要以为它显示着理想主义梦幻般的灿烂，它更显示着现实主义真金白银般的光芒（笑）。

让孩子和我们一起觉醒，绝不是唱高调。我们往往坚定而狭隘地认为，只有适应现实才能生活得好，其实，还有另外一条路。

主笔：张菜（《北京晚报》记者）

图书在版编目（CIP）数据

语文课Ⅱ，师生共同步入葱茏草色与万丈原野/连中国著．—北京：中国人民大学出版社，2016.11

ISBN 978-7-300-23618-6

Ⅰ．①语…　Ⅱ．①连…　Ⅲ．①中学语文课-教学研究-高中
Ⅳ．①G633.302

中国版本图书馆CIP数据核字（2016）第279660号

语文课Ⅱ

师生共同步入葱茏草色与万丈原野

连中国　著

Yuwenke Ⅱ

出版发行	中国人民大学出版社			
社　　址	北京中关村大街31号	**邮政编码**	100080	
电　　话	010-62511242（总编室）	010-62511770（质管部）		
	010-82501766（邮购部）	010-62514148（门市部）		
	010-62515195（发行公司）	010-62515275（盗版举报）		
网　　址	http://www.crup.com.cn			
经　　销	新华书店			
印　　刷	北京联兴盛业印刷股份有限公司			
规　　格	135 mm×190 mm　32开本	**版　　次**	2017年1月第1版	
印　　张	13.375 插页2	**印　　次**	2022年9月第3次印刷	
字　　数	244 000	**定　　价**	45.00元	

版权所有　侵权必究　印装差错　负责调换